安徽省自然科学基金资助（1408085QG147）

刘丽○著

JIYU SHEHUI WANGLUO DE NONGCUN KEJI XINXI CHUANGXIN KUOSAN YANJIU

基于社会网络的农村科技信息创新扩散研究

合肥工业大学出版社

摘　　要

　　"科技是第一生产力"，农村的发展离不开科技，科技资源的合理配置及有效服务是促进农村发展的动力源泉与根本出路。近些年，我国农村科技信息服务取得了长足的发展，多个部门从不同角度推进农村信息化建设，我国农村科技资源在资金、人员投入方面不断加强，但农村科技资源建设的决策及执行，仍然存在过于强调如何将"农民需要的资源"传递给农民的问题，工作中容易出现认为农村落后、农民文化水平不高的片面认识，从而忽视了处于资源服务终端农民的具体需要，使农村科技资源服务内容与受众的需求之间存在偏差，科技资源配置中也存在重建设轻运行、布局凌乱、投入分散、条块分割等现象。农村科技资源供需对接的低效率，制约了服务效益的发挥。

　　面向农村的科技信息服务设计，往往着重强调有组织的实体信息服务，如政府主导下的农业信息数据的建设、农村信息服务站的建设等，忽视了农村居民间虚拟的人际网络知识信息传递。农村居民对经人际网络提供的科技信息具有高度的信任，特别是在我国这样一个人际关系浓厚的社会。尽管有众多的调查研究都反映了人际渠道的重要性，但以人际关系网络为基础进行农村知识信息传播的设计和优化的研究还不多。

　　社会网络分析（Social Network Analysis，简称 SNA）是对社会关系结构及其属性加以分析的一套规范和方法，它主要分析的是不同社会单位（个体、群体或社会）所构成关系的结构及属性。社会网络分析为研究人们的相互关系提供了可视化的和数学的分析方法。"扩散"原本是物理学的术语，它是指由于物质质团微元的热运动而产生的物质迁移现象。埃弗雷特·罗杰斯（E. M. Rogers）是"创新扩散"理论的创立者和代表人物，其重要著作有 *Diffusion of Innovations*（《创新的扩散》）。罗杰斯对扩散的定义是："创新的扩散是创新经过一段时间，经由特定的渠道，在某一社会团体的成员中传播的过程。"归纳了创新扩散的四个要素：创新、传播渠道、时间、社会系统。

　　农村科技信息的推动，需要农村居民了解并最终接受，科技信息在农村居民间的推动情况及转化能力随着时间的推移而变化，这种变化的规律就像人和其他动物的生命一样，从诞生、成长到成熟，最后到衰亡。本研究认为农村科技信息在农村居民间推广的过程中，也呈现一个"S"形曲线；研究借助创新扩散模型，以社会网络为视角，探讨农村科技信息在农村居民间扩散的过程，研究农村科技信息的生命周期，呈现其扩散轨迹；构建农村居民科技信息接收模型，探讨农村居民参与农村科技信息创新扩散方式的模型；在分析农村居民社会网络时，借鉴社会学概念"社会网络资本"，利用"春节拜年网"来测量，通过对农村居民春节拜年和信息获取情况的了解，进一步研究农村居民的社交网络及信息获取行为；通过农村科技信息创新与扩散过程的模型构建，提高农村居民认识问题、分析问题、解决问题的能力。

目　　录

第一章 绪 论

随着社会的发展，农村问题日益突出，农村居民不仅需要市场信息，医疗社会保障及文化的需求也成为他们需求中不可少的一部分。面对信息技术飞速发展和全球经济竞争日益激烈的局面，世界许多国家政府非常关注农业领域信息服务和信息技术的应用问题，其中，发达国家的信息及网络技术已经进入普遍应用阶段，一些发展中国家也在高度关注并积极推进农村信息服务。随着我国改革开放的深入和市场化程度的提高，农业和农村经济的发展对信息服务的需求越来越强烈，政府各部门制定了一系列政策，大力推进农村信息体系建设和信息服务工作。

1.1 研究的背景

"三农问题"是一部"穷人的经济学"。随着城乡收入差距的扩大与和谐社会进程的推进，农村问题越来越凸显。农村居民收入低下、低收入人口数量过多、购买力不足等问题使农村居民巨大的潜在需求不能转化为现实需求。同时，收入差距过大、基尼系数向收入分配警戒线上限爬升，容易滋生社会不满情绪，甚至导致社会动荡。目前，中国农民的规模非常庞大，而且有日益弱化的趋势，他们的潜在需求不能得到满足，因此对社会的认同感较差，容易产生对社会及强势群体的不满情绪，甚至影响和谐社会的构建。农村信息化建设是统筹城乡发展的有效途径，贯彻落实中央"以信息化带动工业化，以工业化促进信息化"的战略思路，通过加快农村信息化建设带动农村经济社会发展，对于消除城乡二元结构、缩小城乡差距意义重大。

在世界范围内，对农村信息服务的研究始于 20 世纪初的农业专业化信息（agricultural information），最初的研究主要关注如何把科研机构的农业技术信息传递到农民手中。20 世纪 30 年代到 20 世纪中叶，销售信息、农村经济信息等也开始受到研究者的关注。20 世纪七八十年代，越来越多的研究开始从农村居民信息需求的角度考虑农村信息服务。我国引进"信息化"的概念是在 20 世纪 80 年代，这个时期开始的农村经济改革，使农民获得了生产和经营的自主权，极大地调动了农民的生产积极性，同时也刺激了农民的信息需求，使得农村信息服务研究，成为经济学、系统学、信息学、传播学、社会学、农业研究、图书馆学及情报学等领域共同关注的课题。我国早期的农村信息技术应用是 20 世纪 70 年代末到 80 年代初的计算机技术在农村产业中的兴起以及 20 世纪 80 年代末至 90 年代初建立的一批农林数据库，而农村真正的信息化建设起步更晚，1996 年第一次全国农村经济信息工作会议才明确农村信息化建设的方向。21 世纪初，国家开始加大对农村信息化建设的投入，并出台了相关政策来扶持和推进农村信息化建设。《国民经济和社会发展"十五"计划纲要》中提出加强农村市场信息体系建设和信息服务工作。2001 年，农业部开始实施《农村市场信息服务"十五"行动计划》。2005 年 4 月，农业部在全国启动农业信息服务试点工作。2005 年 12 月 31 日，中共中央国务院《关于推进社会主义新农村建设的若干意见》将农村信息化作为新农村建设的重要内容，强调积极推进农业信息化建设；《2006－2020 年国家信息化发展战略》及农业部制定的《全国农业和农村信息化建设总体框架（2007－2015）》等对农村信息化进行了专门的部署。

为了加强农村信息服务，20 世纪 90 年代以来，我国 10 多个部门都在从不同角度推进农村信息化，先后启动了若干大型的农村信息服务建设项目，如农业行政主管部门负责实施的"金农工程"（1995）和"'十五'农村市场信息服务行动计划"（2001）；科技部负责实施的"星火计划"相关项目；文化部负责实施的"文化信息共享工程"；商业部负责实施的"新农村商务信息服务体系建设工程"；新闻出版总署实施的"农家书屋工程""广播电视村村通工程""村村通电话工程""农村中小学远程教育工程""农村党员教育""社区和乡镇综合文化站建设工程""农村电影放映工程"等信息化工程。这些举措在广大农村地区留下了不同的信息服务设施或传播渠道，但各部门间缺乏协调，仍然以传统的部门职能分工的思维对待农村信息服务设施及传播渠道的建设，将其看作是本部门工作下沉到农村的落脚点，都给自己出资建立的信息服务设施或传播渠道另起一个有别于其他部门出资建立的站点的名称，于是农村信息服务渠道也就出现了各种各样的称谓，这些渠道基本上互不相通

——不同主管部门建设的农村信息服务网站之间很少存在互链和导航，各类实体组织之间也很少进行沟通与合作。由于单个部门所建立的信息服务站点信息化配置水平较低，服务人员数量与服务水平都有限，因此资源没有形成合力，很难发挥应有的作用。

目前我国农村信息化工作缺乏明确而系统的目标定义和显性而长效的制度安排，这使得实际实施效果大打折扣，各地农村信息化发展不协调、重复建设、城乡数字鸿沟持续拉大等问题不仅没有得到有效的解决，而且有日益严重的趋势。工作中存在认为农村落后、农民文化水平不高的片面认识，使信息服务内容与受众的多种信息需要之间存在偏差，农村信息服务中出现"提供的信息不能到达真正需要的地方，而真正需要信息的受众又无法获取到相应的信息"的问题。信息供需的不对称，不仅影响我国农村信息服务的效果，而且也在不同程度上制约了农村经济和文化的进一步发展。农村信息化建设及服务本质上是一种公共政策项目，推进农村信息化建设及农村信息服务水平的提高要从政策顶层设计出发，着力解决供需脱节的突出问题。

在面向农村的科技信息服务设计中，往往着重强调有组织的实体信息服务[①]，如政府主导下的农业信息数据的建设、农村信息服务站的建设等，忽视了农村居民间虚拟的人际网络知识信息传递。当前，有组织的科技信息服务往往由政府或者商业性机构提供，农村居民对这些服务的认可度往往较低，带有一种天生的"距离感"，相对而言，农村居民对经由人际网络提供的科技信息服务高度信任。尽管众多的调查研究都反映了人际渠道的重要性，也有少数学者意识到了利用人际关系网络进行农村信息服务优化的可行性，但是几乎没有研究文献明确提出以这种人际关系网络为基础进行农村知识信息传播的设计和优化。对于农村居民而言，人际网络代表他们之间信息传递的自然以及优化状态，是一种实实在在的科技信息服务网络，因此农村科技信息必然要考虑这一显著特点。

社会网络分析（Social Network Analysis，简称 SNA）是对社会关系结构及其属性加以分析的一套规范和方法，它主要分析的是不同社会单位（个体、群体或社会）所构成关系的结构及属性。社会网络分析为

① 彭光芒. 农村社区意见领袖在科技传播中的作用 [J]. 科技进步与对策，2002（7）：104－105.

研究人们的相互关系提供了可视化的和数学的分析方法。"扩散"原本是物理学的术语，它是指由于物质质团微元的热运动而产生的物质迁移现象。埃弗雷特·罗杰斯（E. M. Rogers）是"创新扩散"理论的创立者和代表人物，其重要著作有 *Diffusion of Innovations*（《创新的扩散》）。罗杰斯对扩散的定义是："创新的扩散是创新经过一段时间，经由特定的渠道，在某一社会团体的成员中传播的过程。"归纳了创新扩散中的四个要素：创新、传播渠道、时间、社会系统[①]。本研究借助创新扩散模型，探讨农村科技信息在农村居民间扩散的过程，研究农村科技信息的扩散及农村居民的利用现状，呈现其扩散轨迹。

研究中涉及概念的界定：根据社会学的理解，"农村"从根本上说是一个区域概念，指城市之外的区域；而"农民"则是一个阶层概念，指"直接从事农业生产的劳动者"。在发展中国家，由于城乡生活质量存在较大差别，生活在农村的主要是以土地为基本生产资料的农民，因而农民大抵可以说是农村居民的主体；而在发达国家，农村农民的成分则要复杂得多。农村信息服务主要有两方面，分别是农业专业化信息服务及综合性信息服务。农业专业化信息，是指专门用来支持农业生产或经营活动的信息，包括与农业生产、农村经济相关的科研机构的农业技术信息、农产品销售信息、农村经济信息等；综合性信息，是指农村居民需求的多元化信息，如医疗卫生信息、教育信息、社区信息等。

1.2　国内外研究概述

研究方法采用定性与定量分析相结合的方式，在阅读相关研究论文的基础上，借助 CiteSpace 生成图谱进一步分析。检索策略如下：国外主题"（village OR rural）＊information service"；国内主题"农村＊信息服务"，期刊：核心期刊；时间：1980 至现在；检索时间：2015 - 11 - 13，生成国内外农村信息服务研究热点知识图谱，如图 1 - 1、图 1 - 2 所示。通过对国内外农村信息服务研究热点图谱的研读，了解国内外研究概况。

---

① 埃弗雷·M. 罗杰斯. 创新的扩散［M］. 辛欣，译. 北京：中央编译出版社，2002.

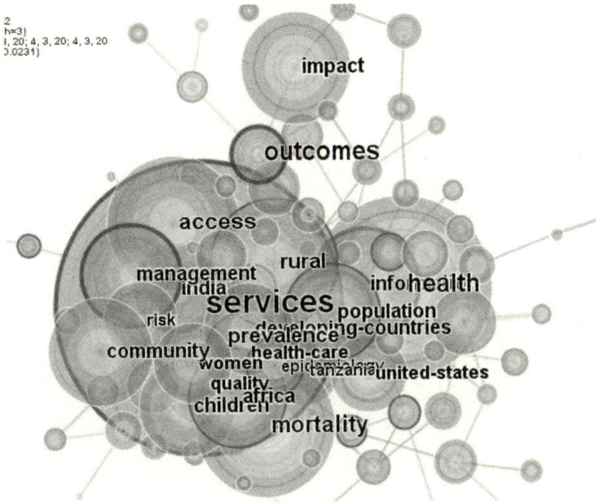

图 1-1　国外农村信息服务研究热点知识图谱

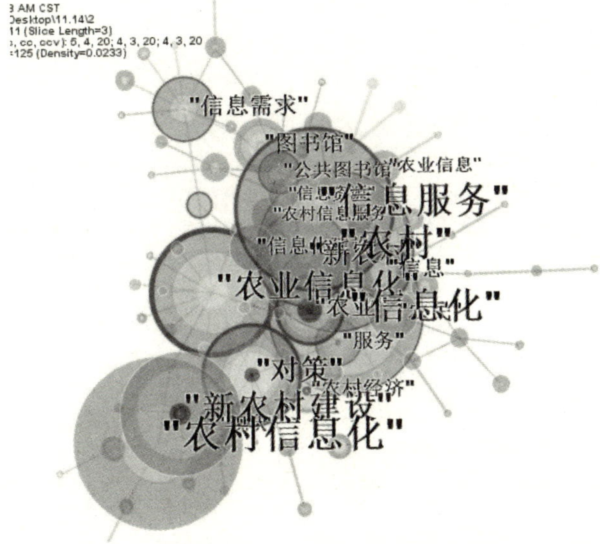

图 1-2　国内农村信息服务研究热点知识图谱

1.2.1　国外研究概况

国外关于扩散的研究开始于 20 世纪初，法国社会学和社会心理学家加布里尔·塔尔德（Gabriel Tarde）首先对创新的扩散进行了概括，并称之为模仿定律（The Laws of Imitation）。创新扩散的理论在布莱斯·瑞恩（Bryce Ryan）和尼尔·格罗斯（Neal Gross）有关杂交玉米扩散的著作发表后，才真正在学术界确立了地位，尔后，社会学、地理学、经济学等多个学科对农业技术创新扩散问题进行了长期研究，在创新扩散的影响因素、用户系统、扩散类型、扩散过程、扩散模型等许多方面取得了大量成果，积累了丰富的研究经验。研究主要集中于如下两个方面：①宏观层次上的技术创新扩散，内容包括技术创新扩散的过程研究、扩散方式及其机制研究以及扩散速度及其影响因素的研究①②③④⑤；②微观层面上的技术采用，内容包括创新采纳者分类及其决定因素研究、创新采纳的过程及其影响因素的研究⑥⑦⑧⑨⑩。前者的研究从宏观上分析创新如何传播并被市场采纳得更为广泛的问题，既包括有意识的技术转让，又包括无意识的技术传播，而后者则强调了技术采纳方决策对扩散的影响，是一个有意识的主观经济行为。

① Mahajan V Muller E, Bass F M. New Product Diffusion Models in Marketing: A Review and Directions for Research [J]. Journal of Marketing, 1990, 54: 1 - 26.

② Srinivasan V, Charlotte H Mason. Nonlinear Least Squares Estimation of New Product Diffusion Models [J]. Marketing Science, 1986, 5: 169 - 178.

③ Viswanath Venkatesh, Michael G Morris, Gordon B Davis, Fred D Davis. User Acceptance of Information Technology: Toward a Unified View [J]. MIS Quarterly, 2003 (3): 425 - 478.

④ Fishbein M, Sjzen I Belief. Attitude, Intention and Behavior: An Introduction to Theory and Research [M]. Mass: Addison-Wesley Publishing Company, 1975.

⑤ Ajzen I. From intentions to actions: A theory of planned behavior [M]. Berlin: Spring, 1985.

⑥ Daberkow S G, Mcbride W D. Farm and operator characteristics affecting the awareness and adoption of precision agriculture technologies in the US [J]. Precision Agriculture, 2003 (2): 163 - 177.

⑦ Amponsah W A. Computer adoption and use of information services by North Carolina commercial farmers [J]. Journal of Agricultural and Applied Economics, 1995 (2): 565 - 576.

⑧ Mishra A K, Park T A. An empirical analysis of Internet use by U. S. Farmers [J]. Agricultural and Resource Economics Review, 2005 (2): 253 - 264.

⑨ Spicer J. Making sense of multivariate data analysis [M]. London: Sage Publications, 2005.

⑩ 埃弗雷·M. 罗杰斯. 创新的扩散 [M]. 辛欣，译. 北京: 中央编译出版社，2002.

从全球范围看，农业和农村信息技术应用的发展大致经过三个阶段：第一个阶段是20世纪50年代至60年代的广播、电话通信信息化；第二个阶段是20世纪70年代至80年代的计算机数据处理和知识处理，农业数据库开发；第三个阶段是20世纪90年代以来网络和多媒体技术应用和农业生产自动化控制等的新发展。发达国家在推进农业和农村信息化建设中形成不同的发展模式，美国农业信息化立法完善、体系健全、资金投入大；日本、德国等国农业信息化基础设施完善，注重信息系统建设；法国、加拿大等国形成了多层次农业信息服务格局，服务主体多元化；韩国、印度等国投资建设农业信息化基础设施，制定农村信息服务优惠政策，重视农村信息化人才培训与国际合作。

国外由于农村信息服务体系已经较为完善，相关研究也很丰富，主要是针对农村信息服务管理、信息资源应用、信息传播等方面，归纳包括以下几个方面：

1. 农村信息服务保障体系研究①②③④⑤

信息服务的保障体系主要包括：政策支持、组织以及法律法规的建设方面。从各国实践与研究来看，农村信息服务包括公益性和市场性两类，对此政府采用不同的制度和运作机制，平衡政府的干预程度和运用市场手段的利益博弈的结合点，在不同的发展阶段有相应的法律制度、宏观调控、政策措施给予保障，保证农业信息服务的经费来源，制定保证农业信息服务资金、人才等配套政策。形成以政府为主导，公益性服务为内容的保障体系，通过各部门间的协作，加强以科研院所、大学等

---

① David Gabel. Broadband and universal service [J]. Telecommunications Policy, 2007 (31): 327-346.

② Malcolm J Moseley, Stephen Owen. The future of services in rural England: The drivers of change and a scenario for 2015 [J]. Progress in Planning, 2008 (69): 93-130.

③ M. Sawada, Daniel Cossette, Barry Wellar, Tolga Kurt. Analysis of the urban/rural broadband divide in Canada: Using GIS in planning terrestrial wireless deployment [J]. Government Information Quarterly, 2006 (23): 454-479.

④ C Ann Hollifield, Joseph F Donnermeyer. Creating demand: Influencing information technology diffusion in rural communities [J]. Government Information Quarterly, 2003 (20): 135-150.

⑤ Sufi M Nazem, Yi-Hsin Liu, Heeseok Lee, Yong Shi. Implementing Telecommunications Infrastructure: A Rural America Case [J]. Telematics and Informatics, 1996 (13): 23-31.

多功能、相互补充的服务体系的建设及调控，形成全方位的信息服务体系。

法律法规研究。研究涉及政府为保证农业和农村信息化发展的需要，围绕农业科研体制、投资结构、经费投入和实用技术的政策调整，明确投资主体并保证基本投入。美国在农业信息管理上，从信息资源采集到发布都进行立法管理，并不断完善，形成体系；美国从 1848 年第一次颁布农业法开始，就对农业技术信息服务做出了规定。1994 年的农业市场法案授权规定，凡享受政府补贴的农民和农业，都有义务向政府提供农产品产销信息。欧盟的法规较多，其中《建立欧洲共同体条约》第 34 条，涉及建立农产品市场共同组织（Common Organization of Agricultural Markets），并相应地对水果、蔬菜、粮食、水产品等都制定了有关的法规。德国为防止人们恶意攻击网络，制定电信法和信息服务法。法国有关法规规定，所有社会产品的生产和经营者都有义务如实填报自己的生产经营情况，违者按偷税行为处罚。

部门协作研究。农业和农村信息化建设是一个涉及多部门、多学科的综合性系统工程，农村信息服务的成功开展需要多部门间的协作。各国推广应用农业和农村信息技术，大多建立了强有力的管理体系，强化对农业信息化的组织管理，确定各部门的职责并分工协作。如：美国构建了以美国农业部（United States Department of Agriculture，简称 USDA）为主线的国家、地区、州三级农业信息网，形成了完整、健全、规范的农业信息服务体系。农业部所属的国家农业统计局（National Agriculture Stastistics Service，简称 NASS）、经济研究局（Economic Research Service，简称 ERS）、农业市场局（Agricultural Marketing Service，简称 AMS）、世界农业展望委员会（World Agricultural Outlook Board，简称 WAOB）以及外事农业局（Foreign Agricultural Service，简称 FAS）等机构，组成了美国农业部的信息收集、分析、发布体系，这五大信息采编机构都有明确的职责和任务，它们通力合作，以满足农民、农产品经营商和广大消费者的需要。美国农业部成立了商品评估综合协调委员会（Interagency Commodity Estimates Committees，简称 ICEC），负责国家农业统计局、农业市场局、海外农业局、农业经济研究局、世界农业展望委员会、农场服务局等机构的农业信息管理与协调工作。20 世纪 80 年代末期，日本开始实施农村情报信息系统网络化规划，并在全国普遍建立了县级农业技术信息情报系统，可以方便快捷地了解日本全国各地的信息。"农村情报信息系统"采取农林渔业团体、行政机构和农林渔业企业等协作的方式，以地区为核心实现网络化，为农户、农业集体和村落等提供信息服务。目前，日本建立了一个从上到下的完整的农业情报系统，实行的是政府和农协双轨的农村信息服务体制，即各自独立又彼此联系。法国农村信息服务有4个层次，各层次分工明确：①法国成果推广署在法国科技部、工业部的资助和支持下，在科研单位、大学和企业之间架起了一座桥梁；②农业发展署是由农业行会和政府代表共同管理的企业性协会，主要任务是科普宣传、培训农业工作者和科普工程师、促进企业农业行会和研究单位的合作、对地方农业发展提出建议等；③法国农业研究单位和专业技术中心在农业部的资助下，都有自己的技术推广和服务队伍，从事技术开发活动；④法国有15个国家级农业生产协会，11个农产品加工协会，其分会遍及全国，深入到农业发展的各个环节，主要任务是维护农业工作者的利益，进行技术推广和技术服务工作。

2. 农村信息服务体系研究①②③④⑤⑥⑦⑧

信息服务体系研究包括服务主体、客体、内容、渠道、利益分配机制等方面的研究。国外农村信息服务体系建设相对比较成熟，研究重点集中在数据库与网络、精确农业、专家系统和虚拟农业等具体技术方

---

① Norman Oder. Rural Library Services Get ＄7.2M in Stimulus Funds [J]. Library Journal，2010 (5)：16－16.

② Alfred Diaz. Deal between Walla Walla Library and County Rural Library District OK'd：But not without a measure of controversy over perceived inequities in the ＄188，000 deal [J]. Walla Walla Union-Bulletin (WA)，2010 (11).

③ Qiu J L. Coming to terms with informational stratification in China [J]. Cardozo Arts & Entertainment Law Journal，2002，20 (1)：157－180.

④ 丁自立，焦春海，郭英. 国外农业技术推广体系建设经验借鉴及启示 [J]. 科技管理研究，2011 (5)：55－57.

⑤ 贺洪明，肖友国. 中美农村信息化建设的特点比较研究 [J]. 图书与情报，2011 (1)：82－85，103.

⑥ 温继文. 我国与美国农业信息服务体系建设的比较研究 [J]. 南方农村，2006 (1)：49－53.

⑦ 李大卫. 四个国家的农村信息服务体系比较. [2015－10－25]. http：//cio. ciw. com. cn/cio02/20070518141404. shtml.

⑧ 国外农业和农村信息化建设的主要经验. [2015－10－25]. http：//www. hcsjcjqny. gov. cn/news. asp？id＝2990.

面。从世界范围的研究及实践来看，发达国家都非常重视发展和完善多层次、全方位、广覆盖、结构比较合理的农村信息服务体系。发达国家的农村信息服务体系有两个明显优点：一是建立统一协调的农业信息组织管理系统；二是农业信息社会化的进程与社会经济发展相适应。国际上的农村信息服务体系主要有 3 种类型：①以政府推广机构为主导的服务体系；②政府领导，企业、研究所和大学参与的服务体系；③非政府组织主导的服务体系。美国、日本等农业发达国家的推广组织有明确的公益性职能，具有健全的内部组织机构、确定适量的岗位目标和细化的岗位职责。

政府加强对农村信息服务体系建设的组织管理，并注意加强彼此协作，形成了以政府为主体的完整、规范的农村信息服务体系，规划了全面详细的信息调查内容，采用规范的农业调查方法，具有程序化的信息处理和严格、规范、权威的农业信息发布制度。在服务体系上，不同层次、不同部门设立的农业信息服务机构（部门），根据各自的职能和服务对象，确定信息服务的领域和范围。多元化的信息服务主体，在运行中采用多样化的信息服务形式，形成了信息采集、加工处理、信息发布等过程严密的农村信息服务体系。在服务内容上，农业和农村信息服务涵盖农业产前、产中、产后各个环节，包括国家宏观决策、生产者微观决策及法规、政策、市场、技术、气象、灾害等，为政府、企业和农户提供了全方位的信息服务，建立了政府、协会、企业、院校共同参与的农业信息服务体系。

美国形成了以互联网为主、专业期刊为辅的农村信息传播模式，信息服务主体多元共存，他们在服务内容上有所侧重，服务对象和群体规模各有不同：①国家政府部门主要负责向社会定期或不定期地发布政策（法规）信息、统计数据、市场动态信息等，并建立农业信息服务平台和信息采集的指标体系，规范农业信息资源标准；②农业科技信息的研究、开发和应用主要由教学科研机构、当地大学、地方农业推广中心及公司来完成，它们不仅进行基础性的生产技术应用研究，还开发创新技术，提供技术性很强的种子、种苗和农产品加工品，集科研、推广、经营于一体；③各种行业组织不仅收集对本组织会员有用的技术、市场、法规、政策信息，而且在农业金融、教育、灾害、生产、销售、运输及加工的合作方面为农户提供咨询、联络服务，在基层农业信息服务主体中占有重要位置。美国的信息服务利益分配机制：官方的信息服务为财政支持，属于免费服务；行业组织、专业技术协会的信息服务，属于其成员的自助、自我服务性质，一般只收成本费；营利性机构的信息服务，通常是在生产者价格和社会平均利润的范围内收费。一般来说，政策优惠、期货价格、市场供求、品种与技术、趋势预测等信息最受农场主、合作社和专业协会的欢迎。英国、法国及加拿大等国农村信息服务体系健全，计算机网络、3S 技术等现代信息技术在农业领域应用广泛，政府、协会、公司、大学等共同参与，形成了多元化、多层次的信息服务格局。

信息传播的过程有最基本的 7 个要素，即信源（传播者或传授者）、信息内容、信道（媒介或渠道）、噪声（内外干扰因素）、信宿（接收者或受传者）、环境（语境）、反馈与效果。发达国家农村信息服务主体在信息采集、加工、传播的过程中有互补性，这保证了信息的质量和良性的流动，形成了城乡信息互动的管理平台，如图 1-3 所示。

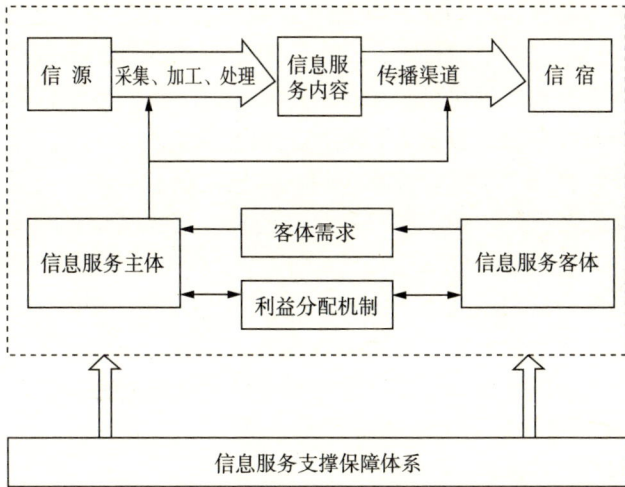

图 1-3 基层农业信息服务体系框[1]

① 温继文，李道亮，朱翔，等．我国与美国农业信息服务体系建设的比较研究［J］．南方农村，2006（1）：49-53．

3. 农村信息服务模式研究①②③④

以农村图书馆为基础的综合性信息服务模式。这种模式在发达国家（特别是英国和美国）具有悠久历史，它通过提供涉及农村日常生活如涉农信息、教育、医疗卫生等方面的参考资料（纸本或电子文献）、参考咨询服务及导引服务等，为农民提供多层次、多渠道的"一站式"服务。为了强化图书馆在农村信息服务中的作用，美国在20世纪70年代末资助了"为发展图书馆项目而进行的农村信息需求评估"等课题。英国也在20世纪80年代中期进行了强化图书馆信息服务的实践。这种模式在很多发展中国家也受关注，有相当多的研究和实践。如Adimoras提出了通过图书馆一体化农村信息服务的非洲模式，Isalam和Uddin考察了孟加拉模式，Onwubiko和Sadasiva分别讨论了尼日利亚和印度以图书馆为核心的综合性信息服务体系的设想。

农村信息中心模式。大多数国家，针对农业专业化信息需求开展的服务主要由政府的农业管理部门、研究部门、农业技术推广部门或专门的农业信息中心承担。1988年美国农业部在位于马里兰的国家农业图书馆建立了农村信息中心（Rural Information Center，简称RIC），为农村政府官员和农村社区提供信息服务。Zala等人考察农村信息中心（RIC）在帮助政府减轻贫困、提高农民健康及信息意识中所起的作用。Kaniki在考察南非农村社会生活的基础上提出，建立信息资源中心是目前南非最佳的信息服务模式，中心应具备足够的符合居民需要的信息，而且应处于便于访问的位置。2000年，印度国家农村发展研究所（NIRD）也开展了系列研究项目，旨在建立农村公共信息中心（PICs），建立这些中心的目的是向农村居民提供有关农村发展项目、农业技术推广、社区设施、社会发展以及医疗卫生、教育、金融法律等方面信息。

---

① Cartier C，Castells M，Qiu J L. The information have less：Inquality，mobility，and translocal networks in Chinese cities［J］. Studies in Comparative Internati onal Development，2005，40（2）：9 - 34.

② Kvasny L，Kail M. The challenges of redressing the digital divide：A Tale of two US cities［J］. Information Systems Journal，2006（16）：23 - 53.

③ 于良芝. 理解信息资源的贫富分化：国外"信息分化"与"数字鸿沟"研究综述［J］. 图书馆杂志，2005（12）：6 - 18

④ 于良芝，俞传正，樊振佳，张瑶. 农村信息服务效果及其制约因素研究［J］. 图书馆杂志，2007（9）：14 - 21.

以现代通讯与信息技术（ICTs）为支撑的信息服务模式。澳大利亚政府自 1992 年开始建设农村通信中心（Telecentres），通过改善信息技术手段以辅助农场和企业的管理，促进农村居民的就业和终身学习。1996 年，南非提出建立由政府资助的、以 ICT 为核心手段的信息中心，为农村地区提供 ICT 技术和相关信息服务。近年来，印度政府也在尝试利用 ICTs 建立公共信息亭（PIKs）向农民提供信息服务。

依托政府相关部门的信息服务站模式。依靠农业部门、协会及企业向农村居民提供特定领域的信息。Barker 和 Polson 研究苏格兰地方政府提供医疗卫生信息的状况。苏格兰医疗卫生信息服务中心由苏格兰高地卫生局资助，总部设在 Inverness，面向所有苏格兰农村居民。

其他服务模式。二战后在英国和美国率先出现的公民信息救助组织，向居民提供有关法律、税收、社会福利政策、移民等问题的免费信息帮助，提高农村居民的信息获取能力；农村流动信息服务队，如 20 世纪 90 年代初，泰国在联合国教科文组织资助项目的基础上发展了农村流动信息服务队（Mobile Information Team）。

4. 农民信息需求研究[1][2][3][4][5][6]

20 世纪 80 年代以后，无论是发达国家，还是发展中国家都出现了大量关于农村居民信息需求研究的文献。主要包括三个方面的研究：农村居民信息需求的结构及获取渠道研究、农村居民农业专业化信息需求研究以及"非农型"农村居民信息需求研究。

---

[1] Sujin Butdisuwan. Information Services to the Disadvantaged Person：A Challenge for Information Professionals in Thailand 65th IFlA council and General Conference Bangkok［M］. Thailand，August 20 - August 28，1999.

[2] Elfreda A Chatman. The Impoverished Life world of Outsiders［J］. Journal of the American Society For Information Science，47（3）：193 - 206.

[3] Aree Cheunwattana. Delivering and Promoting Library Services in Rural Thailand. ［2013 - 05 - 30］. http：//www. eric. ed. gov/contentdelivery/servlet/ERICServlet？accno＝ED441417.

[4] David A Hamilton. Some Characteristics of Rural Libraries in Illinois.［2013 - 05 - 30］. http：//www. eric. ed. gov/contentdelivery/servlet/ERICServlet？accno＝ED394528.

[5] 于良芝. 理解信息资源的贫富分化：国外"信息分化"与"数字鸿沟"研究综述［J］. 图书馆杂志，2005（12）：6 - 18

[6] 于良芝，俞传正，樊振佳，张瑶. 农村信息服务效果及其制约因素研究. 图书馆杂志，2007（9）：14 - 21.

农村居民信息需求的结构及获取渠道研究。Vavrek 在美国进行了调研，发现农村居民日常信息需求包括：有关地方政府决策和决定的信息、有关医疗卫生服务的信息以及当地新闻。Kaniki 通过访谈方法调研了南非两个农村社区的信息获取情景（Information Seeking Situations，简称 ISS），试图回答"农村居民在哪些情景下会产生信息获取要求"的问题，发现农民最常见的信息需求是：为寻求工作或增收而需要的信息、职业或技能培训机会信息、有关助学金的信息、医疗卫生信息、法律咨询服务信息。农民获取信息的主要渠道是：农业技术推广人员进行的农业示范和田间试验、社区发展项目、（生产）合作组织、青年组织、集市妇女组织、传统长老会、成人教育活动、广播、电视和报纸。Mcbombu 考察了马拉维农村发展中的信息需求，又针对这一课题对博茨瓦纳、马拉维和坦赞尼亚 3 个国家进行了比较，Momodu 对尼日利亚一农村社区也进行了类似的调研。在亚洲，Anwar 与 Supaat 对马来西亚 108 位村民进行了访谈，Seneviratne 对斯里兰卡中部省份的一个村庄及当地政府机构进行了调研，他们各自考察了研究对象在日常生活中产生的信息需求及满足方法，发现农民获取信息的来源主要是电视/广播、朋友/邻居、印刷品、城市的亲属、学校等。英国、美国、法国、加拿大等国家，也先后出现了专门针对农村居民信息需求的研究。

农村居民信息需求研究的结果反映出一些共同特征：一是农村人口具有广泛的信息需求，涵盖农业技术、医疗卫生、教育、经济、法律等领域；二是农村信息传播的主要渠道是人际传播。

农村居民农业专业化信息需求的研究。多数研究选择一个或两个农民生产经营领域作抽样基础，考察该领域农民在生产过程中出现的信息需求及满足途径。如尼日利亚的 Adomi、以色列的 Blum、美国的 Ford and Babb、Ortmann、Riesenberg 和 Gor、英国的 Sutherland 等主要研究了种植业农民的信息需求。

"非农型"农村居民信息需求研究。"非农型"农村居民是指在农村居住但不从事农业生产的居民。20 世纪 80 年代以来有一些文献专门是针对此部分研究对象。Marcella 考察了苏格兰农村中小企业的信息需求；Matsuda、Sidwell 等专门考察了美国农村卫生保健人员的信息需求；Oosthuizen 考察了南非农村教师的信息需求；Cunningham 等考察了美国农村的拉丁美洲移民的信息获取习惯；Mazie 和 Bluestone 讨论转移就业农民的信息需求；等等。

1.2.2 国内研究概况

国内关于农村科学技术扩散的研究文献比较少，现有的研究大多探讨了我国农业技术的有效需求与有效供给不足的问题。内容主要集中在对国外理论与方法的推介、扩散的影响因素、农业技术推广体系的改进、农户对技术的选择等方面①②③④⑤，研究成果比较少且还没有系统化。总体来看，国内外对农业技术扩散的研究因研究目的和对象不同可分为两大类：一类是以农户为研究对象的农业技术创新的采用行为的研究，侧重于研究农业技术创新采用的影响因素，方法上注重行为分析，目的在于诱导农户行为，促进农业技术的采用⑥；另一类是以农业技术创新扩散总体特征为研究对象的农业技术创新扩散规律及其影响因素的研究⑦⑧，倾向于对扩散过程的特征、影响扩散的因素、扩散速率等的研究，常借用数学模型来反映扩散过程，这些研究均以"S"形曲线理论为基础。我国引进"信息化"的概念是在 20 世纪 80 年代，落后于欧美等国，农村信息化产业的起步更晚，与欧美等国的差距更大。国内关于农村信息服务的研究如下：

---

① 杨敬辉，罗守成．不同数据序列对 Bass 模型拟合结果的影响研究——以中国移动用户数扩散数据为例［J］．科技管理研究，2011（10）：192-196．

② 丁士海．基于创新扩散理论的品牌生命周期研究［D］．南京：南京理工大学，2009．

③ 杨敬辉，武春友．基于 Bass 模型的两种参数估算算法比较研究［J］．数量经济技术经济研究，2005（12）：125-132．

④ 耿庆鹏．创新扩散理论在 3G 新业务预测中的应用［J］．邮电设计技术，2007（1）：22-24．

⑤ 邓朝华．移动用户采纳模型及其实证研究［D］．武汉：华中科技大学，2008．

⑥ 何振波．农业新技术扩散之研究——以何官庄村温室蔬菜种植新技术为例［C］．2004年中国传播学论坛论文集．

⑦ 何德华．农村地区移动服务采纳模型和发展策略研究［D］．武汉：华中科技大学，2008．

⑧ 叶震．结构方程模型在分析劳动力转移对农民收入影响中的运用［J］．江西农业大学学报：社会科学版，2007（6）：60-62．

1. 国外相关研究介绍及对比研究①②③④⑤⑥

学者通过对国内外农村信息化及信息服务开展状况的介绍、总结以及对比，对我国农村信息服务提出建议。随着科学信息技术的发展，研究人员除了宣传国外利用现代技术为农村服务的具体实践之外，更多的是介绍与其有关的法律、政策，以期推动国内农村信息化及服务法规的出台。研究比较多地介绍了美国农业信息化发展、日本因地制宜发展应用型农村信息服务、德国利用关键技术的发展带动农村信息服务、印度借助软件产业的公私合营模式等相关经验及研究成果。

2. 国内农村信息化及信息服务现状研究⑦⑧⑨⑩⑪

现在，我国无论是在信息传播高速公路的硬件建设方面，还是在农业信息平台和资源建设方面都取得了巨大的成就。相关研究介绍了农村目前信息服务的现状，内容涉及传统媒体功能的延伸、互联网被百姓接受情况、农业信息网站的发展、农村信息化数据库、农业信息技术作用的发挥、农村信息服务方式、农业信息队伍的建设等方面。

---

① 丁自立，焦春海，郭英. 国外农业技术推广体系建设经验借鉴及启示 [J]. 科技管理研究，2011 (5)：55-57.

② 贺洪明，肖友国. 中美农村信息化建设的特点比较研究 [J]. 图书与情报，2011 (1)：82-85，103.

③ 温继文. 我国与美国农业信息服务体系建设的比较研究 [J]. 南方农村，2006 (1)：49-53.

④ 李大卫. 四个国家的农村信息服务体系比较. [2015-10-25]. http：//cio.ciw.com.cn/cio02/20070518141404.shtml.

⑤ 国外农业和农村信息化建设的主要经验 [EB/OL]. [2015-10-25]. http：//www.hcsjcjqny.gov.cn/news.asp？id=2990.

⑥ 温继文，李道亮，朱翔，等. 我国与美国农业信息服务体系建设的比较研究 [J]. 南方农村，2006 (1)：49-53.

⑦ 中华人民共和国农业部信息中心，联合国粮食及农业组织亚太区域办事处. 中国农村信息服务案例研究 [EB/OL]. [2015-10-25]. http：//www.fao.org/docrep/008/ad504c/ad504c00.htm

⑧ 吕玉芝，李冬梅. 浅论信息服务中的人文精神体现 [J]. 中国图书馆学报，2003 (1)：99-100.

⑨ 张立斌，杨军花. 信息分化问题的社会学思考 [J]. 情报科学，2006 (11)：1611-1614.

⑩ 邵培仁，张健康. 关于消除中国数字鸿沟的思考与对策 [J]. 浙江大学学报（人文社科版），2003 (1)：33-37.

⑪ 于良芝. 理解信息资源的贫富分化：国外"信息分化"与"数字鸿沟"研究综述 [J]. 图书馆杂志，2005 (12)：6-18.

3. 农村居民信息需求研究①②③④⑤

我国对农村居民信息需求的关注主要集中在农业专业化信息方面,对综合信息需求结构的研究很少,凸显的是农村居民对生产经营相关信息的需求。我国对农民信息需求和获取渠道的研究主要来自以下方面:由农业部市场信息司利用我国农村固定观察点进行的调研、科研机构通过科研立项进行的调研以及地方政府围绕政策研究而开展的调研。在为数不多的研究中,结论还存在很大差异。向平等对我国 5 个省市农村信息需求的问卷调研显示,目前我国农村急需农业科技信息,其次是农产品市场信息。方晓红对苏南农村用户的调研显示,除了"致富门路""科技种田""生产资料来源与销售渠道"等经济信息外,苏南农村用户还关注农民减负及税收等政策信息。谭英等将农村居民划分为贫困型与富裕型,他们发现,贫困农户与富裕农户的信息需求结构存在显著差别。

4. 农村信息服务模式研究

关于农业信息服务模式的探索主要有两种研究方式。

一是在考察特定地区、特定服务模式的基础上,提出对这种模式的改进或推广意见。钟永玲等通过考察安徽等地的服务站模式、农民之家模式、协会模式,提议整合资源(例如将协会的办公地点设在服务站,从而增强它们的服务能力)。谭英等在考察陕西宝鸡"农业科技专家大院"模式的基础上,建议推广此种模式。2004 年农业部开展的"中国农村信息服务案例研究"调查组认为目前农村信息服务有如下三种模式:①服务站模式。依托县农业部门、乡镇农技站、农经站、文化站以及农村种养大户、农民专业协会、农业龙头企业等建立信息服务组织,形成完整的县、乡、村三级信息服务网络;②农民之家模式。农民之家开设

---

① 于良芝,俞传正,樊振佳,张瑶. 农村信息服务效果及其制约因素研究 [J]. 图书馆杂志,2007 (9):14-21.

② 彭光芒. 农村社区意见领袖在科技传播中的作用 [J]. 科技进步与对策,2002 (7):104-105.

③ 谭英,王德海,谢咏才. 贫困地区农户信息获取渠道与倾向性研究——中西部地区不同类型农户媒介接触行为调查报告 [J]. 农业技术经济,2004 (2):28-33.

④ 向平,李晓,邱敦莲,罗中蓉. 我国不同经济发展地区农村信息需求的比较研究 [J]. 农业图书情报学刊,2003 (6):155-158.

⑤ 谭英,谢咏才,彭媛. 贫困地区不同类型农户科技信息需求分析 [J]. 中国农业大学学报:社会科学版,2003 (5):34-40.

了敞开式，集农技咨询、农技推广、信息服务、经营功能于一体的独立服务场所，把农业技术推广工作和信息服务相结合，并提供全天候、"一站式"服务；③协会模式。农民根据自己的生产经营活动范围和需要，分别建立了一些具有不同专业特色、自主管理的协会团体，通过协会为会员提供技术、品种、生产资料、销售等相关信息服务。三种模式各有特点，适合不同的区域。

二是在考察农民信息需求和信息获取渠道的基础上，提出相应的服务模式。例如彭光芒根据农村意见领袖在科技信息传播中的作用，对农村社区中意见领袖的重要性进行了分析，提出培育农村意见领袖并把他们置于信息传播的关键地位。赵继海等根据浙江等发达地区的信息基础设施条件，提出培育农业信息网络的"中继"机构。谭英等在区分4类用户（绝对贫困型、低收入型、中等型、相对富裕型）及其信息需求特点的基础上，提出要针对不同农户特征提供不同形式的服务[1][2]。

5. 基层文化与图书馆研究[3][4][5][6][7][8]

公共图书馆弱势群体服务的必要性和可行性研究。一些学者试图从弱势群体利用图书馆服务的角度做出研究，并且在公共图书馆如何为弱势群体服务方面，也提出了许多方法和措施。

① 谭英，王德海，谢咏才. 贫困地区农户信息获取渠道与倾向性研究——中西部地区不同类型农户媒介接触行为调查报告 [J]. 农业技术经济，2004（2）：28－33.

② 谭英，谢咏才，彭媛. 贫困地区不同类型农户科技信息需求分析. 中国农业大学学报：社会科学版，2003（5）：34－40.

③ 王子舟，肖雪. 弱势群体知识援助的图书馆新制度建设 [J]. 图书情报知识，2005（2）：5－11，97.

④ 范并思. 建设一个信息公平与信息保障的制度——纪念中国近代图书馆百年 [J]. 图书馆，2004（2）：1－3，15.

⑤ 尚庄. 农家书屋热潮与长远发展思考 [J]. 图书馆杂志，2007（7）：31－34，24.

⑥ 李国新. "湖南省衡阳市公共图书馆回访"调研报告 [J]. 图书馆，2010（3）：1－12.

⑦ 孔则吾. 城市让生活更美好——当前农家书屋建设的误区 [J]. 出版广角，2011（11）：39－41.

⑧ 王宗义. 农家书屋建设与图书馆社会服务体系研究——由农家书屋可持续发展问题引发的思考 [J]. 图书与情报，2010（4）：13－20.

知识援助研究。近几年包括公共图书馆在内的公共文化事业迅速发展，学界对广大民众平等享有文化权利进行了关注，公民的图书馆权利、社会弱势群体的图书馆信息援助等理念传播迅速。许多专家学者从不同视角、不同侧面进行了深入研究。研究者认为，图书馆，尤其是公共图书馆，有必要，也有义务向农民提供服务。

制度建设研究。国内从制度观方面去探讨图书馆为弱势群体服务的代表性观点主要有两个：最直接相关的是王子舟先生的"弱势群体的知识援助制度"，其次是范并思先生的"信息公平与信息保障"制度。公共图书馆对社会的普遍开放、公平服务、免费服务都促进了社区及农村图书馆的发展。社会包容作为公共图书馆的社会价值，已经得到国外公共图书馆行业、社区民众以及政府主管部门的广泛认可。近两年国内图书馆界逐渐开始注重图书馆社会包容问题的研究，蒋永福、范并思等学者进行了不同角度的分析。

公共图书馆服务体系研究。公共图书馆是公共文化服务体系中最重要的基础设施之一，公共图书馆服务体系是我国公共文化服务体系的重要组成部分。于良芝 2008 年 4 月出版的《覆盖全社会的公共图书馆服务体系：模式、技术支撑与方案》一书中对公共图书馆服务体系进行了详细的解释。我国图书馆学者从公共图书馆建设总分馆模式、公共图书馆与高校图书馆资源共享、区域性服务网络建设、基层图书馆服务体系的建立、公共图书馆评估体系及标准方面对构建覆盖全社会的普遍均等的公共图书馆服务体系进行了理论研究与实践。城乡一体化公共图书馆服务网络体系的嘉兴模式，得到图书馆界、学界及社会的广泛关注。另外还涌现出禅城模式、南山模式、苏州模式、广东流动图书馆模式等。上海、深圳、杭州、苏州、佛山等城市创新思路，先试先行，推进"总分馆"建设、合作办馆模式、区域性服务网络建设等，公共图书馆服务体系建设已取得了显著成绩。

1.2.3 研究及实践中存在的问题

1. 整合协作政策研究的缺失

目前，我国政府在农业与农村信息化方面的相关政策，主要通过行政法规和部门规章向外发布。尽管通过各级政府和相关企业的共同努力，现在农村信息化基础设施取得了显著成绩，但是各地发展不均衡、重复建设、资源浪费、农民急需的信息服务得不到满足等问题依然普遍存在。我国的农村信息服务缺乏充分理论论证，迄今为止并未形成一个有机统一的农村信息化、信息服务政策，这使得各部门、各地方、各单位、各环节各自为政，缺乏沟通协作和长效的制度保障，这种分散的管制治理体制导致部门之间不协调，难以达到预期效果。

2. 政策监管框架研究的缺乏

目前我国的农村信息化工作缺乏明确而系统的目标定义和显性而长效的制度安排，这使得实际实施效果大打折扣，因此有必要对未来整合的管制激励和监管框架政策问题进行探讨。比如新阶段的"农村信息化"，尽管已将传统的"普遍服务"概念（即"接入"）升级为"综合信息服务"（即"应用"），但是，"农村信息化"的具体目标仍然不够系统和明了。作为国家信息化的整体纲领性文件，"2006—2020年国家信息化发展战略"（以下简称"战略"）确立了"以信息化带动工业化、以工业化促进信息化"的基调，但是，其多为纲领性和定性目标，没有对国家整体信息化目标做具体规定。同时，相关部委也根据该"战略"和"一号文件"精神颁布了相应的部门条令或通知，其在具体目标定义上同样是模糊不清的。农村信息服务基础设施建设等工作的开展，主要依靠行政命令，这种行政命令主导的管制模式缺乏激励机制，在市场化过程中势必缺乏可持续性。

3. 农村信息服务供需脱节问题研究

近年来，我国10多个部门都在从不同角度推进农村信息化，着力于信息服务建设，但从建设项目实际效果看，真正受到老百姓欢迎、经济和社会效益显著的平台并不多。目前，我国农村市场信息化建设中普遍存在"重技术、轻内容""重数量、轻质量""重供给、轻需求"的情况，与硬件设施的大量投入相比，信息资源开发的数量深度明显不足。农村信息服务供给失衡问题受到越来越多的关注，大多数文献仅仅是对影响因素的归纳，没有抓住问题关键，虽然也有学者把农村信息失衡归咎于体制机制问题，但是没有对现行体制下政府的行为进行深入的分析，只是限于对行为结果的简单描述，对问题的认识流于表面。在我国自上而下的供给决策机制下（图1-4），市场信息的供给动力大多来自上级的行政压力和地方政府的政绩考虑，这使得市场经济的基本原则——需求评判机制无法发挥应有的作用。

出现"重供给、轻需求"局面的原因之一是当前行政绩效考核机制

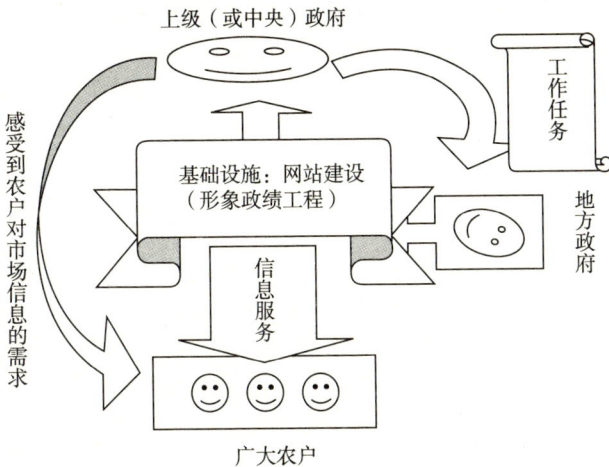

图 1-4 我国自上而下的供给决策机制[①]

方面的不足。一方面，当前行政考核体系的一个倾向是重定量考核指标、轻定性考核指标，这往往会导致重短期绩效而轻长期效果；另一方面，需求需要扎实、细致而系统的艰苦工作，且往往难以量化考核，实际效果具有时滞性。政策执行的不力，使信息服务供给方的动力不足，从而造成"农村信息服务各类实体组织建设如火如荼，而农民获得及时、准确的信息却仍然十分匮乏"的尴尬局面。

我国在城市面向农村的"自上而下"的信息传播实践方面，多数传播主体主观上忽视了处于传播终端的广大农村居民的现实信息需要及其变化情况。国内学者的研究集中在信息"自上而下"的传播体系中，强调如何将海量信息传递给农民，较少有学者通过典型案例或实证研究进行以农民的信息需求作为主体的"自下而上"的乡村信息传播模式研究。

4. 农村信息需求内容及对象研究

农村居民信息需求的多样性和复杂性没有得到应有的重视。大多数研究还普遍停留在农业科技和市场信息领域，凸显农村居民对生产经营相关信息（如技术信息、品种信息、市场信息等）的需求，少数文献对

① 王俊杰，陈晓萍. 农村市场信息供给失衡中的政府行为理性分析 [J]. 情报杂志，2010 (6)：186-190.

农村政策信息需求进行了研究，总的来说，目前学界对综合信息需求结构的研究很少，对农村医疗、教育、生活等多元化信息关注不够。另外，从目前的研究来看，对"农民"进行的研究占据了较大比例，这样的分析不细致，也不深入，研究对象较少涉及农村老人、留守妇女和儿童。

5. 农村信息传播渠道研究

国内外多数调研结果最显著的共同发现就是认定口语媒介比文字媒介重要、人际传播比组织传播重要，这一方面也反映了政策大力推进的有组织的信息服务模式，如政府主导下的农业信息数据的建设、农村信息服务站的建设等，存在着某种欠缺，在农村并不是最受欢迎的信息传播模式。虽然国内外调研均认识到这一事实，但是在农村信息服务领域，几乎没有研究文献明确提出以这种人际关系网络为基础进行农村信息服务的设计和优化。目前，在面向农村的信息服务模式设计中，着重强调的仍然是有组织的实体信息服务，忽视了农村居民间这种虚拟的人际网络知识信息传递，未来的农村信息服务需要考虑这一显著特点。

6. 图书馆农村信息服务研究

从逻辑上讲，在新农村建设中，作为知识信息集散地的图书馆，理应成为推动农村经济发展、普及科学知识、提高农民素质的重要力量从而备受关注，然而事实却并非如此。不仅农民对图书馆的作用认识不足（当然图书馆自身也有诸多问题），而且在农村信息化建设中，图书馆有时也处于一种尴尬的处境。如农家书屋工程是由新闻出版总署牵头，中央文明办等列衔，八部委联合发出并实施的，其中没有社会文化主管部门。农村居民的图书服务原本属于图书馆等文化教育机构的传统专业范畴，现在突然成为由出版界为主实施的活动。农家书屋与公共图书馆的关系如何？农家书屋是"乡村图书馆"还是"乡村书店"？农家书屋怎样实现可持续发展？目前，农家书屋存在一系列需要解决的问题。

另外，中国城市化的进程迅速加快，农民生活方式的变革正在发生。在此情形下，像农家书屋工程这样大规模的传统建设模式可能会与社会大背景"逆向发展"。随着手机的普及、网络的覆盖，通过现代化的传媒及低成本、高效率的科技手段来满足农民阅读需求，既是农民的需要，也是社会发展的必然。农村图书馆的数字化建设及服务等问题需要相关学者对其进行深入思考。

1.3 研究内容及预期目标

1.3.1 研究方向及内容设计

农村科技信息的推广，需要农村居民了解并最终接受它，科技信息在农村居民间的推广情况以及转化能力随着时间的推移而变化，这种变化的规律就像人和其他动物的生命一样，从诞生、成长到成熟，最后到衰亡。本研究认为农村科技信息在农村居民间推广的过程中，也呈现一个如图1-5所示的"S"形曲线，研究借助创新扩散模型，探讨农村科技信息的扩散过程，研究农村科技信息的生命周期，以期呈现其扩散轨迹及相应的影响机制。

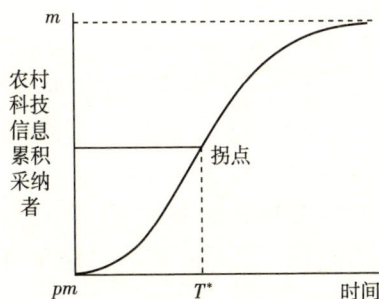

图1-5 农村科技信息的生命周期

具体研究内容如下：

（1）对国内外农村科技信息创新扩散的研究现状以及农村科学技术创新和扩散的相关理论进行分析和论述，系统梳理创新扩散理论及实践的发展轨迹，呈现从熊彼特（Schumpeter）提出的创新理论、"模仿"（imitation）到目前的技术创新扩散模型研究的相关成果，以便为本课题提供借鉴。

（2）农村居民信息需求的特征分析。从农村居民的信息拥有与信息利用的基本情况入手，了解农村居民的信息需求和信息使用特征，分析农村不同群体所表现出来的特征及差异。对直接从事农业生产的农民及其他农村居民的信息需求都进行研究。选取村庄进行田野调查，通过记录农村居民在生活中所关注的信息内容，展示他们不同的信息需求以及获取情况，对农村居民信息获取的种类、渠道和差异性进行分析。

（3）农村科技信息创新与扩散的模式和机制的分析研究。分析基于社会网络的科技信息创新扩散的模式及其动力机制。根据 Bass 模型 $x(t)=\dfrac{\mathrm{d}x(t)}{\mathrm{d}t}=\left[p+q\dfrac{X(t)}{m}\right]\left[m-X(t)\right]$，用微分方程来表示农村科技信息扩散模型，并在模型中探讨社会网络的影响。借助"S"型曲线模型，对农村科技信息的扩散速度进行分析，在空间维上，对不同区域农村科技信息的扩散强度进行研究。用创新扩散模型预测农村科技信息的扩散过程，需要对三个参数进行估计：外部影响系数（p）、内部影响系数（q）、市场潜力（m）。本研究参数估计的方法采用非线性最小二乘方法（Nonlinear Least Squares，简称 NLS），因 1986 年 Mahajan，Mason，Srinivasan 对参数估计程序所做的经验研究表明非线性最小二乘估计程序更具有优越性。

（4）农村信息服务投入产出及农村居民抱怨研究。在农村进行抽样调查，获取农村居民信息利用现状及信息需求的数据，借助 C - D 函数对农村信息服务投入产出进行分析。根据信息服务抱怨的类型及其影响因素，对农村居民信息服务的抱怨情况进行研究，并选取个案进行实证，针对农村居民信息服务抱怨提出假说，利用数理统计方法进行验证，折射出农村用户的抱怨行为，了解农村居民对信息服务的真实感知，探讨农村居民信息服务抱怨行为的影响因素。

（5）农村居民社会网络资本研究。不研究中国农村的社会网，就不能完整地理解和认识中国人的微观社会结构[①]。本研究在分析农村居民社会网络时，借鉴社会学概念"社会网络资本"。关于社会网络的测量，国外有"朋友网"和"讨论网"等，而中国人的关系网络区别于西方人网络，边燕杰等人提出用"春节拜年网"来测量。作为中国最重要的传统节日，春节是社会交往的热点时期，"春节拜年网"是专门针对中国社会情况提出的一种社会网络。本研究利用"春节拜年网"，对农村居民社会网络资本进行测量。

（6）农村科技信息扩散的影响因素及其建模研究。创新的相对优

---

① 张文宏，阮丹青. 城乡居民的社会支持网 [J]. 社会学研究，1999 (3)：12 - 24.

势、相容性、复杂程度、可试验性及可观察性五个属性，影响着用户采纳某项创新的快慢。本研究维度包括相对优势、复杂性、相容性、可试验性、可观察性、社会网络、采用态度及采用意向，建立创新扩散模型，并对各影响因素进行评价。研究农村科技信息的扩散过程涉及大量因素以及它们之间的关系，本研究尝试通过扩散模型来进行建模并加以控制，通过对农村科技信息扩散体系及影响因素进行实证研究从而对模型成效进行分析及评价。

1.3.2 研究的理论和应用价值

本研究以社会网络为视角，探讨农村科技信息在农村居民间的扩散过程。基于创新扩散理论构建农村科技信息扩散模型，即希望通过整合研究主体与应用主体、研究条件与应用条件、现代知识体系与乡土知识体系等要素，探讨农村居民参与农村科技信息创新扩散方式的成效；希望通过农村科技信息创新与扩散过程的模型构建，提高农村居民认识问题、分析问题、解决问题的能力。

（1）获取农村信息服务政策的执行及现状的客观数据，对农村信息服务现状、存在的问题、农村居民信息需求、特征等进行研究。研究农村科技创新信息在农村居民间的扩散机制和规律，可以为国内相关领域的研究提供可借鉴的思路和方法，对丰富农村科技传播、农村信息服务等学科的内容具有重要的理论意义。另外，对构建的扩散模型进行实证研究，可以将理论与实践相结合。

（2）我国农村科学技术创新研究受到了广泛的重视，并已有相当系统的研究成果，但基于社会网络的科学技术信息扩散的模式和机制研究相对较少，既没有系统化的理论分析，也没有较好的可操作性的技术扩散模式，已有的研究成果难以有效地指导农村科技信息扩散政策的制定。本研究通过对农村科技信息扩散的模式和机制进行研究，可以发现农村科技信息在农村居民间扩散存在的问题，从而提高农村科学技术的转化率。

（3）研究农村居民对当前信息服务的主观认知，客观测量具有不同社会特征的人或人群对信息服务的主观认知差异，这不仅有助于探寻信息共享障碍的主观成因，而且对信息共享的调控具有现实指导意义，对于政府的相关决策也有一定的推动作用。研究农村科技信息的扩散，揭示其过程机理，一方面可以帮助农村科学技术推广者更好地了解技术扩散过程及其影响因素，提高技术创新扩散的有效性；另一方面，可为我国正在进行的区域性的科学技术推广服务体系建设提供科学依据。

1.4 研究方法和技术路线

1.4.1 研究方法

本研究采用社会调查（抽样问卷、访谈与电话调查结合）、个案研究、模型构建、实证验证等方法，其中涉及的调查均采取数理统计及结构方程进行定量分析，提出假说并构建模型进行实证研究。

调研方案采取抽样调查与个案分析相结合的方式。个案研究，选取有代表性的乡村作为个案，进行详细研究。调研工作在研究方法上做到定量分析与定性分析相结合，理论研究与实证研究相结合；在数据及资料的收集方面，采取静态收集与动态收集相结合的方法。实地调研之前，先收集国内特别是样本地区的相关资料；在数据分析方面，采取横向对比分析和纵向对比分析相结合的方法，对地区信息服务工作历史、现状深入了解；调研访谈采取个人访谈与焦点小组式访谈（小组座谈）相结合。小组（焦点）座谈（Focus Group）是由一个经过训练的主持人以一种无结构的自然的形式与一个小组的被调查者交谈。小组座谈法的主要目的是通过倾听一组从调研者所要研究的目标市场中选择来的被调查者，从而获取一些有关问题的深入了解。这种方法的价值在于常常可以从自由进行的小组讨论中得到一些意想不到的发现。具体研究方法如下：

（1）定量与定性分析相结合。对国内外创新扩散的研究动态、内涵、特点和过程进行分析，定量的农村科技信息扩散的范围和速度与人际网络中各类影响因素之间的关系，借助"S"型曲线和创新扩散模型对农村科技信息扩散进行定量分析，借助 Bass 模型对农村科技信息传播的影响机制进行分析。

（2）理论分析和实证分析相结合。借鉴创新扩散的相关理论，对农村科技信息扩散的人际网络进行分析，并进行实证研究。农村科技信息扩散的影响因素很多，有的可以定量衡量，有的却模糊难以量化。本研究将问卷调查法与层次分析法引入农村科学技术推广扩散影响因素的研究中，运用该方法将农村科技信息推广扩散的影响因素组成影响因素模型，并以定量化的方式表示。

1.4.2 技术路线

研究的技术路线如图1-6所示：

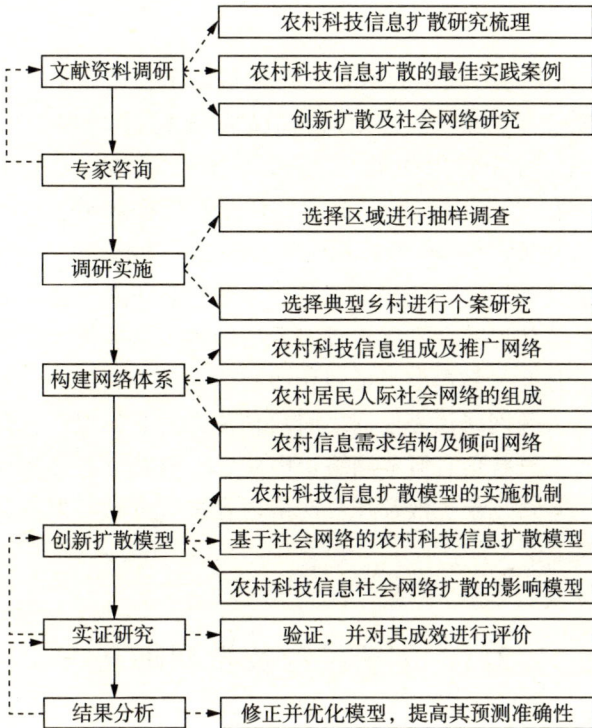

图1-6 技术路线

第二章　农村科技信息创新扩散的
理论基础

　　"扩散"原本是物理学的术语，它是指由于物质质团微元的热运动而产生的物质迁移现象。罗杰斯对扩散的定义是："创新的扩散是创新经过一段时间，经由特定的渠道，在某一社会团体的成员中传播的过程。"归纳了创新扩散中的四个要素：创新、传播渠道、时间、社会系统。社会网络分析（Social Network Analysis，简称 SNA）是对社会关系结构及其属性加以分析的一套规范和方法，它主要分析的是不同社会单位（个体、群体或社会）所构成关系的结构及其属性。社会网络分析为研究人们的相互关系提供了可视化的和数学的分析。在农村，对于农村居民而言，人际网络代表他们之间信息传递的自然以及优化状态，是一种实实在在的科技信息服务网络，因此农村科技信息必然要考虑这一显著特点。本章对创新扩散及社会网络内容进行分析，以期为后续研究提供理论基础。

2.1　创新扩散及模型研究

2.1.1　创新扩散理论

　　扩散研究起源于欧洲社会科学，人类学、早期社会学和农村社会学也都为扩散研究的发展做出了重大贡献。扩散研究最早可以追溯到塔德模仿定律，1890 年 Gaariel Tarade 出版了 *The Laws of Imitation*，提出了新技术应用的比率呈 S 形增长[①]。学术界对创新及扩散的研究始于美

---

　　① Tarde G. The Laws of Imitation［M］. New York：Holt Rinehart Winston Inc，1903：382.

籍奥地利经济学家约瑟夫·阿洛伊斯·熊彼特（Schumpeter J. A.）1912 年的《经济发展理论》一书①，首次提出了创新理论，并提出了所谓模仿定律，而这里的模仿即指创新扩散。

1962 年，美国埃弗雷特·罗杰斯（Everett M. Rogers）教授出版了创新扩散领域的经典之作《创新扩散》（Innovation Diffusion）一书，提出扩散是创新通过一段时间，经由特定的渠道，在某一社会团体的成员中传播的过程。他认为创新扩散中的四个主要因素是：创新、传播渠道、时间以及社会系统。

一项创新是被采用的个人或团体视为全新的一个方法，或者一次实践，或者一个物体。创新的特征：相对优势是一项创新比它所取代的方法具有的优势。相对优势除了用经济因素评价外，还可以用社会声望、便利性以及满意度来评价；一项创新的相对优势越大，它被采用的速度越快。相容性指一项创新与现在价值观、潜在接受者过去的经历以及个体需要的符合程度；比起一个社会系统的价值观和标准相容的创新，不相容创新的采用速度慢得多。复杂性是一项创新被理解或被使用的难易程度；比起那些需要采用者学习新技术和新知识的创新，简单易懂的创新扩散速度也快得多。可试性是在某些特定条件下一项创新能够被实验的可能性；一项具有可试性的创新对考虑采用它的人来说具有更大的说服力，因为人们可以通过动手来学会它。可观察性是指在多大程度上个体可以看到一项创新的结果；个体越容易观察到一项创新的结果，他们越容易采用它。如果个体认为某些创新具有很大的相对优势，相容性好、可试性高并且也不复杂，那么这些创新的采用速度比其他创新要快。

传播渠道是信息从一个个体传向另一个体的手段，大众传媒在传播创新的内容上是比较有效的手段，而人际关系渠道对于形成或改变个体对创新的观念更为有效，因为它会影响个体采用创新的决定。大部分个体评价一项创新并不是以专家们经过科学研究得到的结论为准，而是听信于已采用了该创新的同伴们的主观评价，因此这些同伴起了示范作用，系统内其他成员将模仿他们的创新行为。

---

① 约瑟夫·阿洛伊斯·熊彼特. 经济发展理论［M］. 何畏，等，译. 北京：商务印书馆，1990.

时间是扩散过程的第三个元素，扩散研究将时间作为一个变量，这是它的一个优势。扩散过程中的时间因素包括以下 3 种：①创新决策过程，是个体知道一项创新，在决定采用还是拒绝该创新时所经历的过程；②个体或单位比其他系统成员采用创新更早或更晚的程度；③一个系统中创新的采用速度通常指给定时间内该系统中采用创新的人数。创新决策过程是一个精神的过程，有如下 5 个主要步骤：认知、说服、决定、实施以及确认。

一个社会系统是一组面临共同问题、有着同一目标、相互联系的单位。一个系统有本身的结构，结构就是社会系统中不同单位的排列模型。结构使系统中个体的行为具有规律性、稳定性。系统的社会结构或传播结构促进或阻碍了创新在系统中的扩散。

人际关系网络对创新扩散有重要影响，大众传播流向模型介绍了皮下注射型扩散模型和两步流程扩散模型（罗杰斯《创新的扩散》）。皮下注射型扩散模型假设大众媒介对大众有着直接的、迅速的以及有力的影响。随着研究方法的改进，学者对皮下注射型模型提出了质疑，认为该模型主要建立在对特殊历史事件的直觉理论推测的基础上，因此在描述大众媒体效应方面无疑过于简单、粗略和呆板。两步流程扩散模型认为，扩散过程的第一步，从媒体到观念领导者，主要是信息的传播；第二步，从观念领导者到跟随者，主要是通过人际影响来实现的。信息从信息源通过媒体渠道传播到观念领导者，然后再由观念领导者将这些信息传递给他们的追随者。两步流程扩散模型强调的是大众媒体渠道和人际渠道连接的界面。虽然实际的大众传播过程复杂得多、细致得多，远不是两步的问题，无法简单地用一句话或两个步骤来描述，但是，两步流程扩散模型为学术研究提供了一个重要的启示，那就是：在扩散研究中，我们一定要重视观念领导者的作用。

2.1.2　创新与技术接受

根据 Rogers 的研究，新产品上市后，采纳者分布随时间呈 S 形曲线，并趋近于正态分布。根据正态分布的两个参数、平均值和方差，采纳者会随着时间的推移，分为 5 类：①创新者（Innovators）：2.5%；②早期采纳者（Early Adopters）：13.5%；③早期大多数（Early Majority）：34%；④晚期大多数（Late Majority）：34%；⑤落后者（Laggards）：16%。认为技术创新扩散的采纳者服从正态分布，并运用均值（$\bar{X}$）和标准差（s）进行表示，如图 2-1 所示：

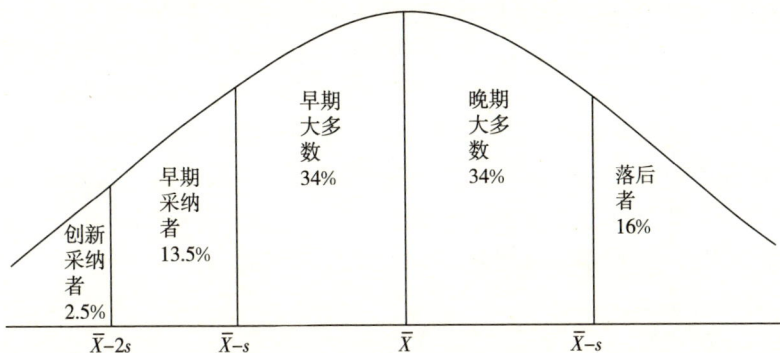

图 2-1 Rogers 对采纳者的分类 [①]

这 5 大类别各自明显的特征是：具有冒险精神的创新者、受人尊敬的早期采纳者、从容而谨慎的早期大多数、持怀疑态度的后期大多数、固守传统的落后者。系统内的早期采纳者和后期采纳者在年龄上并没有明显差别，但早期采纳者往往接受过更多的正规教育，他们比后期采纳者要博学多才，所处的社会地位也要高些，而且具有更强的向上的社会流动性。

1975 年，Fishbein 与 Ajzen 提出"理性行为理论"（Theory of Reasoned Action，简称 TRA）（图 2-2），用以解释与预测人类行为决策的过程 [②]。其基本假设是认为人是理性的，在做出某一行为前会综合各种信息来考虑自身行为的意义和后果。

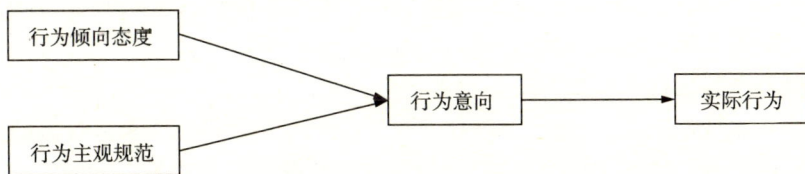

图 2-2 理性行为理论

① 埃弗雷·M. 罗杰斯. 创新的扩散 [M]. 辛欣，译. 北京：中央编译出版社，2002.
② M Fishbein, I Belief Sjzen. Attitude, Intention and Behavior：An Introduction to Theory and Research [M]. Mass：Addison-Wesley Publishing Company，1975.

计划行为理论（Theory of Planned Behavior）是由多属性态度理论（Theory of Multiattribute Attitude）与理性行为理论（Theory of Reasoned Action）（Ajzen & Fishbein，1980；Fishbein & Ajzen，1975）结合而发展出来的。理性行为理论假设行为的发生皆能够由个人的意志所控制，可是实际的情况是个人对行为意志的控制往往受到许多其他的因素所干扰，这大大降低了理性行为理论中对个人行为的解释力。1985年，Ajzen在理性行为理论基础上提出了计划行为理论（Theory of Planned Behavior，简称TPB，如图2-3所示，以增强模型预测用户行为的准确性[①]。

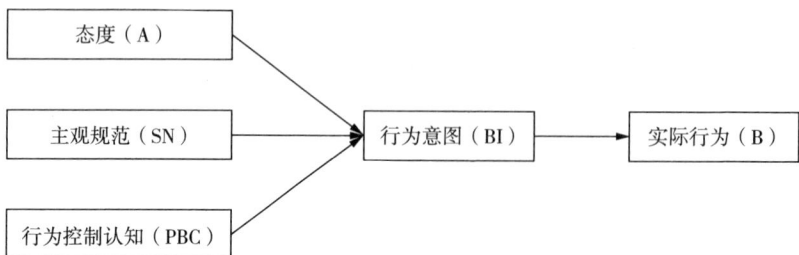

图2-3 计划行为理论

计划行为理论的五要素：

态度（Attitude）是指个人对该项行为所持的正面或负面的感觉，即指由个人对此特定行为的评价经过概念化之后所形成的态度，所以态度的组成成分经常被视为个人对此行为结果的显著信念的函数。

主观规范（Subjective Norm）是指个人对于是否采取某项特定行为所感受到的社会压力，即在预测他人的行为时，那些对个人的行为决策具有影响力的个人或团体（salient individuals or groups）对于个人是否采取某项特定行为所发挥的影响作用的大小。

知觉行为控制（Perceived Behavioral Control）是指反映个人过去的经验和预期的阻碍，当个人认为自己所掌握的资源与机会愈多、所预期的阻碍愈少，则其对行为的知觉行为控制就愈强。知觉行为控制影响的方式有两种：一是对行为意向具有动机上的含意；二是其能直接预测行为。

行为意向（Behavior Intention）是指个人对于采取某项特定行为的

---

① Ajzen，I. From intentions to actions：A theory of planned behavior［M］. Berlin：Spring，1985.

主观概率的判定，它反映了个人对于某一项特定行为的采行意愿。

实际行为（Behavior）是指个人实际采取行动的行为。

1989 年，Davis 以理性行为理论和计划行为理论为基础，提出技术接受模型（Technology Acceptance Model，简称 TAM），技术接受模型出现的最初目的是对计算机被广泛接受的决定性因素做一个解释说明。TAM 模型把个人接受信息技术的影响因素概括为感知有用性（Perceived Usefulness）、感知易用性（Perceived Ease of Use）、使用态度（Attitude Towards Using）、使用意向（Behavioural Intention to Use）和实际使用（Actual System Use）等，并建立了描述这些因素之间关系的模型结构（图 2 - 4）。

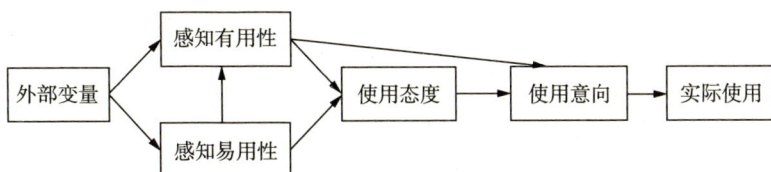

图 2 - 4　技术接受模型[①]（TAM）

感知有用性和感知易用性是技术接受模型的两个主要决定因素。感知的有用性反映一个人认为使用一个具体的系统对他工作业绩提高的程度；感知的易用性，反映一个人认为容易使用一个具体系统的程度[②]。模型中用户对技术感知的有用性和易用性受到外部变量（External Variables）的影响，感知有用性和易用性越高，表明其使用技术的意向越高，对技术的接受程度也就越高。随着对接术接受模型的进一步拓展研究，出现了技术接受扩展模型（the Extension of the Technology Acceptance Model，简称 TAM2）（图 2 - 5）、技术接受和使用统一模型[③]（the Unified Theory of Acceptance and Use of Technology，简称 UTAUT）和 TAM3 模型[④]（Technology Acceptance Model3）（图 2 - 6）。

①　邓朝华. 移动用户采纳模型及其实证研究 [D]. 武汉：华中科技大学，2008.

②　邓朝华. 移动用户采纳模型及其实证研究 [D]. 武汉：华中科技大学，2008.

③　Viswanath Venkatesh, Michael G Morris, Gordon B Davis, et al. User Acceptance of Information Technology：Toward a Unified View [J]. MIS Quarterly，2003（3）：425 - 478.

④　Hillol Bala Venkatesh. Technology Acceptance Model 3 and a Research Agenda on Interventions [J]. Decision Sciences，2008，39（2）：273 - 315.

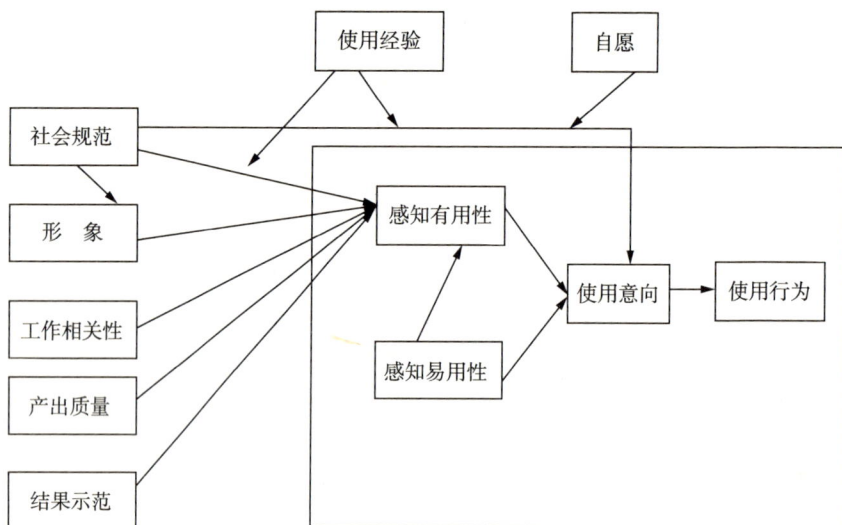

图 2-5　技术接受扩展模型①（TAM2）

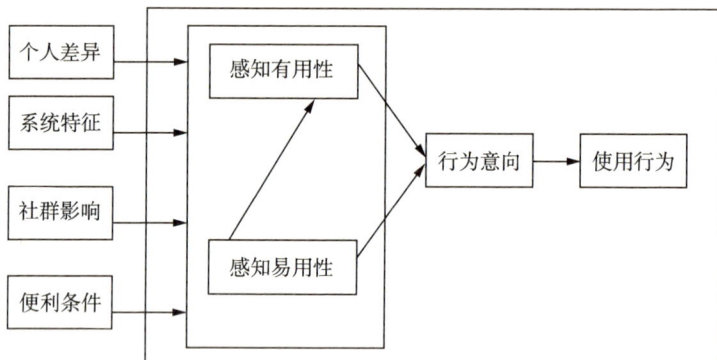

图 2-6　TAM3 理论框架②

　　Venkatesh 等于 2003 年提出了技术接受和使用的整合理论 UTAUT 模型（Unified Theory of Acceptance and Use of Technology，简称 UTAUT）（图 2-7），该理论整合了 8 个关于用户采纳的模型，包括理性行为理论、

---

　　① 高芙蓉. 信息技术接受模型研究的新进展 [J]. 情报杂志，2010，29（6）：170-176.

　　② 高芙蓉. 信息技术接受模型研究的新进展 [J]. 情报杂志，2010，29（6）：170-176.

技术接受模型、动机模型（Motivational Model）、计划行为理论、技术接受模型与计划行为理论整合模型、PC 使用模型、创新扩散理论（Innovation Diffusion Theory，IDT）、社会认知理论（Social Cognitive Theory，SCT），并从中提取了 4 个影响用户接受动机的因子，分别为绩效期望（Performance Expectancy）、努力期望（Effort Expectancy）、社会影响（Social Influence）和便利条件（Facilitating Conditions），这些要素的作用还受到年龄、性别、经验和使用的自愿性等因素的影响。

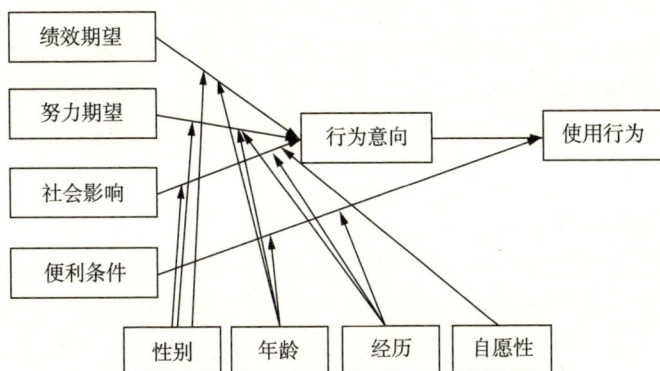

图 2-7　UTAUT 模型[①]

　　绩效期望为"个人感觉使用系统对工作有所帮助的程度"。努力期望被定为使用系统的容易程度，或者说是个人使用系统所需付出努力的多少。社会影响是指个人感觉重要的其他人认为他应该使用新系统的程度，是个人所感受到的受周围群体的影响程度。便利条件是个人认为已有的组织和技术基础对系统使用的支持程度[②]。UTAUT 模型中行为意向受到绩效期望、努力期望及社会影响等变量的影响，便利条件及行为意向变量对使用行为的选择产生相关关系，同时这些变量也受到性别、年龄、经历及自愿性等变量的调节。UTAUT 推进了前人的研究成果，使人们在解决具体问题时避免了面临多种选择模型的困惑。

[①]　Viswanath Venkatesh，Michael G. Morris，Gordon B. Davis. User Acceptance of Information Technology：Toward a Unified View [J] . MIS Quarterly，2003（3）：425 - 478.

[②]　何德华. 农村地区移动服务采纳模型和发展策略研究 [D] . 武汉：华中科技大学，2008.

2.1.3 创新扩散模型

技术创新扩散模型众多研究中采用 S 型曲线，S 型曲线运用最多的是 Logistic 模型、Gompertz 模型和 Bass 模型。

1. Logistic 模型

Logistic 回归（Logistic regression）是针对因变量为分类变量的一种回归。Logistic 模型又称为 Verhulst-Pearl 模型，最初是比利时数学家 P. F. Verhulst 于 1838 年在研究人口增殖规律时提出来的。20 世纪 20 年代生物学和统计学家 R. Pearl 和 L. J. Reed 重新发现，该模型能较好地描述生物体生长规律，反映事物发生、发展、成熟并趋于饱和（极限）的过程，在预测学、信息科学、生物学、农业学和经济学等领域均有较广泛的应用[①]。

2. Gompertz 模型

1968 年，英国统计学家和数学家 B. Gompertz 提出了 Gompertz 模型，该模型在图形上呈现 S 形分布特征，并具有良好的适用性和成长曲线的一般特点，与 Logistic 模型具有相似特征。表 2 - 1 是 Logistic 模型与 Gompertz 模型的比较。

表 2 - 1 Logistic 与 Gompertz 的比较[②]

种类	Logistic 模型	Gompertz 模型
数学模型	$y=\dfrac{1}{1+\alpha e^{-\beta T}}$	$y=\dfrac{1}{e^{\alpha e^{-\beta T}}}$
图形		
模型性质	$y(0)=\dfrac{1}{1+\alpha}$ $y(\infty)=1$ $T_{1/2}=\dfrac{\ln\alpha}{\beta}$	$y(0)=\dfrac{1}{e^{\alpha}}$ $y(\infty)=1$ $T_{1/2}=\dfrac{\ln(\alpha/\ln 2)}{\beta}$

① 肖沪卫.专利地图方法与应用 [M].上海：上海交通大学出版社，2010：140.
② 肖沪卫.专利地图方法与应用 [M].上海：上海交通大学出版社，2010：140.

（续表）

种类	Logistic 模型	Gompertz 模型
适用类型	适合具有明显、快速成长率的技术生命周期预测	适合技术成熟老化模式的预测
参数说明	y：预测值；T：时间变量；l，α，β：模型待估参数；l：自然极限即饱和值；β：增长速度因子，单位为 $1/T$；α：无因次参数	

3. Bass 模型

西方经济学者在长期的研究中建立了多个创新扩散模型，用来预测新产品及新技术的扩散。Bass 模型是研究新技术在生命周期中扩散机制的重要模型，由弗兰克·巴斯（Frank M. Bass）1969 年提出[①]。Bass 模型假设一项新产品投入市场后，它的扩散速度主要受到两种传播途径的影响：一是大众媒体（Mass Media），属于外部影响（External Influence），受此类传播途径影响的采纳者称为创新者（Innovator）；二是人际交流（Word-of-Mouth），属于内部影响（Internal Influence），受此类传播途径影响的采纳者为模仿者（Imitator）。Bass 模型的基本形式是：

$$\frac{f(t)}{[1-F(t)]}=p+qF(t)$$

其中，$f(t)$ 为在 t 时刻采纳新产品的概率密度函数；$F(t)$ 为累积分布函数；p 为创新系数（Innovation Coefficient）或外部影响系数；q 为模仿系数（Imitation Coefficient）或内部影响系数；p、q 的取值范围均为（0，1）。解上面的方程[②]，得：

$$F(t)=\frac{1-e^{-(p+q)t}}{1+\dfrac{q}{p}e^{-(p+q)t}}$$

若定义 m 为最终采纳者人数，即市场最大潜量，$n(t)$ 为 t 时的采纳者人数，$N(t)$ 为 t 时累积采纳者人数，则有 $n(t)=mf(t)$，$N(t)=mF(t)$。

---

① 杨敬辉，罗守成. 不同数据序列对 Bass 模型拟合结果的影响研究——以中国移动用户数扩散数据为例［J］. 科技管理研究，2011（10）：192-196.

② 丁士海. 基于创新扩散理论的品牌生命周期研究［D］. 南京：南京理工大学，2009.

因此，Bass 模型的表达式为：

$$n(t)=\frac{\mathrm{d}N(t)}{\mathrm{d}t}=p[m-N(t)]+q\frac{N(t)}{m}[m-N(t)]$$

其中，$p[m-N(t)]$ 代表因外部影响而购买新产品的采纳人数，即这些采纳者不受那些已经采纳该种新产品的人的影响，称为创新采纳者。$qN(t)/m[m-N(t)]$ 代表那些受先前购买者影响而购买的采纳人数，称为模仿者。当 $t=0$ 时，$n(0)=\mathrm{d}N(t)/\mathrm{d}t=pm$，即假定在创新扩散刚开始时，有 pm 个采纳者。

图 2-8 展示了 Bass 模型的分析结构图，左边是 Bass 模型增长钟状曲线，右边是 Bass 模型累积 S 曲线。从图上可以看出刚开始的时候非累计采纳者数增长较慢，到 T^{*} 时达到最大（这一点也是 S 曲线的累计采纳者的"拐点"）。

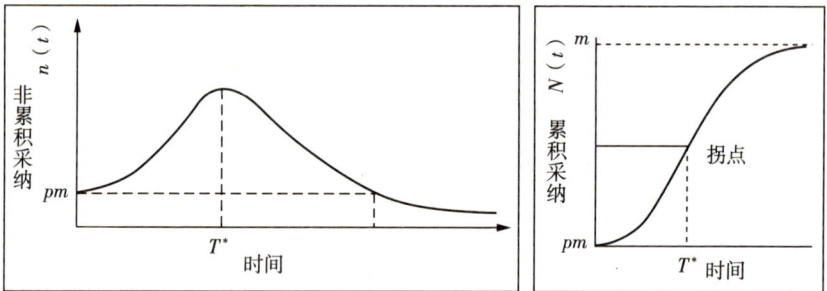

图 2-8　Bass 模型

由 Bass 模型表达式解微分方程得到，n(t)=dN(t)/dt 得：

$$N(t)=m\left[\frac{1-\mathrm{e}^{-(p+q)t}}{1+\frac{q}{p}\mathrm{e}^{-(p+q)t}}\right] \qquad n(t)=m\left\{\frac{p(p+q)^{2}\,\mathrm{e}^{-(p+q)t}}{[p+q\mathrm{e}^{-(p+q)t}]^{2}}\right\}$$

令 $\mathrm{d}^{2}N(t)/\mathrm{d}t^{2}=0$，可得到最大创新扩散速度对应的时间 T^{*}，以及采纳曲线的顶点 $n(T^{*})$ 和 $N(T^{*})$：

$$T^{*}=\frac{1}{p+q}\ln\left(\frac{q}{p}\right) \quad n(T^{*})=\frac{m}{4q}(p+q)^{2} \quad N(T^{*})=m\frac{q-p}{2q}$$

表 2 - 2 是 Logistic 模型、Gompertz 模型与 Bass 模型在表达式、参数、参数取值范围、拐点位置、极值点及对称性上的比较。

表 2 - 2 Logistic 模型、Gompertz 模型与 Bass 模型的比较 [①]

模型	表达式	参数	参数取值范围	拐点位置	极值点	对称性
Gompertz	$Y(t) = Ke^{-e^{-a-b*t}}$	$k,$ $a,$ b	$k>0,$ $0<a<1,$ $0<b<1$	$\left(\dfrac{\ln\left[-(\ln a)^{-1}\right]}{\ln b},\ \dfrac{K}{e}\right)$	$Y=k$	非对称
Logistic	$Y(t) = \dfrac{K}{1+e^{-(a+b*t)}}$	$k,$ $a,$ b	$k>0,$ $0<a<1,$ $0<b<1$	$\left(\dfrac{\ln k-\ln a}{\ln b},\ \dfrac{1}{2k}\right)$	$Y=1/k$	非对称
Bass	$Y(t) = m\left[\dfrac{1-e^{-(p+q)t}}{1+\dfrac{q}{p}e^{-(p+q)t}}\right]$	$m,$ $p,$ q	$m>0,$ $0<p<1,$ $0<q<1$	$\left(\dfrac{1}{p+q}\ln\dfrac{q}{p},\ \dfrac{m(p+q)^2}{4q}\right)$	$Y=m$	对称

4. Bass 扩展模型

利用 Bass 模型进行建模分析时，需要考虑三个方面：采用者潜量、外部影响力和内部影响力。Bass 基本模型描述的扩散过程如图 2 - 9 所示。

对模型参数的估计方法有时不变和时变估计方法。时不变参数的估计方法有普通最小二乘法（Ordiary Least Square，简称 OLS）、非线性最小二乘法（Nonline Least Square，简称 NLS）、极大似然法（Maximum-Likelihood Estimation，简称 MLE）等方法。最早用于 Bass 模型参数估计方法的是普通最小二乘法 OLS，后来研究表明，非线性最小二乘法 NLS 和极大似然法 MLE 在参数估计上的有效性比普通最小二

---

① 陈建平.MM移动商城新业务扩散模型研究［D］.北京：北京邮电大学，2014.

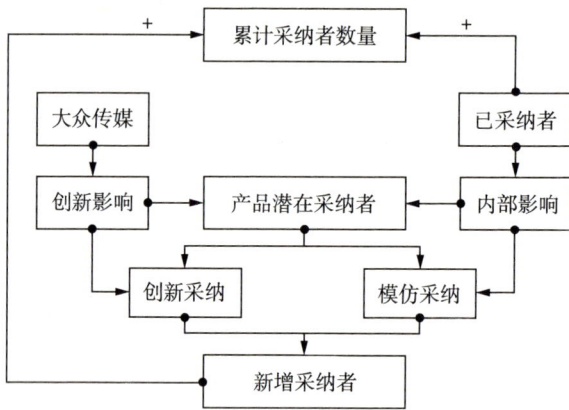

图 2 - 9　Bass 模型的创新扩散过程①

乘法 OLS 高②③。Mahajan 等人通过对普通最小二乘法 OLS、非线性最小二乘法 NLS、极大似然法 MLE 以及代数估计的方法进行比较，认为非线性最小二乘法在对参数进行估计上，比其他方法更准确④。

　　Bass 模型适用于耐用品的预测分析，既适用于新产品，也适用于已经进入到市场的产品。但是其中适用于已经在市场中存在一定时期的创新产品的市场预测，没有考虑消费者的异质性、产品的重复购买和市场竞争等情况，因此很多学者在此基础上对 Bass 模型进行了扩展，形成了 Bass 模型族。

　　创新扩散模型从 Bass 模型以后，划分为三个阶段，或三个主要研究领域⑤⑥。

----

① 李刚. 含有营销变量的 Bass 模型研究 [D]. 北京：北京邮电大学，2015.

② D C Schmittlein，V Mahajan. Maximum Likehood Estimation for an Innovation Diffusion Model of New Product Acceptance [J]. Marketing Science，1982（1）：57 - 78.

③ V Srinivasan，H Charlotte. Nonlinear Least Squares Estimation of New Product Diffusion Models [J]. Marketing Science，1986（5）：169 - 178.

④ V Mahajan，C H Masonand，V Srinivasan. An Evaluation of Estimation Procedures for New Product Diffusion Models [J]. Cambridge Massachusetts，1986：203 - 232.

⑤ Jaakola，H. Modelling Diffusion. Tampere University of Technology，Pori，Publication Series A. Pori. 1996，No. A15，79s.

⑥ 杨敬辉. Bass 模型及其两种扩展型的应用研究 [D]. 大连：大连理工大学，2005.

基本模型研究：20 世纪 60 年代到 70 年代初，研究内容集中于基本数学模型的开发，主要是用来拟合时间序列数据的简单数学公式（统计分布），其目的在于通过解释变量用模型进行预测，模型的系数则是通过回归分析方法得到。

基本模型的扩展研究：20 世纪 70 年代到 80 年代初，研究内容集中于解决基本模型存在的固定结构问题，不考虑环境变化和竞争因素等方面的缺陷。具体做法是，在基本模型的基础上添加更多的参数以使模型柔性化，这些参数涉及变化的环境、竞争、多阶段采用、创新的内在关系等。项目仍是用于进行预测。

新的应用研究：20 世纪 80 年代至今，研究内容的广度增加，进一步扩展了模型的视野和柔性，具体在取消了潜在采用者人口的限制、采用决策的关键分析、建立环境因素和采用的反馈机制，使模型与现实世界实际行为更加吻合。这个阶段不仅仅用模型进行预测，还涉及模型的更复杂的应用。这些应用包括描述性应用和规范性应用。同时，出现了更加复杂的模型，与先前模型相比，它们更接近于模拟模型。

5. 仿真建模

目前对创新产品扩散的建模研究，主要有数学建模和仿真建模两大类，在仿真建模方法中，元胞自动机（Cellular Automaton）和多智能体建模方法比较常用。

计算机仿真是利用计算机模型复现实际系统中发生的本质过程，并通过对系统模型的实验来研究存在的或设计中的系统，又称计算机模拟。这里所指的模型包括物理的和数学的、静态的和动态的、连续的和离散的各种模型，所指的系统也很广泛，包括电气、机械、化工、水力、热力等系统，也包括社会、经济、生态、管理等系统。当所研究的系统造价昂贵、实验的危险性大或需要很长的时间才能了解其参数变化所引起的后果时，仿真是一种特别有效的研究手段。仿真的过程一般包括建立仿真模型和进行仿真实验两个主要步骤[1]，如图 2-10 所示。

① 吴江. 社会网络的动态分析与仿真实验理论与应用 [M]. 武汉：武汉大学出版社，2012：25.

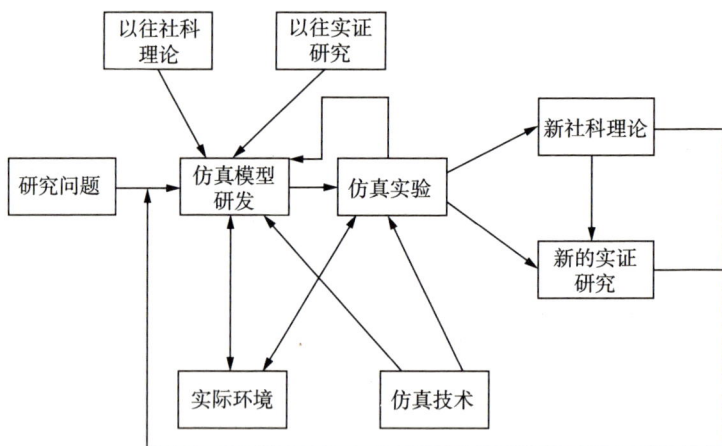

图 2-10　仿真在解决社科问题中的思路①

2.2　社会网络

　　社会网络的发展，最早可以追溯到 20 世纪 30 年代的心理学和人类学研究。当代社会网络的发展利益于多种多样的学科和学派，主要有如下三个传统：社会计量学者，他们通过研究小群体，在技术上从很多方面推进了图论方法的发展；20 世纪 30 年代的哈佛学者，他们研究了人际关系的模式，提出了"派系"的概念；曼彻斯特的人类学家，他们在前两种传统的基础上考察了部落和乡村的"社区"关系结构②。20 世纪 70 年代后，随着"新哈佛学派"的出现，社会网络分析逐渐成熟发展起来。20 世纪 90 年代以来，社会网络分析进入了快速发展时期③。

---

　　① 吴江. 社会网络的动态分析与仿真实验理论与应用［M］. 武汉：武汉大学出版社，2012：29.

　　② 约翰·斯科特. 社会网络分析法［M］. 刘军，译. 重庆：重庆大学出版社，2007：6.

　　③ 林聚任. 社会网络分析：理论、方法与应用［M］. 北京：北京师范大学出版社，2010：3.

2.2.1　社会网络分析的早期发展

社会网络引用数学的图形理论（Graph Theory）及矩阵法进行分析，发展出一套定量的社会网络分析法和概念体系。1933 年，雅各布·莫雷诺（Jacob Moreno）使用了社群图（Sociogram），来表达社会构型（Social Configuration）的形式特征，用"点"代表个体，"线"代表个体之间的社会关系。莫雷诺认为，社会构型具有明确的、可区分的结构，利用社群图来图解这些结构，研究者可以把信息从一个人传递到另外一个人以及人们之间相互影响的渠道等进行可视化处理。他使用的一个重要的社群图概念是社群"明星（Star)"，如图 2-11 所示。

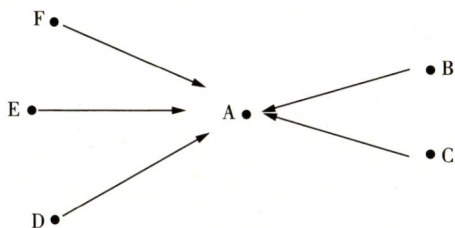

图 2-11　一个社群图：明星图①

卢因（Lewin）认为社会空间的结构特征可以利用拓扑学（Topology）和集合论（Set Theory）中的数学技术来分析（Lewin，1959）。拓扑学研究把社会场看成是由途径（paths）连着的点（points）构成的。卡特赖特（Cartwright）和数学家哈拉里（Harary）共同开创了图论（Graph Theory）在群体行为方面的应用研究。海德（Heider）关注人际关系的平衡。卡特赖特和哈拉里的著述中，图中个体用点表示，个体间的关系用线表示，线被赋予"＋"或"—"，表示个体间是"积极的"还是"消极的"。图 2-12（1）是平衡图，因为 A、B 与 C 三者间均存在积极关系。图 2-12（2）是不平衡的，因为 A 与 B，B 与 C 之间存在积极关系，但 A 与 C 间存在消极关系。图 2-12（3）均衡态，即在（2）的基础上，A 劝说 B，使得 B 与 C 之间出现消极关系，从而恢复平衡态。

①　约翰·斯科特. 社会网络分析法［M］. 刘军，译. 重庆：重庆大学出版社，2007：9.

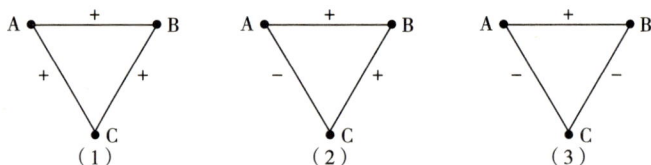

图 2 - 12　均衡结构和非均衡结构①

哈佛大学 W. 劳埃德（W. Lloyd Warner）和乔治·伊尔顿·梅奥（G. E. Mayo）的"霍桑实验"（Hawthorne Experiment）是运用社群图来描述现实情境中观察到的实际关系的首次研究。为了说明组织中的人际关系或非正式关系的特点，他们使用了图示，如图 2 - 13，在图中，圆圈表示人，箭头表示关系。

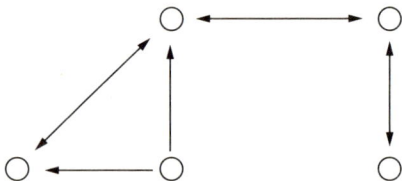

图 2 - 13　霍桑实验的一个社群图

20 世纪 70 年代以后，以哈里森·C. 怀特（Harrison C. White）为代表的"新哈佛学派"的出现对社会网络分析的发展起重大作用，社会网络分析发展成为一种有影响力的结构分析方法，推动群体代数模型和多维量表的发展。1973 年马克·格拉诺维特（Mark Granovetter）发表了《弱纽带的强度》（*The Strength of Weak Ties*）一文，文章中指出跟一个人的工作和事业关系最密切的社会关系不是"强纽带"，而是"弱纽带"②。

社会网络分析在其发展成熟过程中，一些关键人物和学派起了重要作用。在林顿·C. 弗里曼（Linton C. Freeman）提供的社会网络分析

---

① 约翰·斯科特. 社会网络分析法［M］. 刘军，译. 重庆：重庆大学出版社，2007：12.

② M. Granovetter. The Strength of Weak Ties［J］. American Journal of Sociology，1973，78（6）：1377 - 1378.

的某些奠基者的影响网络（图 2 - 14）中可以看出，这些奠基者的出现
是受多方面因素的影响，其思想来源也是多方面的。

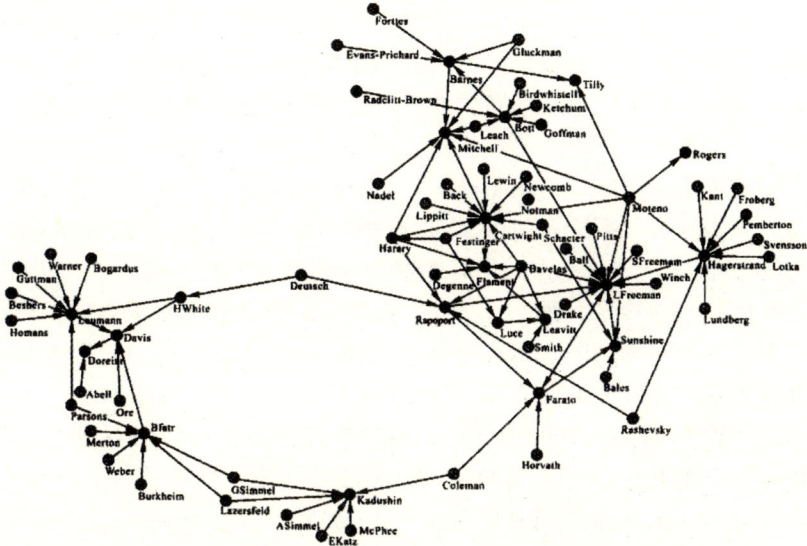

图 2 - 14　对社会网络分析某些奠基者的影响网络①

　　在此网络图中，社会学家詹姆斯·S. 科尔曼（James S. Coleman）
和政治学家卡尔·多伊奇（Karl Deutsch）是起桥梁作用的两个重要人
物。图左边的大多是社会学家，而右边的则有人类学家、地理学家、社
会心理学家、政治学家、历史学家和数学家等；左边的学者之间联系不
紧密，而右边的学者之间有密切联系。此结构形式表明，大部分主流社
会学家跟其他领域的学者之间有明显鸿沟。这些社会学家似乎拥有不同
的学术背景，而且他们在有关社会网络分析的思想来源上表现出较少的
共识②。

　　①　Linton C. Freeman. The Development of Social Network Analysis： A Study in the
Sociology of Science ［M］. Vancouver, BC（Canada）, Empirical Press, 2004：131.
　　②　林聚任. 社会网络分析：理论、方法与应用 ［M］. 北京：北京师范大学出版社，
2009：17.

2.2.2　社会网络分析的基本概念[1][2][3]

1. 矩阵

把社会网络中的每一个节点分别按行和列的方式排列即可形成网络矩阵，网络的节点数称为矩阵的阶数。社群图有不同的类型，与之相对应，其矩阵表达形式也有不同的类型，社会网络分析常用的矩阵有邻接矩阵、关系矩阵等。

邻接矩阵（adjacency matrix）：邻接矩阵表示的是有 n 个点的矩阵中的元素从点 i 到点 j 的关系的条数，又被称为社群矩阵（social matrix）。例如，有 n 个点的图 G 的邻接矩阵 $A=(a_{ij})$ 是一个 $n*n$ 矩阵，其中若 n_i 邻接 n_j，那么 $a_{ij}=1$，否则 $a_{ij}=0$。若关系无方向，则成为对称矩阵。对称矩阵表示行动者之间关系的有无（1，0），但不能表示其关系强弱。若关系有方向，则矩阵数值的分布就不对称了。

关联矩阵（incidence matrix）：关联矩阵是关于无圈图 G 的点与线的矩阵，记作 $B=(b_{ij})$。具体来说，对于一个图，指的是一个 0，1 矩阵，其中 i，j 元素取 1 当且仅当点 i 与 j 关联。

距离矩阵（distance matrix）：距离矩阵是根据节点间的距离形成的矩阵，距离矩阵是对称矩阵。

数值矩阵（valued matrix）：根据数值图可形成数值矩阵，其中的数值代表某种关联性或关联程度。

单位矩阵（identify matrix）：是指主对角线上的元素全是 1，其余元素全为 0 的正方阵。

2. 社会网络要素

作为一种具有引导性的概念和一类特殊的方法，社会网络分析的力量是不言而喻的。构成社会网络的主要要素包括行动者、群体和关系等。

行动者（actor）：社会网络中的一切个体、社会实体或事件都称为行动者，每个行动者在网络中的位置被称为"点"（node）。

---

①　约翰·斯科特. 社会网络分析法 [M]. 刘军，译. 重庆：重庆大学出版社，2007.

②　林聚任. 社会网络分析：理论、方法与应用 [M]. 北京：北京师范大学出版社，2010.

③　陈云伟. 社会网络分析在专利权人网络分析中的方法与应用研究 [R]. 北京：中国科学院文献情报中心，2011.

关系纽带（relation tie）：行动者之间相互的关联，也称为边（edge）。

度数（degree）：与某特定点相邻的那些点称为该点的邻域（neighborhood），邻域中的总点数，称为度数。

线路（walk）：各个点可以通过一条直线连接，也可以通过一系列线间接连接，这一系列线叫作一条线路。

途径（path）：如果线路中的每个点和每条线都不同，则称该线路为途径。

长度（length）：一个途径的长度是由构成该途径的边的条数来测量。

距离（distance）：指连接两点之间的最短途径的长度。

内含度（inclusiveness）：图中关联的点数与总点数的比值。

密度（density）：图中实际拥有的连线数与最多可能拥有的连线数的比值。

中间度（betweenness）：一个度数相对比较低的点可能起到重要的"中介"作用，因而处于网络的中心。在针对点中心度的各种测度中，中间度可能最难计算。

局部中心度（local centrality）：以度数为基础的对点中心度的测量。即与某点直接相连的点数，称为该点的局部中心度，也可以测量距离为1和2或更大的点数。对局部中心度进行测量的时候，不涉及整个网络是否有独一无二的"核心"点这样的问题，认识到这一点很重要。局部中心度的局限性在于，中心度数仅仅在同一个图的成员之间或者在同等规模的图之间进行比较才有意义。

相对中心度：点的实际度数与可能联络的最多度数之比。

整体中心度（global centrality）：如果一个点与其他许多点的距离都很短，则称该点是整体中心点，在图中，这样的点与许多其他点都"接近"。即该点与其他各点的距离之和越小，整体中心度越大。

结构洞（structure holes）：当两个点以距离2相连的时候，就说二者之间存在一个结构洞。结构洞的存在使第三者扮演经纪人或中间人的角色。

中心势和图的中心：密度和中心势（centralization）这两个概念代表的是一个图的总体"紧凑性"（compactness）的不同方面。密度指的是一个图的凝聚力的总体水平；中心势描述的则是这种内聚性能够围绕某些特定点组织起来的程度。发现网络的各个"派系"以及网络可以分成多少个凝聚子群（cohesive sub-groups），这是投身于社会网络分析的学者们持续关注的问题之一。各种关于子群的理论模型相继涌现，如把子群描述成为"派系（cliques）""聚类（clusters）""成分（components）""核（cores）""圈子（circles）"。

成分：在各种子图概念中是最简单的，它的正式定义："最大关联的子图。"在子图中所有的点都通过一条线或多条线相互连接，但是它们与子图外的点无关联。成分是一个点集，这些点通过连续的关系链连在一起。原则上讲，一个成分的各个成员都可以相互交往，无论这种交往是直接的还是通过一条中介链，孤立点则无此机会。因此，在一个图中发现的各个成分的模式——其数目和规模——可以看成是标志了其成员进行交往的机会和限制性，或者表示了相应的网络中的资源流动。就此来说，他们体现了早期场域理论中的"拓扑式区域（topological regions）"背后的观念。因此，对一个网络进行结构描述的第一步便是确定其成分的数目和规模。

环成分（cyclic components）：环成分的概念依赖循环一词，一个循环就是一个途径，只不过它返回到其初始点，并且与一个途径类似，其长度也可以是任意的。一个图中的循环可以用其长度来描述。

成分的轮廓：一种被称为"嵌套（nesting）"的程序就可以揭示成分的轮廓。检验成分的各种算法把所有的关系都看成是二元数据，即简单地看关系的有无，对一个多值图的分析必须把真实值转换为二元值，即 1 和 0。人们提出两类相互替代的嵌套方法：一类是根据点的度数作为测量凝聚力的标准，另一类是根据线的多元性作为测量紧密度的标准。以度数为基础（degree-based）的测量确定的是"k-核（k-cores）"，基于多元性的测量确定的是"m-核（m-cores）"。

Seidman 对成分结构的研究可以运用最小度标准，以便区分高、低凝聚力的领域。他论证到，对一个图的"k-核"结构分析是对密度测度的一个重要补充。一个 k-核是一个最大子图，其中的每个点都至少与其他 k 个点连接：k-核中的每个点的度数都至少为 k。这样，一个简单的成分就是一个"$1k$-核"，其中所有点都相连，因而其度数至少为 1。为了确定"$2k$-核"，需要忽略所有度数为 1 的点，进而考察剩余各点之间的关联结构，$2k$-核由那些度数为 2 的剩余关联点组成。同理，确定一个"$3k$-核"要去掉度数为 2 和 1 的点，以此类推。可以推出，一个

k-核便是在整个图中的一个凝聚力相对较高的区域，但是它不一定是最大的凝聚子图，因为有可能存在一些相互之间联系松散，却有很高凝聚力的区域。

桥线（bridge）：它本身不处于环中，但是却把两个或者更多的环连在一起。

悬挂点（hangers）：这是一些与环成分相连之点，但他们本身不在环上，这些点仅仅"挂"在环成分上。

桥点：这些点处在两个或者多个环成分之间，起到中介者（intermediaries）或者摆动者（wavers）的作用，但它们不是任意环成分的成员。这样，一个桥点挂在两个或者多个环成分上。

孤立树（isolated trees）：这是一些点链（包括二人链 dyads），它们与任何环成分都无关联。这些树的成员之间以非环（non-cyclic）的方式相连。

孤立点：度数为 0，与任何点都不相连的点。

在悬点（hangers-on）：指的是这样的一些悬点，即连着它的线指向强环成分的某一成员。

未悬点（hangers-off）：指的是这样一些悬点，即存在一条从成分的一个成员出发并指向该点的线。

切割点（cut-point）：指的是这样的点，即如果去掉它，就会增加成分的数目，没有它，子图就会分成两个或多个独立的子群，并且各个子群之间无关联。可以这样认为，切割点代表的行动者处于局部中心地位。

核塌缩序列（core collapse sequence）：一个 k-核中的点可以分为 2 个集合：在 $k+1$ 核中的点和不在该核中的点。在任何核中，剩余集合都是由那些当 k 增加 1 后，分析时将会消失的点组成。核塌缩序列汇总了成分的密集性（clumpiness）。Seidman 认为，如果核塌缩是缓慢的、逐渐的，则网络结构在总体上具有一致性。否则一个不规则的取值序列则说明存在着相对来说比较紧密的区域，该区域被比较多的边缘点包围着。

派系：派系的本质含义看成是"最大的完全子图（maximal complete sub-graph）"。一个派系就是一个点的子集（sub-set），其中任何一对点都有一条线直接相连，并且该派系不被其他任何派系所包含。一个派系是一个最大的完全关联图，每个点都与其他点直接相连。最大完全子图这个概念对于社会网络来说是相当严格的，这种紧密联系的群体在实际中很少见，因此学者对此概念进行了推广。最早的是 n-派系

（n-clique），n 指的是派系成员之间联络的最长途径之长。该思想的缺陷：①当 n 大于 2 时，很难对这样的松散派系进行说明；②n-派系中的一些途径终节点并不是派系的成员。这里有一个派系的直径的概念——最长距离之长度。

K-丛：一个 K-丛就是满足如下条件的一系列点，即其中每一个点都与除了 k 个点之外的其他点直接相连。

2.2.3　社会网络分析的模型

著名的物理学家霍金认为：21 世纪是复杂性的世纪。学者们通过研究发现信息在网络中的传播与传染病在人群中的扩散具有很强的相似性。因此，研究人员纷纷建立了传染病传播数学模型，预测传染病的传播规律，从而进一步研究信息的传播。比较经典的传染病模型有 SIS 模型、SIR 模型、SIRS 模型和 SEIR 模型。

1. SIS 模型

SIS 模型将人群分为：易感人群（Susceptible）和感染人群（Infected），假设所有的人都处于易感染状态 S（Susceptible）和传染状态 I（Infected）。当处于健康状态的易感人群与传染源接触后，将以概率 λ 被感染从易感个体成为感染人群，同时感染人群将以治愈率 μ 被治愈而恢复到健康状态。被治愈的个体只会从感染状态变成易感状态，而不具备免疫能力，所以再次接触到传染源时仍然会感染，再次由易感个体变为感染者。

SIS 模型可用微分方程组描述如下：

$$\begin{cases} \dfrac{\mathrm{d}S(t)}{\mathrm{d}t} = -\lambda I(t)S(t) + \mu I(t) \\[2mm] \dfrac{\mathrm{d}I(t)}{\mathrm{d}t} = \lambda I(t)S(t) - \mu I(t) \\[2mm] S(t) + I(t) = 1 \end{cases}$$

其中 $S(t)$ 为易感者在人群中的比重，$I(t)$ 为感染者在人群中的比重。

在现实生活中，很多传染病在人群中的传播遵循 SIS 模型的规律，例如流感的传染。

2. SIR 模型

SIS 模型主要用来描述治愈后无免疫力的疾病，但有些疾病的感染者在治愈后便获得了永久的免疫能力，不会被再次感染。这种情况下使用 SIS 模型是不合适的，Reed 和 Frost 提出了 SIR 模型。在 SIR 模型中，假设所有人都处于：易感人群 S（Susceptible）、感染人群 I（Infected）和免疫人群 R（Recovered）。当处于健康状态的易感人群 S 与传染源接触后，将以概率 λ 被感染从易感个体成为感染人群，同时感染人群将以治愈率 γ 被治愈而恢复到健康状态，而被治愈的人将会对此传染病具有免疫力，从处于传染状态的个体转移为免疫状态 R。

SIR 模型可用微分方程组描述如下：

$$\begin{cases} \dfrac{\mathrm{d}S(t)}{\mathrm{d}t} = -\lambda I(t)S(t) \\[2mm] \dfrac{\mathrm{d}I(t)}{\mathrm{d}t} = \lambda I(t)S(t) - \mu I(t) \\[2mm] \dfrac{\mathrm{d}R(t)}{\mathrm{d}t} = \mu I(t) \\[2mm] S(t) + I(t) + R(t) = 1 \end{cases}$$

其中 $S(t)$ 为易感者在人群中的比重，$I(t)$ 为感染者在人群中的比重，$R(t)$ 为免疫者在人群中的比重。

这种传染病模型适合于任何人在接触传染源后都会感染病原体，并且感染病原体被治愈后的人群具有永久免疫这种病原体的能力，不会再被传染，例如天花。

3. SIRS 模型

SIRS 模型假设所有人都处于：易感人群 S（Susceptible）、感染人群 I（Infected）和免疫人群 R（Recovered）三种。当处于健康状态的易感人群 S，与传染源接触后，将以概率 λ 被感染从易感个体成为感染人群，同时感染人群将以治愈率 γ 被治愈而恢复到健康状态，而被治愈的人将会对此传染病具有免疫力，但这种免疫力不是永久的，而是有一定的周期，也就是免疫人群会以概率 β 丧失免疫能力恢复成易感个体。

1933 年，Kermack 和 Mckendrick 建立了一个人口总数为 K 的 SIRS 模型[①]，可用微分方程组描述如下：

$$\begin{cases} \dfrac{dS(t)}{dt} = bN(t) - \beta S(t)I(t) - bS(t) + \alpha R(t) \\[2mm] \dfrac{dI(t)}{dt} = \beta S(t)I(t) - bI(t) - \gamma I(t) \\[2mm] \dfrac{dR(t)}{dt} = \gamma I(t) - bR(t) - \alpha R(t) \end{cases}$$

其中，α 是免疫丧失率，总人口 $N(t)$ 为常数，即 $N(t) = S(t) + I(t) + R(t)$。

4. SEIR 模型

Anderson 和 May 在 SIR 模型中增加了潜伏人群（Exposed），提出了 SEIR 模型。在 SEIR 模型中，假设所有人都处于：易感人群 S（Susceptible）、感染人群 I（Infected）、潜伏人群 E（Exposed）和免疫人群 R（Recovered）。当处于健康状态的易感人群 S 与传染源接触后，将以概率 λ 被感染从易感个体成为潜伏个体。处于潜伏状态的个体体内存在病原体，但仍是健康个体，并不一定染病。潜伏状态个体会以概率 α 转移到传染个体，同时感染人群将以治愈率 γ 被治愈而恢复到健康状态，而被治愈的人将会对此传染病具有永久免疫力。

SEIR 模型可用微分方程组描述如下：

$$\begin{cases} \dfrac{dS(t)}{dt} = -\lambda I(t)S(t) \\[2mm] \dfrac{dE(t)}{dt} = \lambda I(t)S(t) - \alpha E(t) \\[2mm] \dfrac{dI(t)}{dt} = \alpha E(t) - \mu I(t) \\[2mm] \dfrac{dR(t)}{dt} = \mu I(t) \end{cases}$$

---

① Kermazk W O，McKendrick A G. A contribution to the mathematical theory of epidemic. Ⅲ. Further studies of the problem of endemicity［J］. Proceedings of the Royal Society of London，1933，141：94 - 122.

其中 $S(t)$ 为易感者在人群中的比重，$I(t)$ 为感染者在人群中的比重，$R(t)$ 为免疫者在人群中的比重，$E(t)$ 为潜伏者在人群中的比重。

2.3　本章小结

本章对创新扩散及社会网络内容进行分析，扩散研究起源于欧洲社会科学，人类学、早期社会学和农村社会学也都为扩散研究的发展做出了重大贡献。最早可以追溯到塔德模仿定律，1962 年，美国埃弗雷特·罗杰斯（Everett M. Rogers）教授出版了创新扩散领域的经典之作《创新扩散》（*Innovation Diffusion*）一书。

根据 Rogers 的研究，新产品上市后，采纳者分布随时间呈 S 形曲线，并趋近于正态分布。关于用户接受行为的研究，Fishbein 与 Ajzen 提出"理性行为理论"（Theory of reasoned action，简称 TRA），用以解释与预测人类行为决策的过程。Ajzen 在理性行为理论基础上提出了计划行为理论（Theory of Planned Behavior，简称 TPB），以增强模型预测用户行为的准确性。Davis 以理性行为理论和计划行为理论为基础，提出技术接受模型（Technology Acceptance Model，简称 TAM）。Venkatesh 等提出了技术接受和使用的整合理论 UTAUT（Unified Theory of Acceptance and Use of Technology，简称 UTAUT）模型。

当代社会网络的发展利益于多种多样的学科和学派，技术创新扩散模型众多研究中采用 S 型曲线，S 型曲线运用最多的是 Logistic 模型、Gompertz 模型和 Bass 模型。社会网络的发展，最早可以追溯到 20 世纪 30 年代的心理学和人类学研究。社会网络引用数学的图形理论（Graph Theory）及矩阵法进行分析，发展出一套定量的社会网络分析法和概念体系。作为一种具有引导性的概念和一类特殊的方法，社会网络分析的力量是不言而喻的。构成社会网络的主要要素包括行动者、群体、关系等。研究人员建立了传染病传播数学模型，预测传染病的传播规律，从而进一步研究信息的传播。比较经典的传染病模型有 SIS 模型、SIR 模型、SIRS 模型和 SEIR 模型等。

第三章 创新扩散的国内外研究现状

一个研究传统是指以相近主题进行的一系列研究，并且后面的研究要受到前面研究的影响。创新扩散领域虽然由不同学科的研究人员进行着研究，但是所有的扩散研究传统现在已经从学术上融合成一所大的无形学院①。范式（paradigm）一词源自希腊文，最早提出范式概念并用来解释科学知识历史演变和发展的是美国科学哲学家汤姆斯·库恩②（Tomas S. Kuhn）。在后来的《再论范式》③ 中，库恩引入了"科学共同体"，有了科学共同体的概念，对范式的实证研究可以转化为对某一科学共同体的研究，通过探讨科学共同体的学术观点、研究方法来发现该学科的范式。本章对国内外创新扩散研究进行分析，借助多元分析技术，对研究现状和热点进行透视，以期为后续研究提供参考。

3.1 国际创新扩散研究透视

本节选取 Web of Science 数据库所收录的创新扩散研究文献数据，利用知识计量工具，绘制国际创新扩散研究的科学知识图谱，以期梳理其历史脉络，揭示其当前研究热点。利用 Web of Science 的文献数据，借助 SPSS、Pajek、CiteSpace 软件，探索有关创新扩散研究的国家机构和期刊分布；绘制核心作者及关键节点文献图谱，并对其进行分析；采用多元分析技术，展示出国际视野下的创新扩散研究热点与主题的知识

---

① 埃弗雷·M. 罗杰斯. 创新的扩散 ［M］. 辛欣，译. 北京：中央编译出版社，2002：34－35.

② Kuhn T S. The Structure of Scientific Revolution ［M］. Chicago：University of Chicago Press，1970：174－210.

③ Kuhn T S. Second Thought on Paradigms. In F. Suppe（Ed），The Structure of Scientific Theories ［M］. Urbana：University of Illinois Press，1977：459－482，500－517.

图谱，剖析创新扩散研究的结构和状况。

3.1.1 数据来源与研究方法

本节进行可视化分析和研究所使用的数据全部来源于美国科学情报所（Institute for Scientific Information，简称 ISI）出版的 Web of Science（SCI‐Expanded、SSCI、A&HCI、CPCI‐S、CPCI‐SSH 数据库）。检索策略为"主题＝（innovation diffusion）AND 文献类型＝（Article）"，时间跨度默认为"所有年份"，共检索到 4844 篇文献（检索时间为 2014 年 9 月 1 日）。研究工具是 SPSS、Pajek 及 CiteSpace。利用 SPSS 软件对高频关键词共现矩阵进行聚类分析（Cluster Analysis）和多维尺度分析（Multidimensional Scale Analysis）。采用 Pajek 对高被引作者共引网络进行分析，并根据节点中心度的计算，获取创新扩散领域的经典文献。利用 CiteSpace 的关键词聚类和膨胀词（burst terms）探测功能，确认创新扩散领域的研究前沿和发展趋势。

3.1.2 国际创新扩散研究的时间分析

WOS 中关于创新扩散研究的文章最早出现于 1965 年，是由美国哈佛大学的柯蒂斯·麦克劳克林（Curtis P. Mclaughlin）与罗伊·彭茨坎斯克（Roy Penchansky）发表于《医学教育》（Journal of Medicine Education）上的"医学创新扩散：医学教育的问题"（Diffusion of Innovation in Medicine：A problem of Continuing Medical Education）一文[1]。1965—1990 年每年发表论文数量以个位数计算，1991 年后开始快速增长，用累积发文量指数的趋势线对比文献的时间序列分布（图 3‐1），发现国际创新扩散研究于 1991 以后进入一个急剧增长期，目前仍处于快速上升期。所检索的 4844 篇创新扩散研究论文中有 193 篇来自中国，其中最早一篇文章是 1991 年北京大学林毅夫教授（Justin Yifu，Lin）发表于《美国农业经济学杂志》（American Journal of Agricultural Economics）的"教育和农业技术创新的采用：来自中国杂交水稻的证据"（Education and Innovation Adoption in Agriculture——Evidence from Hybrid Rice in

---

[1] Mclaughlin CP，Penchansky R. Diffusion of Innovation in Medicine：A problem of Continuing Medical Education [J]．Journal of Medicine Education，1965，40（5）：437‐447.

China）一文①。随后陆续有相关研究发表，但增长缓慢，直至 2010 年后国内发表在国际上的创新扩散研究论文，开始稳定增长。国内期刊关于创新扩散研究的论文出现比较晚，中文数据库检索以 CNKI 为例，检索策略为"主题＝（创新扩散）AND 文献类型＝（核心期刊）"，时间跨度默认为"所有年份"，共检索到 579 篇文献，最早发表在期刊上的论文是 1985 年刘仁毅发表在《世界经济研究》上的论文"产业革命，长波与资本主义经济发展"②。2001 年后国内期刊上刊发的创新扩散研究论文才开始快速增长。

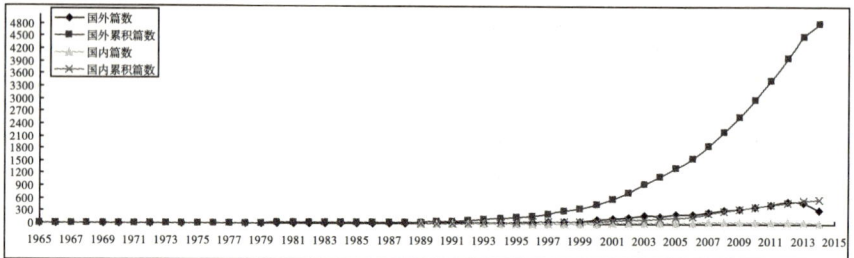

图 3-1　国际创新扩散研究论文年度变化趋势

3.1.3　国际创新扩散研究的空间分布

通过对发文作者所处区域分布进行分析，发现创新扩散的研究力量来自于多个国家（表 3-1）。从发文篇数来看，美国的发文量最多，为 2047 篇，占全部发文量的 42.26％，远高于其他国家和地区。英国、荷兰、加拿大、德国和意大利分列其后，发文篇数分别为 525、291、274、250 和 234。4844 篇论文中，中国发文 193 篇，占全部发文量的 3.98％，排在第 8 位。中国台湾发文量排名第 9。

表 3-1　发文 100 篇以上的国家或地区

序号	国家或地区	论文篇数	百分比
1	USA	2047	42.26％
2	ENGLAND	525	10.84％

①　JY Lin. Education and Innovation Adoption in Agriculture——Evidence from Hybrid Rice in China [J]. American Journal of Agricultural Economics, 1991, 73 (3): 713-721.

②　刘仁毅. 产业革命, 长波与资本主义经济发展 [J]. 世界经济研究, 1985 (6): 45-51.

（续表）

序号	国家或地区	论文篇数	百分比
3	NETHERLANDS	291	6.01%
4	CANADA	274	5.66%
5	GERMANY	250	5.16%
6	ITALY	234	4.83%
7	FRANCE	197	4.07%
8	CHINA	193	3.98%
9	TAIWAN	191	3.94%
10	AUSTRALIA	181	3.74%
11	SPAIN	179	3.70%
12	SOUTH KOREA	141	2.91%
13	SWEDEN	111	2.29%

从发文作者所处研究机构来看（表3-2），发文篇数排名靠前的主要集中于北卡罗来纳大学（UNIV N CAROLINA）、哈佛大学（HARVARD UNIV）、威斯康星大学（UNIV WISCONSIN）、密歇根大学（UNIV MICHIGAN）、加州大学洛杉矶分校（UNIV CALIF LOS ANGELES）及多伦多大学（UNIV TORONTO）。排名前五的发文机构均来自美国。

表3-2 国际高产机构（前20名）分布表

序号	机构	论文篇数	百分比	序号	机构	论文篇数	百分比
1	UNIV N CAROLINA	69	1.42%	11	COLUMBIA UNIV	42	0.87%
2	HARVARD UNIV	53	1.09%	12	UNIVOXFORD	40	0.83%
3	UNIVWISCONSIN	51	1.05%	13	ERASMUS UNIV	40	0.83%
4	UNIVMICHIGAN	49	1.01%	14	UNIVTEXAS	39	0.81%
5	UNIVCALIF LOS-ANGELES	48	0.99%	15	UNIVMINNESOTA	39	0.81%

（续表）

序号	机构	论文篇数	百分比	序号	机构	论文篇数	百分比
6	UNIVTORONTO	45	0.93%	16	MICHIGAN STATE UNIV	39	0.81%
7	UNIVMARYLAND	45	0.93%	17	UNIVMANCHESTER	38	0.78%
8	UNIV PENN	44	0.91%	18	UNIVILLINOIS	38	0.78%
9	OHIO STATE UNIV	43	0.89%	19	DELFT UNIV TECHNOL	36	0.74%
10	UNIVUTRECHT	42	0.87%	20	UNIVWARWICK	35	0.72%

国内193篇论文作者所在机构主要集中于：香港理工大学（HONG KONG POLYTECH UNIV，11.92%）、中国科学院（CHINESE ACAD SCI，9.85%）、香港城市大学（CITY UNIV HONG KONG，7.77%）、香港大学（UNIV HONG KONG，6.74%）、清华大学（TSINGHUA UNIV，5.18%）。国际发文核心机构中，中国研究机构没有进入发文前20名。

3.1.4　国际创新扩散研究的学科分布

按照WOS的学科分类，4844篇创新扩散研究的论文所涉及的研究学科及研究方向主要有（表3-3）：管理学（Management）、商业贸易（Business）、经济学（Economics）、图书馆情报学（Information Science Library Science）、规划发展（Planning Development）、计算机科学（Computer Science Information Systems）、环境科学（Environmental Studies）、运筹学与管理科学（Operations Research Management Science）、公共环境职业健康（Public Environmental Occupational Health）、工程工业（Engineering Industrial）等。

表3-3　WOS发文100篇以上的学科或研究方向

序号	学科或研究方向	论文篇数	百分比
1	MANAGEMENT	1004	20.73%
2	BUSINESS	667	13.77%

（续表）

序号	学科或研究方向	论文篇数	百分比
3	ECONOMICS	582	12.02%
4	INFORMATION SCIENCE LIBRARY SCIENCE	419	8.65%
5	PLANNING DEVELOPMENT	357	7.37%
6	COMPUTER SCIENCE INFORMATION SYSTEMS	325	6.71%
7	ENVIRONMENTAL STUDIES	322	6.65%
8	OPERATIONS RESEARCH MANAGEMENT SCIENCE	290	5.99%
9	PUBLIC ENVIRONMENTAL OCCUPATIONAL HEALTH	269	5.55%
10	ENGINEERING INDUSTRIAL	260	5.37%
11	ENVIRONMENTAL SCIENCES	228	4.71%
12	HEALTH CARE SCIENCES SERVICES	224	4.62%
13	POLITICAL SCIENCE	170	3.51%
14	HEALTH POLICY SERVICES	155	3.20%
15	ENERGY FUELS	152	3.14%
16	PUBLIC ADMINISTRATION	137	2.83%
17	COMPUTER SCIENCE INTERDISCIPLINARY APPLICATIONS	132	2.73%
18	EDUCATION EDUCATIONAL RESEARCH	131	2.70%
19	COMMUNICATION	131	2.70%
20	GEOGRAPHY	119	2.46%
21	SOCIOLOGY	115	2.37%
22	MULTIDISCIPLINARY SCIENCES	101	2.09%

中国在创新扩散研究领域193篇文章所涉及学科或研究方向主要有企业经济学（Business Economics，33.16%）、计算机科学（Computer Science，19.17%）、工程学（Engineering，15.03%）、图书馆情报学（Information Science Library Science，14.51%）、运筹学与管理科学

（Operations Research Management Science，10.88％）、公共管理
（Public Administration，10.36％）、数学（Mathematics，9.33％）、环
境科学生态（Environmental Sciences Ecology，6.22％）、物理学
（Physics，5.18％）。总体上与国际创新扩散研究所涉及学科一致，但也
略有不同。

3.1.5 国际创新扩散研究的核心期刊分析

研究论文的来源期刊是了解该领域的空间分布特点、掌握该领域的
核心期刊群有效的方法。本研究对 Web of Science 的 4844 篇文献的来源
期刊进行分析，表 3-4 所列的是国际发文 26 篇以上的期刊及其频次与
所占百分比。从表中可以看出，国际领域创新扩散的核心刊物分别是：
《技术预测与社会变迁》（Technological Forecasting and Social Change）、《科
研政策》（Research Policy）、《能源政策》（Energy Policy）、《技术创新》
（Technovation）、《产品创新管理杂志》（Journal of Product Innovation Man-
agement）、《国际技术管理杂志》（International Journal of Technology Man-
agement）、《技术分析战略管理》（Technology Analysis Strategic Management）、
《信息管理》（Information Management）等。

表 3-4　发文 26 篇以上的期刊

序号	期刊	频次	百分比
1	TECHNOLOGICAL FORECASTING AND SOCIAL CHANGE	135	2.79％
2	RESEARCH POLICY	108	2.23％
3	ENERGY POLICY	103	2.13％
4	TECHNOVATION	69	1.42％
5	JOURNAL OF PRODUCT INNOVATION MANAGEMENT	58	1.20％
6	INTERNATIONAL JOURNAL OF TECHNOLOGY MANAGEMENT	46	0.95％
7	TECHNOLOGY ANALYSIS STRATEGIC MANAGEMENT	44	0.91％
8	INFORMATION MANAGEMENT	41	0.85％

（续表）

序号	期刊	频次	百分比
9	IEEE TRANSACTIONS ON ENGINEERING MANAGEMENT	40	0.83%
10	TELECOMMUNICATIONS POLICY	38	0.78%
11	MANAGEMENT SCIENCE	35	0.72%
12	JOURNAL OF CLEANER PRODUCTION	35	0.72%
13	SOCIAL SCIENCE MEDICINE	33	0.68%
14	JOURNAL OF BUSINESS RESEARCH	32	0.66%
15	JOURNAL OF EVOLUTIONARY ECONOMICS	31	0.64%
16	SCIENTOMETRICS	27	0.56%
17	POLICY STUDIES JOURNAL	27	0.56%
18	JOURNAL OF INFORMATION TECHNOLOGY	27	0.56%
19	INTERNATIONAL JOURNAL OF TECHNOLOGY ASSESSMENT IN HEALTH CARE	26	0.54%
20	IMPLEMENTATION SCIENCE	26	0.54%

3.1.6　国际创新扩散研究的核心作者分析

在核心作者的选取方面，目前还没有统一的方法，较常用的是利用作者发义数或被引频次来进行评价。作者发文数说明作者的科研产量，因文献被引频次更能说明作者科研的质量和在领域内的学术水平[①]，所以本书采用从论文被引频次高低的角度来选择创新研究领域的核心作者（表3-5）。

表3-5　作者被引频次排序（前15位）

序号	被引频次	作者	高被引成果发表年	机构
1	2655	ROGERS E M	1962，1971，1983	Univ NewMexico
2	443	Bass F M	1969	Prudue University

---

① 胡吉明. 作者同被引视角下的我国信息服务研究分析 [J]. 情报杂志，2009（10）：170－174.

（续表）

序号	被引频次	作者	高被引成果发表年	机构
3	437	MAHAJAN V	1979	Ohio State University
4	348	MANSFIELD E	1968	University of Pennsylvania
5	338	COHEN W M	1990	Camegie Mellon University
6	310	GRILICHES Z	1957	University of Chicago
7	269	JAFFE A B	1986	Harvard University
8	266	DAVIS F D	1989	University of Michigan
9	252	ABRAHAMSON E	1993	Columbia University
10	248	DIMAGGIO P J	1983	Yale University
11	230	NELSON R R	1982	Yale University
12	222	DAMANPOUR F	1988	James Madison University
13	220	GREENHALGH T	2004	University College London
14	218	GATIGNON H	1989	University of Pennsylvania
15	216	MOORE G C	1996	Transalta Corporation

把作者共被引矩阵输入 Pajek，计算出各个作者的中心度（表 3-6），从表 3-6 中可以看出作者按照被引频次与中心度排列，其结果不完全相同。这就要求研究者在分析创新扩散领域核心作者时，需要特别关注共被引频次以及中心度都高的作者。

表 3-6 作者被引中心度排序

序号	中心度	作者	机构
1	0.76	ROGERS E M	Univ NewMexico
2	0.45	MANSFIELD E	University of Pennsylvania
3	0.3	COLEMAN J S	University of Chicago
4	0.21	HAGERSTRAND T	Lund University
5	0.19	Bass F M	Prudue University
6	0.14	BROWN L A	TheOhio State University
7	0.13	BARKER K N	Population Media Center

（续表）

序号	中心度	作者	机构
8	0.12	DAMANPOUR F	James Madison University
9	0.12	KATZ E	University of Chicago
10	0.11	SONIS M	New York University
11	0.1	GATIGNON H	University of Pennsylvania

中心度排名前几位的分别是 ROGERS E M、MANSFIELD E、COLEMAN J S、HAGERSTRAND T、Bass F M。美国新墨西哥大学埃弗雷特·罗杰斯（Everett M. Rogers）是美国当代著名的传播学学者，是发展传播学的重要开创者，他 1962 年出版的《创新的扩散》是创新扩散研究的经典之作。埃德温·曼斯菲尔德（Edwin Mansfield）是美国宾夕法尼亚大学（University of Pennsylvania）的经济学教授，他的研究成果主要涉及技术变革及创新扩散领域。詹姆斯·塞缪尔·科尔曼（James Samuel Coleman）是美国芝加哥大学（University of Chicago）的教授，他的《社会理论的基础》（*Foundations of Social Theory*）影响了社会学理论的发展。哈格斯特朗（Torsten Hägerstrand）是瑞典隆德大学（Lund University）的教授，他的研究主要涉及文化传播方面。美国学者弗兰克·巴斯（Frank M. Bass）被认为是营销科学的创始人之一，他于 1969 年提出了 Bass 模型。

对高引文作者共被引网络进行 k-核分析，提取 5—6k 核（图 3-2），从图中可以看出，其中有 4 个明显的聚类，第 1 个聚类团作者包括 ROGERS E M、COLEMAN J S、MANSFIELD E 及 HAGERSTRAND T 等高被引作者，他们是多篇文章的共被引作者，说明此研究领域关注的作者比较多，是目前创新扩散研究的主导趋向。第 2、3、4 聚类团分别是共被引的 5k 核成分，聚类 2 通过 ROGERS E M、COLEMAN J 两位作者与聚类 1 相连，聚类 3、4 均是通过 ROGERS E M 与聚类 1 相连。通过对图 3-2 中的 6k 核进行抽取（图 3-3），在整个作者共被引网络中，ROGERS E M、COLEMAN J S 两位作者处于结构洞的位置。

国内 193 篇创新扩散论文的作者中，发文排名靠前的是：香港理工大学（The Hong Kong Polytechnic University）的 KIM N（Kim，Namwoon，6 篇）、香港大学（University of Hong Kong）的 WALKER R M（Walker，

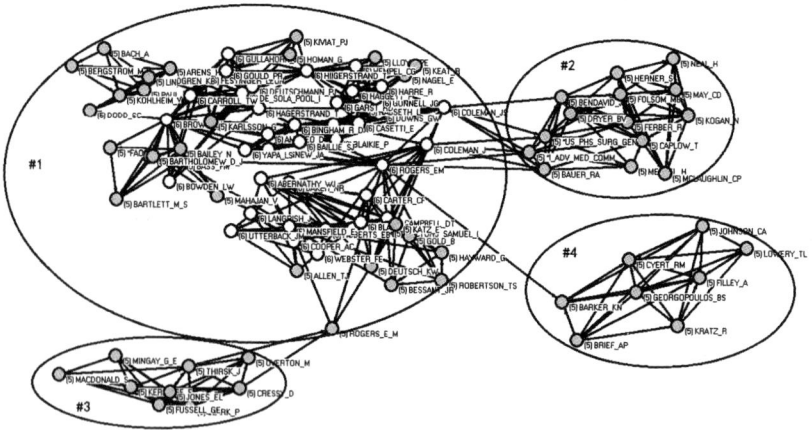

图 3-2 高被引作者 5-6k 核

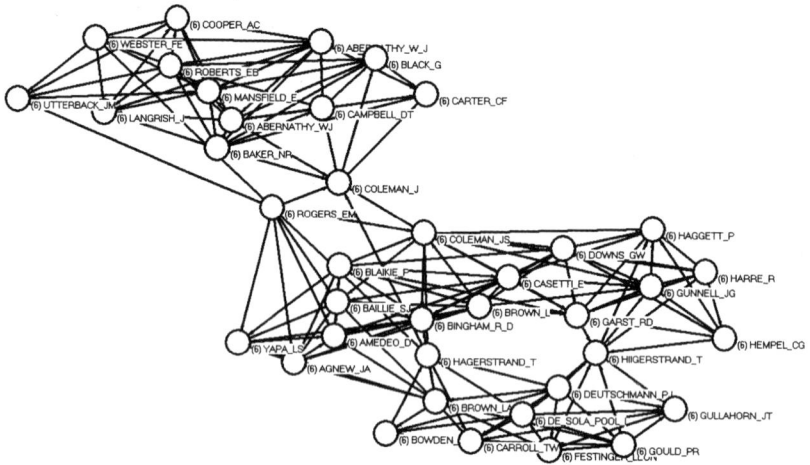

图 3-3 高被引作者 6k 核

Richard M，5 篇）、复旦大学（Fudan University）的 GUAN J C
（Guan，Jiancheng，5 篇）、香港理工大学、诺丁汉大学商学院（中国）
（Nottingham University Business School China）的 CHONG AYL
（Chong，Alain Yee-Loong，5 篇）、北京邮电大学（Beijing University
of Posts and Telecommunications）ZHANG J（Zhang，Jing，4 篇）、香
港理工大学 PAE J H（Pae，Jae H，4 篇）、香港理工大学 CHAN FTS

(Chan，Felix T S，4 篇）。其中香港理工大学的 PAE J H 与 KIM N、CHAN FTS、CHONG AYL 有合作关系。中国创新扩散研究的核心作者主要集中在香港理工大学。

3.1.7 国际创新扩散研究的关键节点文献分析

在文献共被引网络中，不同聚类之间通过关键节点相连接。在由 Pajek 生成的可视化网络中，节点按照文献中心性进行呈现，中心性越大，节点越大。本文抽取中心性大于或等于 0.1 的节点，文献共被引网络图谱（图 3-4）所呈现节点中有 15 个是整个网络的关键节点文献，这些文献对创新扩散研究与发展起到奠基性作用。

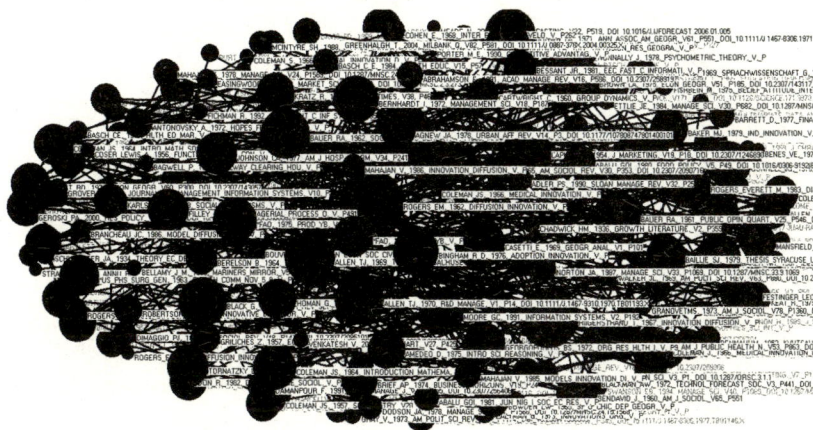

图 3-4 创新扩散研究的共被引网络图谱

在 15 篇关键节点文献中（表 3-7），埃弗雷特·M. 罗杰斯出现三次，中心度排名第一、第三和第七，分别是埃弗雷特·M. 罗杰斯 1962 年出版的《创新的扩散》（第一版），1971 年出版《创新的沟通——一个跨文化的方法》（第二版）（与弗劳德·肖梅克合著），1983 年出版的《创新的扩散》（第三版）。Rogers 提出了"创新扩散理论"，认为扩散是创新通过一段时间、经由特定的渠道、在某一社会团体的成员中传播的过程。创新扩散中的四个要素：创新、传播渠道、时间、社会系统。创新的传播包含如下五个步骤：认知（knowledge）、说服（persuasion）、决定（decision）、实施（implementation）以及确定（confirmation）。传播途径可分为两类：大众媒体（mass media）与人际交流（word of mouth）。新产品上市后，根据受众的创新精神把社会系统成员分为五类：创新者（Innovator）、早期采用者（Early Adopters）、早期大众（Early Majority）、晚期大众（Late Majority）、落后者（Laggards）。

表 3-7　创新扩散研究的 15 篇关键节点文献

序号	中心性	作者	年份	题名
1	0.62	ROGERS E M	1962	Diffusion of innovations.
2	0.58	Bass F M	1969	A new Product Growth for Model Consumer Durables
3	0.4	ROGERS E M	1971	Communication of innovations：A cross-cultural approach (2nd ed. of Diffusion of innovations).
4	0.24	ALLEN T J	1971	The International Technological gatekeeper.
5	0.22	HIIGERSTRAND T	1967	Innovation Diffusion as a Spatial Process.
6	0.21	BROWN L A	1975	The Market and infrastructure context of adoption：Spatial perspective on diffusion of innovation.
7	0.2	ROGERS E M	1983	Diffusion of innovations（3rd ed）.
8	0.19	MAHAJAN V	1990	New product diffusion models in marketing：A review and directions for research.
9	0.16	BROWN L A	1971	Empirical regularities in diffusion of innovation.
10	0.15	TORNATZKY L G	1982	Innovation Characteristics and Innovation Adoption Implementation—A meta-anlysis of Findings.
11	0.13	MANSFIELD E	1961	Technical Change and the Rate of Imitation.
12	0.12	MOCH M K	1977	Size，centralization，and organizational adoption of innovations.
13	0.12	ALLISON K J	1957	The Sheep-Corn Husbandry of Norfolk in the Sixteenth and Seventeenth Centuries.

（续表）

序号	中心性	作者	年份	题名
14	0.11	BLAIKIE P	1978	The theory of the spatial diffusion of innovations：a spacious cul-de-sac.
15	0.1	GARST R D	1974	Innovation Diffusion among the Gusii ofKenya.

中心度排名第二的文献是弗兰克·贝斯（Frank M. Bass）1969 年发表在 *Management Science* 上的 "耐用消费品的新产品增长模型"（*A New Product Growth for Model Consumer Durables*）一文，文中提出了新产品首次购买扩散模型 Bass 模型（Bass Diffusion Model），将外部影响模型和内部影响模型组合在一起，根据一个新产品在试行投放市场时期的销售情况，或者根据同类产品扩散情况做出判断，来预测某一新产品在未来一段时期内的采用量。Bass 模型涉及三个参数：大众传媒的影响系数（p）、人际关系影响系数（q）以及市场潜力指数（m）[①]。p 为创新系数（Innovation Coefficient）或外部影响系数；q 为模仿系数（Imitation Coefficient）或内部影响系数；m 为最终采纳者人数，即市场最大潜量。在技术创新扩散模型研究中，Bass 模型具有里程碑的意义[②]，它不但确定了扩散理论的研究方向，即把扩散模型作为扩散理论研究的重点，而且也奠定了扩散理论基础。排名第八的关键节点文献 "市场营销新产品扩散模型：回顾和研究趋势"（*New product diffusion models in marketing：A review and directions for research*）是作者 Frank M. Bass 与 V. Mahajan，E. Muller 合著的。1969 年 Bass 模型提出后，对新产品创新扩散进行建模并实证研究的文献逐渐增加，文章对 1969年后近 20 年的创新扩散模型研究进行了综述[③]。

排在第三位的是 T. J. Allen 发表于 1971 年的 "国际技术把关者"

① Bass F M. A new product growth for model consumer durables［J］. Management Science，1969，15（5）：215 - 227.

② 丁士海. 基于创新扩散理论的品牌生命周期研究［D］. 南京：南京理工大学，2009.

③ V Mahajan，E Muller F M Bass. New product diffusion models in marketing：A review and directions for research［J］. The Journal of Marketing，1990，54（1）：1 - 26.

(The international technological gatekeeper) 一文[①]，研究国际信息技术传播的问题，论述科学家之间的沟通模式和存在的国际"技术看门人"作为技术转移中介的过程。排在第五的文献是芝加哥大学出版社 1967年由 A. Pred 翻译出版的哈格斯特朗（Hagerstrand）教授的专著《创新扩散是一个空间的过程》（*Innovation Diffusion as a Spatial Process*），原书 1953 年在瑞典出版。书中记录了 Hagerstrand 各个阶段的研究，从最初收集的扩散实证数据、扩散的共同特征的识别模式、建设初始扩散模型，到模型的连续修改，最终可以利用模型来观察现实世界[②]。Hgerstrand 关于文化的空间扩散的研究是开创性的，因为这是第一个将模拟和定量方法引入到人文地理领域。时间地理学（time-geography）是在他的倡导下，并以他为核心的隆德学派（Lund School）发展而成的。

美国俄亥俄州立大学（The Ohio State University）的 Brown L A有两篇文章成为关键节点文献，分别是排名第六的 Brown L A 1975 年出版的"采纳的市场和基础设施环境：空间创新扩散视角"（The Market and infrastructure context of adoption：Spatial perspective on diffusion of innovation）[③]。排名第九的是 Brown L A 1971 年出版的"创新扩散的经验规律性"（Empirical regularities in diffusion of innovation）[④]，分析创新扩散领域时间上传播的 S 型曲线、地理空间上传播的邻居效应以及在一个中心系统的层次结构或短路扩散效应。排在第十位的是美国国家科学基金会（National Science Foundation）的 Tornatzky L G 与美国德克萨斯大学（University of Texas）的 Klein K. J 发表于 1982 年的"采用创新的特点和创新实现：基于元分析的发现"（Innovation Characteristics and Innovation Adoption Implementation——A meta-analysis of Findings）一

① T J Allen，J M Piepmeir，S Cooney. The international technological gatekeeper [J]. Technology Review，1971，73.

② Hägerstrand，Torsten（1967）[1953]. Innovation diffusion as a spatial process [M]. Postscript and translation by Allan Pred；Translated with the assistance of Greta Haag. Chicago：University of Chicago Press.

③ A Brown. The Market and infrastructure context of adoption：Spatial perspective on diffusion of innovation [J]. Economic Geography，1975，51（3）：185 – 216.

④ L A Brown，K R Cox. Empirical regularities in diffusion of innovation [J]. Annals of the Association of American Geographers，1971，61（3）：551 – 559.

文。文章①构造了现有创新采纳研究的方法论，并用假设的方法进行了对比，采用元分析技术评估现有实证研究的一般和一致性，发现创新的三个特征相容性、相对优势和复杂性对创新采纳具有最一致的重要关系。排在第十一位的是美国著名经济学家埃德温·曼斯菲尔德（Mansfield E）发表于 1961 年的"技术变迁和模仿的速度"（Technical Change and the Rate of Imitation）一文。通过研究企业对新技术的采纳过程来研究技术扩散，文章②分析烟煤、钢铁、酿造和铁路运输四个行业的 12 项新技术采纳，研究结果表明采纳过程存在着类似的 S 形，证实了扩散的速度与所采纳的新技术的盈利率正相关。

　　排在十二位的是 1977 年美国伊利诺斯大学（University of Illinois）的 Moch M K 和美国杜兰大学（Tulane Universiy）的 Morse E V 发表的"创新采纳的大小、集中和组织"（Size, Centralization, and Organizational Adoption of Innovations）一文③。Allison K J 发表于 1957 年"16－17 世纪诺福克的 Sheep-Corn 畜牧业"（The Sheep-Corn Husbandry of Norfolk in the Sixteenth and Seventeenth Centuries④），Blaikie P 发表于 1978 年"创新的空间扩散理论：一个宽敞的死胡同"（The theory of the spatial diffusion of innovations: a spacious cul-de-sac⑤），美国马里兰大学（University of Maryland）的 Garst R D 发表于 1974"肯尼亚古斯的创新扩散"（Innovation Diffusion among the Gusii of Kenya⑥），分别排在关键节点文献的第十三、十四及十五位。

①　Tornatzky L G，Klein K J. Innovation Characteristics and Innovation Adoption Implementation——A Meta-anlysis of Findings [J]. IEEE Transactions on Engineering Management，1982，29（1）：28－43.

②　Mansfield E. Technical Change and the Rate of Imitation [J]. Econometrica，1961，29（4）：741－761.

③　Moch M K，Morse E V. Size，centralization，and organizational adoption of innovations [J]. American Sociological Review，1977，42（5）：716－725.

④　Allison K. J. The Sheep-Corn Husbandry of Norfolk in the Sixteenth and Seventeenth Centuries [J]. The Agricultural History Review，1957，5（1）：12－30.

⑤　Blaikie P. The theory of the spatial diffusion of innovations: a spacious cul-de-sac [J]. Progress in Human Geography，1978，2（2）：268－295.

⑥　Garst R D. Innovation Diffusion among the Gusii of Kenya [J]. Economic Geography，1974，50（4）：300－312.

3.1.8 国际创新扩散研究的主题分析

本文将高频关键词（频次大于 30）相异矩阵导入到 SPSS 中进行聚类分析，采用系统聚类（Hierarchical Cluster），选择离差平方和法（Ward's Method）与离散数据类型（Count）中的斐方（Phi-square Measure）方法，得到聚类分析树形图（图 3 - 5）。

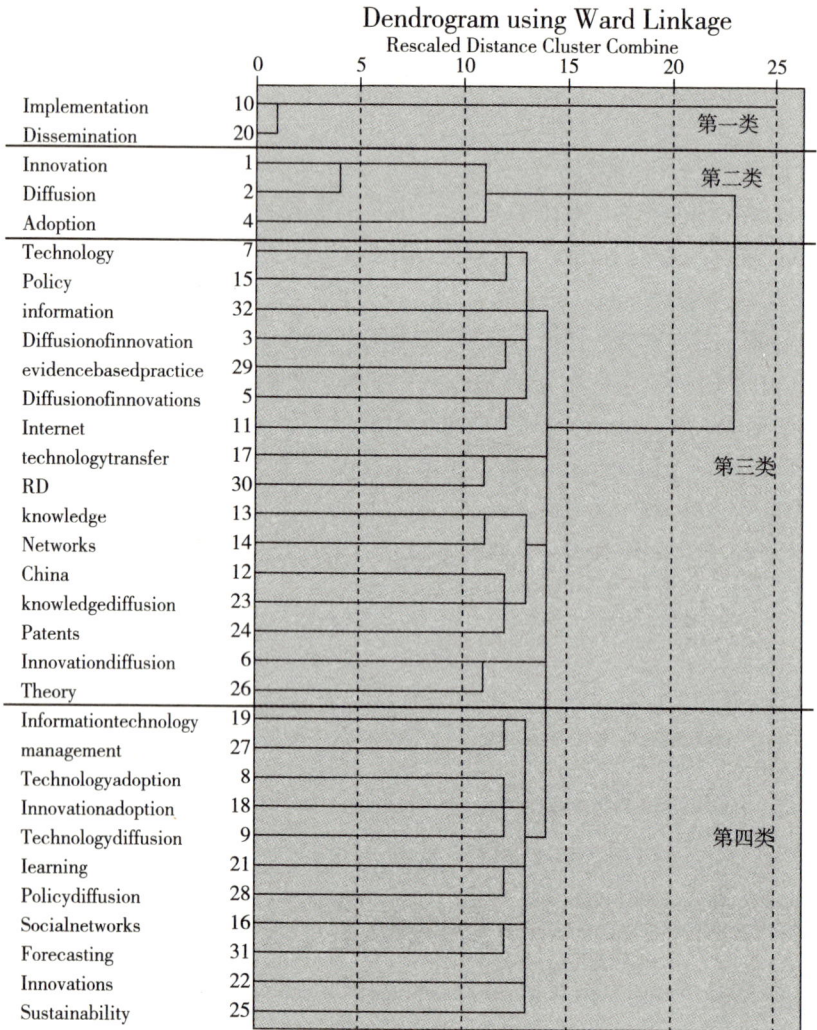

图 3 - 5　聚类分析树形图

采用多维尺度分析创建多维空间感知图（图 3 - 6），选取平面对称的图形（square symmetric）描述关键词的数据结构，选用 Euclidean 距离。

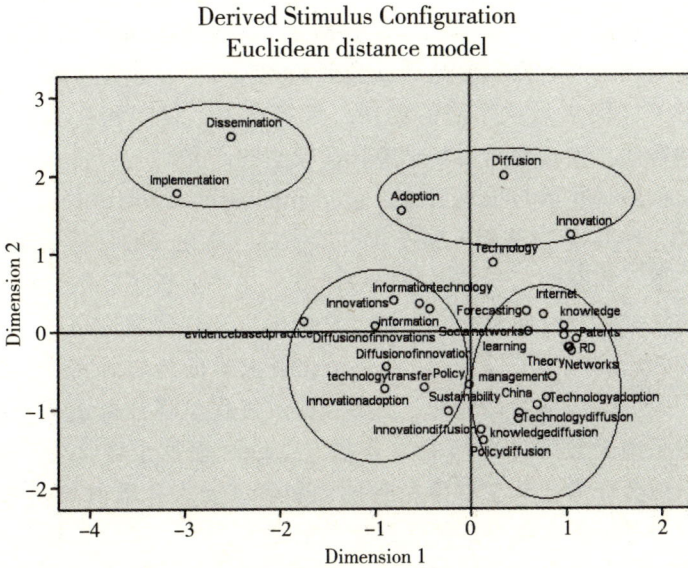

图 3 - 6 多维尺度分析结果

综合分析高频关键词的聚类和多维尺度分析结果，本研究将创新扩散分为四个主题，并按照树形图从上往下的顺序依次命名为：创新的实现与传播研究，创新的扩散与采纳研究，创新扩散的政策、环境及实证研究，创新扩散的新发展与可持续性研究。

（1）创新的实现与传播研究，包括 implementation、dissemination 等关键词。扩散研究起源于欧洲社会科学，加布里埃尔·塔德（Gabriel Tarade）是法国社会学创始人之一，他对创新的扩散进行概括，认为"模仿是先天的，是我们生物特征的一部分，人们通过模仿而使行为一致。模仿是基本的社会现象，是社会进步的根源，对于人类的社会生活具有非常重大的意义"，被称为模仿定律（laws of imitation）。他对欧美的哲学、社会学、人类学、心理学等社会科学产生了广泛的影响，如芝加哥大学的社会学家特利·N. 克拉克（Terry N. Clark）根据 Tarade 的著作编辑翻译了《传播与社会影响》。美国学术界的社会学习论、创新扩散论和意见领袖论，都脱胎于 Tarade 的"模仿理论"①。创新扩散研究的早期是在人类学、早期社会学、农业社会学、教育、公共卫生和医疗社会学、传播学、营销与管理、地理学、一般社会学以及一般经济学等相互独立的领域同时进行着的。尽管不同学科扩散研究各有特色，但却得出了相似的结论：一项创新的扩散遵循以时间为横轴的 S 形曲线，创新者比晚期采用者具有更高的社会经济地位②。20 世纪 60 年代以后，创新扩散关注的焦点从之前的创新、传播渠道、时间和社会系统的研究，开始转向技术预测与市场学中扩散模型的研究。

（2）创新的扩散与采纳研究，包括 innovation、diffusion、adoption 等关键词。1943 年布莱斯·瑞安和内尔·格罗斯在《农村社会学》上发表了对艾奥瓦州杂交玉米种子的扩散研究，文中分析了扩散的四个要素创新、传播渠道、时间及社会系统，文中的方法论、理论结构对于传统扩散案例的形成起了关键作用③。哥伦比亚大学的药物研究使扩散研究转向对人际关系网络的研究④。创新的扩散过程呈现钟形正态曲线，创新的累积采纳人数则呈 S 形曲线分布。Rogers 根据个体接受创新的特点，把采纳者分为：具有冒险精神的创新者、受人尊敬的早期采纳者、深思熟虑的早期大多数、持怀疑态度的后期大多数、墨守传统的落后者等 5 个类别。研究表明，早期采纳者与后期采纳者在社会经济地位、个性及价值观、传播行为及方式上存在明显不同特征，这是创新对象细分化的理论基础⑤。马克·S. 格瑞勒怀特（Mark Granovetter）提出了"弱式链优势"（The Strength of Weak ties）理论。弱式链是具有异质性、沟通相近度较低的网络链。尽管弱式链不是信息流动最通常的途径，但无论对于个体还是系统，弱式链传播信息都是至关重要的。在扩

① 加布里埃尔·塔尔德. 模仿律［M］. 埃尔希·帕森斯，英译. 何道宽，译. 北京：中国人民大学出版社，2008：1 - 2.

② 埃弗雷·M. 罗杰斯. 创新的扩散［M］. 辛欣，译. 北京：中央编译出版社，2002：34.

③ Ryan Bryce, Neal C Gross. The Diffusion of Hybrid Seed Corn in Two Iowa Communities［J］. Rural Sociology，1943，8（1）：15 - 24.

④ J S Coleman, E Katz, H Menzel. Medical Innovation：A Diffusion Study［M］. New York：Bobbs-Merrill Co，1966.

⑤ 埃弗雷·M. 罗杰斯. 创新的扩散［M］. 辛欣，译. 北京：中央编译出版社，2002：263.

散网络中，弱式链在传播信息方面具有相对优势[①]。相关研究对互锁式人际网络和辐射式人际网络进行分析，探讨扩散过程中系统层面的临界大多数和个人层面的门槛。针对技术扩散过程的用户采纳问题，也出现了一系列理论模型，如 1975 年，Fishbein 与 Ajzen 提出"理性行为理论[②]"（Theory of Reasoned Action，简称 TRA）；1985 年，Ajzen 在理性行为理论基础上提出了计划行为理论[③]（Theory of Planned Behavior，简称 TPB）；1989 年，Davis 以理性行为理论和计划行为理论为基础，提出技术接受模型[④]（Technology Acceptance Model，简称 TAM）；2003 年，Venkatesh 等提出的技术接受和使用统一模型[⑤]（the Unified Theory of Acceptance and Use of Technology，简称 UTAUT），这些模型在信息技术用户采纳和接受研究中产生了深远的影响。结合创新扩散理论与技术接受模型的研究，比单独使用技术接受模型的结果更加有效[⑥]。

（3）创新扩散的政策、环境及实证研究，包括 technology、policy、information、diffusion of innovation、evidence based practice、internet、technology transfer、RD、knowledge、networks、China、Knowledge diffusion、Patents、innovation diffusion、theory 等关键词。创新扩散理论研究的早期，大多采用实地研究或者案例方法分析创新扩散的规律。20 世纪 60 年代，扩散研究趋于定量化，引入影响扩散的变量，从数学建模的角度建立了各种扩散的模型。创新扩散模型主要有两大类：速度模型和决策模型。较早出现的"S"型扩散模型包括 Gompertz 模型和 Logistic 模型。60 年代后，创新扩散研究大多在已有的研究基础上，

---

①　Mark S. Granovetter. The Strength of Weak Ties [J] . American Journal of Sociology, 1973, 78 (6): 1360 – 1380.

②　Fishbein, M. , Sjzen, I. Belief, Attitude, Intention and Behavior: An Introduction to Theory and Research [M] . Mass: Addison-Wesley Publishing Company, 1975.

③　Ajzen, I. From intentions to actions: A theory of planned behavior [M] . Berlin: Spring, 1985.

④　Davis F. D. , Bagozzi R P, Warshaw P R. User acceptance of computer technology: A comparison of two theoretical models [J] . Management Science, 1989, 35 (8): 982 – 1003.

⑤　Venkatesh V. , Morris M. G. , Davis G. B. , et al. User acceptance of information technology: Toward a unified view [J] . MIS Quarterly, 2003, 27 (3): 425 – 478.

⑥　Busch, T. Gender differences in self-efficacy and attitudes toward computers [J] . Journal of Education Computing Research, 1995, 12 (2): 147 – 158.

模拟创新的扩散或是对模型进行修正。其中比较典型的是 1969 年 Bass 模型，它融合了 1960 年 Fourt、Woodlock 提出的新食品产品的预测模型①与 1961 年 Mansfield 提出的 Logistic 模型②。基于 Bass 模型的拓展，主要包括关注预测模型的参数设定问题和参数估计方法的创新扩散的预测模型研究，以及关注 Bass 模型前提假设的不足及相关拓展③。随后的研究放松 Bass 模型的诸多假设，产生了一系列 Bass 模型的扩展形式，统称为 Bass 模型簇或者柔性扩散模型。Bass 模型以后，创新扩散模型的研究可以分为三个阶段：基本模型研究（20 世纪 60 年代到 70 年代初）、基本模型的扩展研究（20 世纪 70 年代到 80 年代初）、新的应用研究（20 世纪 80 年代至今），研究内容的广度增加，进一步扩展模型的视野和柔性④。

（4）创新扩散的新发展与可持续性研究，包括 information technology、management、technology adoption、technology diffusion、learning、Policy diffusion、social networks、forecasting、innovations、sustainability 等关键词。20 世纪 40 年代，扩散范例开始形成；50 年代在美国迅速发展，创新的扩散均被理论和实践者认为是社会科学知识中最有用领域。美国许多政府部门设有分支机构负责向公众赞助有关扩散的研究活动；60 年代开始在发展中国家传播；70 年代起，出现针对扩散运动的批评，如过度重视创新、个体指责、回忆及不平等问题⑤。后续研究针对创新扩散的批评进行了调整。随着通信技术的发展，社会呈现越来越网络化的趋势，"社会网络革命"（Social network revolution）被称为新时期影响人类社会的三大革命之一⑥。社会网络分析（Social

① L A Fout，J W Woodlock. Early Prediction of Market Success for New Grocery Products [J]. Journal of Marketing，1960，26（2）：31–38.

② E Mansfield. Technological Change and the Rate of Imitation [J]. Econometrica，1961，29（4）：741–766.

③ B Wejnert. Integrating models of diffusion of innovations：A conceptual framework [J]. Annual Review of Sociology，2002，28：297–326.

④ H Jaakkola. Modelling Diffusion. Tampere University of Technology，Pori，Publication Series A. Pori，1996，No，A15，79s.

⑤ 埃弗雷·M. 罗杰斯. 创新的扩散 [M]. 辛欣，译. 北京：中央编译出版社，2002：90.

⑥ Lee Rainie，Barry Wellman. Networked：The New Social Operating System [M]. London：The MIT Press，2012.

Network Analysis，简称 SNA）为研究人们的相互关系提供了可视化的和数学的方法。社交网络中强弱关系理论、节点影响力度量成为病毒式营销（viral marketing）研究的热点。复杂网络是近十年来发展的一个新领域，小世界网络是其特性之一。1998 年，美国康奈尔大学的 Watts 与其导师 Strogatz 在《自然》杂志发表《"小世界"网络的集体动力学》[①]，1999 年，美国 Notre Dame 大学 Barabasi 和其博士生 Albert 在《科学》杂志发表《随机网络中出现的标度》论文[②]，两篇论文的发表掀起了学者对复杂网络研究的热潮。社会网络分析中的二方关系、三方关系、一般化的块模型、动态网络模型、P * 模型、社会影响模型、社会选择模型、动态分析，通过关注社会网络节点，探讨如何通过优化路径来提高扩散效率的研究，成为创新扩散研究的一个方向。

3.1.9　国际创新扩散研究的前沿分析

突现词（burst term）是指出现频次在较短时间内突然增加（即增长速度较快）或使用频次增长率明显提高的术语。利用 CiteSpace 提供的词频探测技术（Detect Bursts），通过考察词频的时间分布，来确定国际创新扩散研究的前沿领域和发展趋势。设置合适的阈值，运行软件，得到 7 个突现词（图 3 - 7）。

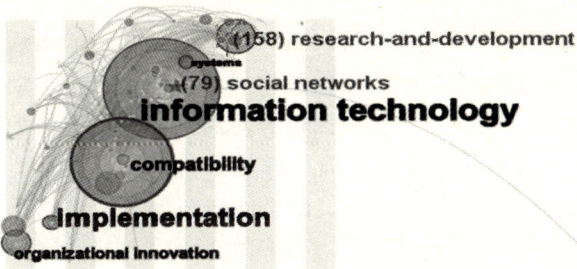

图 3 - 7　创新扩散研究前沿知识图谱

从图 3 - 7 可以得出，创新扩散研究的 7 个突现词为：information

---

①　Watts D J，Strogatz S H. Collective dynamics of small world networks [J] . Nature，1998，393：440 - 442.

②　Barabasi A L，Albe A. L. Emergence of scaling in random networks [J] . Science，1999，286：509 - 512.

technology（信息技术，频次 373），implementation（实现，频次 295）、research and development（研究与开发，频次 158）、compatibility（兼容性，频次 125）、organizational innovation（组织创新，频次 81）、social networks（社会网络，频次 79）、system（系统，频次 51）。主题词变化率最高的是 information technology，说明信息技术是近年国际创新扩散领域研究的重要前沿领域之一。随着经济社会的发展，信息技术的创新及通过市场或非市场的渠道，由创新源地向外进行空间传播和转移，实现其被采用的研究，及如何通过产业扩散来体现信息技术创新的价值成为研究者的重要课题。扩散研究不仅仅从 S 型扩散曲线的左端开始，而是对其进行扩展，对创新产生的全过程进行研究。在同一系统、同一时间进行扩散的各项创新不再是单独的，而是相互影响的，这就要求研究者必须超越传统的研究方法和模式，关注创新的实现（implementation）、研究与开发（research and development）及其与新环境的兼容性（compatibility）。许多创新先是由组织采纳的，然后组织内的个人才进行采纳，而组织的规模与其创新性正比例相关，市场竞争的全球化使得组织创新（organizational innovation）的理论与实践都需要新的模式，需要组织成为"现代管理学之父"彼得·德鲁克（Peter F. Drucker）所说的"把创新精神制度化而创造出一种创新的习惯"的创新型组织。

随着社交网络的兴起，社交网络环境下的创新扩散引起了研究者们的关注。他们不仅考虑采纳带来的正面口碑，而且对于负面口碑及中立口碑也给予关注。有研究提出负面口碑对新产品创新扩散的作用要强于正面口碑[1]，但多数研究表明负面口碑均来自于用户对新产品功能的满意或没有达到预期效果引起的[2]，而不同来源的负面情绪是否会比正面口碑有更强烈的影响，需要进一步深入的研究[3]。复杂网络研究的深入

① J Goldenberg，S Oreg. Laggards in disguise：Resistance to adopt and the leapfrogging effect［J］. Technological Forecasting and Social Change，2007，74（8）：1272 - 1281.

② G Deffuant，S Huet，F Amblard. An individual-based model of innovation diffusion mixing social value and individual benefit［J］. American Journal of Sociology，2005，110（4）：1041 - 1069.

③ Amini，M. Wakolbinger，T. Racer，M. Nejad，M. G. Alternative supply chain production-sales policies for new product diffusion：An agent-based modeling and simulation approach［J］. European Journal of Operational Research，2012，216（2）：301 - 311.

和计算机模拟仿真技术的发展，也给创新扩散研究提供了新的方向。利用复杂网络建立创新扩散模型，模拟出符合现实特质的网络结构，有助于通过网络节点深入了解网络的社团结构及分析用户的网络行为。微观仿真模型元胞自动机（Cellular Automata，简称 CA）被应用到创新扩散领域。Goldenberg 提出了二维的元胞自动机模型，引入 Bass 模型中的影响因素，得到扩散过程的 S 曲线[①]。随后学者们对元胞性质、邻居定义和具体规则进行了拓展，重在表现整体结构行为与局部结构行为的非线性和不确定性关系。

通过对 Web of Science 数据库中收录的以创新扩散为主题的 4844 篇文献绘制知识图谱，分析了创新扩散研究的时空分布；根据作者被引频次及中心度，得出创新扩散领域的核心作者；抽取中介性大于或等于 0.1 的节点，得到 15 篇关键节点文献；生成创新扩散研究主题与前沿的图谱，对创新扩散领域有了一个快速、直观的了解。但由于在生成知识图谱时，阈值确定具有主观性，加上数据选取、检索的精确度等原因，分析结果中可能会出现一些不合理的地方。随着数据的完善和方法的改进，研究结果将会得到更深的拓展，希望本研究对创新扩散研究分析起到一定的借鉴作用。

3.2　国内创新扩散研究现状透视

共词分析法（co-word analysis）是一种内容分析的方法，主要是通过对能够表达某一学科领域研究主题或研究方向的专业术语共同出现在一篇文献中现象的分析，判断学科领域中主题间的关系，从而展现该学科的研究内容与结构。其立论的假设条件是：文章的关键词是文章主题内容的浓缩，两篇文章如果有两个以上的相同关键词，则认为这两篇文章在研究主题的概念、理论或方法上是相关的，内容是相似的，共词文章数量越多，表明这类关键词"距离"就越近[②]。本节利用共词分析法，对国内创新扩散研究进行探讨，展现国内创新扩散研究的热点及主题。

---

① Goldenberg J，Efroni S. Using cellular automata modeling of the emergence of innovations [J]. Technological Forecasting and Social Change，2001，68（3）：293 – 308.

② 冯璐，冷伏海. 共词分析方法理论进展 [J]. 中国图书馆学报，2006（3）：88 – 92.

3.2.1　数据来源与研究方法

中文数据库检索选择 CNKI，检索策略为"主题＝（创新扩散）AND 文献类型＝（全部期刊）"，时间跨度默认为"所有年份"，共检索到 1363 篇文献，检索时间 2016.5.3。中文数据库检索选择 CNKI，检索策略为"主题＝（创新扩散）AND 文献类型＝（核心期刊）"，时间跨度默认为"所有年份"，共检索到 757 篇文献。

利用现代的多元统计技术如聚类分析（Cluster Analysis）和多维尺度分析（Multidimensional Scale Analysis）等，则可以按"距离"将一个学科内的重要关键词加以分类，从而分析出该学科领域的研究现状与内容。就目前文献来看，共词分析法主要是通过关键词或主题词，分析鉴别某一学科或主题的主要知识结构和研究热点的方法[①]。与共被引分析法相比，共词分析法是对当前发表文献的直接统计，所寻找的是目前已有论文集中关注的主题，反映的是在趋势形成之后的焦点。共词分析方法最早被详细描述是从 20 世纪 70 年代中后期法国文献计量学家开始的[②]。经过几十年的发展，该方法得到了逐步的完善和广泛的应用。

3.2.2　国内创新扩散研究的时间分析

对 CNKI 所收录的 1363 篇研究论文，按照年出版量进行排序（表 3 - 8），1985 年国内发表第一篇相关论文，1985－1994 年发表论文以个位数计，1995 年后开始缓慢增长。从图 3 - 8 可以看出关于创新扩散研究论文，近几年虽有所增长，但增速一直不是太快，从年出版篇数来看，整体上符合指数增长模型，因 2016 年统计不全，所以有所下降。

---

① 张勤，马费成. 国外知识管理研究范式——以共词分析为方法 ［J］. 管理科学学报，2007（6）：65 - 75.

② Law J，Bauin S，Courtial J P，et al Ploicy and the mapping of scientific change：A coword analysis of research into environmental acidification ［J］. Scientometrics，1988（14）：251 - 264.

表 3 - 8　国内创新扩散研究发文时间分布

年份	年出版篇数	累积篇数	年份	年出版篇数	累积篇数
1985	1	1	2003	27	215
1989	1	2	2004	41	256
1990	1	3	2005	52	308
1991	7	10	2006	63	371
1992	3	13	2007	96	467
1993	5	18	2008	113	563
1994	7	25	2009	93	656
1995	11	36	2010	100	756
1996	19	55	2011	100	856
1997	20	75	2012	106	962
1998	15	90	2013	98	1060
1999	13	103	2014	103	1163
2000	24	127	2015	134	1297
2001	30	157	2016	37	1334
2002	31	188			

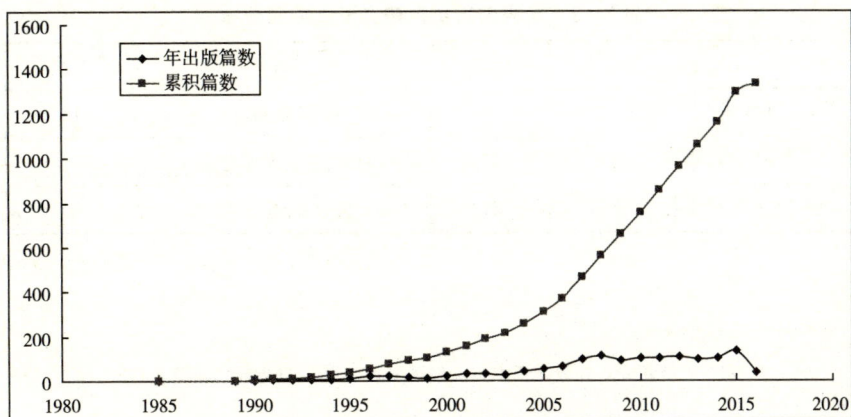

图 3 - 8　国内创新扩散研究论文年度变化趋势

CNKI 数据库收录的国内最早的一篇涉及创新扩散的论文是 1985 年刘仁毅发表在《世界经济研究》上的《产业革命，长波与资本主义经济发展》，文章认为研究产业革命的动态和它对资本主义经济的影响有助于深入认识资本主义经济的发展规律，介绍了创新扩散与经济发展各阶段的关系，当把采用新技术的创新企业数看成是时间的函数、资本投资率是创新的函数，画成曲线图时，得到一条 S 形曲线①。接着就是 1989 年亚青发表在《科学管理研究》的《论技术创新扩散的新模式》，文章介绍了技术创新扩散模式的研究概况、以往技术创新扩散模式的问题和技术创新扩散的新模式②。核心期刊最早出现的论文是 1992 年，分别是宋光茂发表在《经济理论与经济管理》的《论创新扩散过程中"边际企业"的均衡》一文，何宇发表在《上海经济研究》的《创新扩散及其影响因素》，王海山发表于《科学 经济 社会》的《技术创新与经济的持续发展》。

3.2.3 创新扩散研究的核心期刊分析

研究论文的来源期刊不但是了解该领域的空间分布特点，掌握该领域的核心期刊群的最有效的方法，而且还能为文献搜集和管理提供依据，为读者提供指导，还可以了解各刊物的办刊特点，论文的期刊分布情况③。因此本研究利用对所下载的全部文献进行来源刊分析，按照发文的频次进行排序（表 3 - 9），确定创新扩散领域的核心期刊。

表 3 - 9　国内创新扩散研究发文期刊分布

期刊	频次	期刊	频次
科技进步与对策	55	中国软科学	13
科技管理研究	37	河北工业大学学报	10
科学学与科学技术管理	27	经济研究导刊	10

---

① 刘仁毅. 产业革命，长波与资本主义经济发展 [J]. 世界经济研究，1985（6）：45 - 51.

② 亚青. 论技术创新扩散的新模式 [J]. 科学管理研究，1989，7（4）：56 - 59.

③ 张玉双. 我国高校图书馆知识管理研究的文献统计分析 [J]. 晋图学刊，2008（5）：45 - 48.

（续表）

期刊	频次	期刊	频次
科学学研究	21	商场现代化	10
科研管理	20	管理观察	9
技术经济	18	科学管理研究	8
工业技术经济	16	系统管理学报	8
软科学	16	技术经济与管理研究	8
情报杂志	14	生产力研究	8
商业经济研究	14	新闻世界	8
中国科技论坛	14	当代传播	7
统计与决策	13	经济问题	7

英国文献学家布拉德福（Samuel Clement Bradford）1934 年提出了布拉德福定律（Bradford Law），也称文献分散定律，提出如果将科技期刊按其刊载的某学科专业论文的数量多少，以递减顺序排列，那么可以把期刊分为专门面对这个学科的核心区、相关区和非相关区。各个区的文章数量相等，此时核心区、相关区和非相关区期刊数据成 $1:n:n^2$。根据布拉德福定律，《科技进步与对策》《科技管理研究》《科学学与科学技术管理》《科学学研究》《科研管理》《技术经济》《工业技术经济》《软科学》《情报杂志》《商业经济研究》《中国科技论坛》为创新扩散领域的核心期刊。从期刊载文量来看，创新扩散领域虽然已经形成核心期刊，但整体上来说，发文比较分散。

3.2.4　创新扩散研究的高被引文献分析

在核心作者的选取方面，目前还没有统一的方法，较常用的是利用作者发文数或被引频次来进行评价，作者发文数说明作者的科研产量，但文献被引频次更能说明作者科研的质量和在领域内的学术水平[1]。本研究按照文献被引频次进行排序，得出扩散研究高被引文献，表 3-10

---

[1]　胡吉明. 作者同被引视角下的我国信息服务研究分析 [J]. 情报杂志，2009（10）：170-174.

中所列的文献被引频次大于 50。

表 3-10　创新扩散研究高被引文献（被引频次＞50）

序号	篇名	作者	被引频次	文献来源
1	关于区域创新系统研究内容的探讨	黄鲁成	567	科研管理，2000，02：43-48
2	宏观区域创新体系的理论模式研究	黄鲁成	192	中国软科学，2002，01：96-99
3	SNS 网络空间中"意见领袖"特征之分析——以豆瓣网为例	丁汉青，王亚萍	124	新闻与传播研究，2010，17（03）：82-91，111
4	产品扩散模型在 Internet 采用者分析中的应用	张彬，杨国英，荣国辉	105	中国管理科学，2002，02：52-57
5	基于产业集群的技术创新扩散研究	陈旭	98	管理学报，2005，03：333-336
6	企业技术创新能力的神经网络检验分析	周毓萍	96	科技进步与对策，2000，06：62-63
7	技术进步与经济增长的关系研究	陈伟，罗来明	81	社会科学研究，2002，04：44-46
8	创新与变革：当前教育信息化发展的焦点	黄荣怀，江新，张进宝	80	中国远程教育，2006，04：52-58，80
9	大学生采用网上购物的过程及其影响因素研究	李季，涂平	78	经济科学，2005，01：91-99
10	国家自主创新能力评价指标体系研究	张义梁，张嵎喆	77	经济学家，2006，06：28-3
11	组织信息技术采纳的影响因素研究述评	陈文波，黄丽华	74	软科学，2006，03：1-4
12	社会资本与技术创新的扩散	李红艳，储雪林，常宝	74	科学学研究，2004，03：333-336

（续表）

序号	篇名	作者	被引频次	文献来源
13	西方企业孵化器理论研究	赵佳宝，卢锐，盛昭瀚	71	管理工程学报，2003，04：100-102
14	创新扩散模型的研究进展与展望（上）	官建成，张西武	69	科学学与科学技术管理，1995，12：14-18
15	面向电子商务的消费者行为影响因素的实证研究	刘枚莲，黎志成	68	管理评论，2006，07：32-37，64
16	农业技术创新扩散的国际经验及国内趋势	刘笑明，李同升	64	经济地理，2006，06：931-935，996
17	非正式交流与知识经济	刘军国，郭文玲	62	生产力研究，2001，01：117-119
18	技术创新扩散的机制及其本质探讨	常向阳，戴国海	60	技术经济与管理研究，2003，05：101-102
19	技术创新扩散速度模型	徐玖平，廖志高	56	管理学报，2004，03：330-340，247
20	互联网在中国的扩散现状与前景：2000年京、穗、港比较研究	祝建华，何舟	55	新闻大学，2002，02：23-32
21	广告媒介下两种产品竞争与扩散模型研究	艾兴政，唐小我	54	管理工程学报，2000，03：19-22

被引排名第一的是黄鲁成 2000 年发表于《科研管理》的《关于区域创新系统研究内容的探讨》一文，被引 567 次，文中将区域经济理论与技术创新理论相结合，提出了区域创新系统的概念、特征、功能和目标，认为区域创新系统的研究应围绕如下主要问题：区域创新系统的组织创新研究、区域创新系统的创新能力研究、区域创新系统的市场创新研究、区域创新系统的创新扩散研究、区域创新系统的制度创新研究、区域创新系统的创新政策研究、区域创新系统的创新战略研究[①]。被引

---

① 黄鲁成. 关于区域创新系统研究内容的探讨［J］. 科研管理，2000（2）：43-48.

排名第二的仍是黄鲁成的论文，被引 192 次，是其 2002 年发表于《中国软科学》的《宏观区域创新体系的理论模式研究》一文，文章依据系统科学、技术创新理论和区域经济发展理论，提出了分析宏观区域创新体系的理论模式，阐述了区域创新体系的构成要素和功能、运行模式和调控要求、系统目标和实现机理[①]。

3.2.5　国内创新扩散研究的高频关键词

借助 EXCEL 的统计功能进行词频统计，选择频次 9 以上的关键词，从而确定了 44 个高频关键词作为共词分析的基础（表 3 - 11）。

表 3 - 11　国内创新扩散研究论文的高频关键词

序号	关键词	频次	序号	关键词	频次	序号	关键词	频次
1	创新扩散	406	16	技术接受模型	17	31	网络结构	11
2	技术创新	206	17	技术引进	16	32	仿真	11
3	技术创新扩散	144	18	金融创新	15	33	空间扩散	10
4	扩散	85	19	电子商务	15	34	互联网	10
5	创新扩散理论	76	20	扩散机制	14	35	制度创新	10
6	产业集群	63	21	技术进步	14	36	人际传播	10
7	技术扩散	62	22	社会资本	13	37	自主创新	10
8	Bass 模型	56	23	市场结构	13	38	中小企业	10
9	创新	56	24	模式	13	39	农业技术	9
10	影响因素	39	25	技术转移	12	40	元胞自动机	9
11	扩散过程	34	26	扩散效应	11	41	使用意愿	9
12	经济增长	20	27	传播	11	42	知识创新	9
13	采用者	20	28	微博	11	43	结构方程模型	9
14	扩散模型	19	29	博弈	11	44	新产品扩散	9
15	扩散模式	17	30	指标体系	11			

---

① 黄鲁成. 宏观区域创新体系的理论模式研究 [J]. 中国软科学, 2002 (1)：96 - 99.

由于这些关键词在创新扩散研究论文中出现频率最高，一定程度上代表了当前创新扩散研究的研究热点。对 44 个关键词两两配对，统计它们在 1363 条文献中共同出现的频次，形成 44×44 的矩阵，表 3 - 12 是关键词共现矩阵，两个关键词共同出现频次的多少直接受两个关键词各自词频大小的影响。

表 3 - 12 关键词共现矩阵（部分）

	创新扩散	技术创新	技术创新扩散	扩散	创新扩散理论	产业集群	技术扩散	Bass 模型	创新	影响因素	扩散过程
创新扩散	406	54	0	2	0	12	5	22	3	12	9
技术创新	54	206	22	25	2	14	28	1	1	2	6
技术创新扩散	0	22	144	0	0	17	3	3	0	3	14
扩散	2	25	0	85	0	1	0	3	26	3	0
创新扩散理论	0	2	0	0	76	0	0	2	4	2	1
产业集群	12	14	17	1	0	63	6	0	2	0	0
技术扩散	5	28	3	0	0	6	62	1	1	0	7
Bass 模型	22	1	3	3	2	0	1	56	0	0	0
创新	3	1	0	26	4	2	1	0	56	0	0
影响因素	12	2	3	3	2	0	0	0	0	39	4
扩散过程	9	6	14	0	1	0	7	0	0	4	34

为了真正揭示关键词之间的共现关系，还须引入表示关键词共现相对强度的指标。在文献计量学中，目前应用较多的就是 Ochiia 系数和 Jaccard 指数[①]。本研究选择 Ochiia 系数法将共词矩阵转化为相关矩阵（表 3 - 13），即将共词矩阵中的每个数字都除以与之相关的两个词总频次开方的乘积，从而消除频次悬殊造成的影响，以揭示关键词的共现关

---

① 梁立明，谢彩霞. 词频分析法用于我国纳米科技研究动向分析 [J]. 科学学研究，2003（2）：138 - 142.

系。其计算公式是：Ochiia 系数＝A、B 两词出现的频次/（A 词频次的算术平方根×B 词频次的算术平方根）。

表 3-13　国内高频关键词相关矩阵（部分）

	创新扩散	技术创新	技术创新扩散	扩散	创新扩散理论	产业集群	技术扩散	Bass模型	创新	影响因素	扩散过程
创新扩散	1	0.0349	0	0.0001	0	0.0056	0.001	0.0213	0.0004	0.0091	0.0059
技术创新	0.0349	1	0.0163	0.0357	0.0003	0.0151	0.0614	0.0001	0.0001	0.0005	0.0051
技术创新扩散	0	0.0163	1	0	0	0.0319	0.001	0.0011	0	0.0016	0.04
扩散	0.0001	0.0357	0	1	0	0.0002	0	0.0019	0.142	0.0027	0
创新扩散理论	0	0.0003	0	0	1	0	0	0.0009	0.0038	0.0013	0.0004
产业集群	0.0056	0.0151	0.0319	0.0002	0	1	0.0092	0	0.0011	0	0
技术扩散	0.001	0.0614	0.001	0	0	0.0092	1	0.0003	0.0003	0	0.0232
Bass模型	0.0213	0.0001	0.0011	0.0019	0.0009	0	0.0003	1	0	0	0
创新	0.0004	0.0001	0	0.142	0.0038	0.0011	0.0003	0	1	0	0
影响因素	0.0091	0.0005	0.0016	0.0027	0.0013	0	0	0	0	1	0.0121
扩散过程	0.0059	0.0051	0.04	0	0.0004	0	0.0232	0	0.0121	1

由于相关矩阵中，0 值过多，统计时容易造成误差过大，为了方便进一步处理，用"1"与全部矩阵相减，得到表示两词间相异程度的相异矩阵（表 3-14）。相异矩阵中的数据为不相似数据，数值越大表明关键词之间的距离越远，相似度越差。

表 3-14　国内高频关键词相异矩阵（部分）

	创新扩散	技术创新	技术创新扩散	扩散	创新扩散理论	产业集群	技术扩散	Bass模型	创新	影响因素	扩散过程
创新扩散	0	0.9651	1	0.9999	1	0.9944	0.999	0.9787	0.9996	0.9909	0.9941
技术创新	0.9651	0	0.9837	0.9643	0.9997	0.9849	0.9386	0.9999	0.9999	0.9995	0.9949

（续表）

	创新扩散	技术创新	技术创新扩散	扩散	创新扩散理论	产业集群	技术扩散	Bass模型	创新	影响因素	扩散过程
技术创新扩散	1	0.9837	0	1	1	0.9681	0.999	0.9989	1	0.9984	0.96
扩散	0.9999	0.9643	1	0	1	0.9998	1	0.9981	0.858	0.9973	1
创新扩散理论	1	0.9997	1	1	0	1	1	0.9991	0.9962	0.9987	0.9996
产业集群	0.9944	0.9849	0.9681	0.9998	1	0	0.9908	1	0.9989	1	1
技术扩散	0.999	0.9386	0.999	1	1	0.9908	0	0.9997	0.9997	1	0.9768
Bass模型	0.9787	0.9999	0.9989	0.9981	0.9991	1	0.9997	0	1	1	1
创新	0.9996	0.9999	1	0.858	0.9962	0.9989	0.9997	1	0	1	1
影响因素	0.9909	0.9995	0.9984	0.9973	0.9987	1	1	1	1	0	0.9879
扩散过程	0.9941	0.9949	0.96	1	0.9996	1	0.9768	1	1	0.9879	0

3.2.6 国内创新扩散研究的聚类分析

聚类分析（Cluster Analysis）是研究"物以类聚"的一种方法，把没有分类信息的资料按相似程度归类，属于降低维数技术的范畴。它根据事物本身的特性研究个体的分类，原理是同一类中个体有较大的相似性，不同的个体却差异很大，基本的思想是认为研究的变量之间存在着程度不同的相似形（亲疏关系）[①]。本研究将相异矩阵导入到 SPSS20.0 中进行聚类分析，采用系统聚类（Hierarchical Cluster），选择离差平方和法（Ward's Method）与离散数据类型（Count）中的斐方（Phi-square Measure）方法，得到层次聚类分析凝聚状态表（表 3-15）和聚类分析树形图（图 3-9）。

---

① 张勤，马费成. 国外知识管理研究范式——以共词分析为方法［J］. 管理科学学报，2007（6）：65-75.

表 3-15 聚类分析凝聚状态表

Agglomeration Schedule						
Stage	Cluster Combined		Coefficients	Stage Cluster First Appears		Next Stage
	Cluster 1	Cluster 2		Cluster 1	Cluster 2	
1	4	9	0.071	0	0	43
2	11	13	0.144	0	0	9
3	16	41	0.219	0	0	35
4	2	7	0.293	0	0	36
5	6	22	0.367	0	0	39
6	33	35	0.442	0	0	38
7	31	32	0.517	0	0	34
8	5	36	0.592	0	0	35
9	11	15	0.668	2	0	14
10	17	25	0.743	0	0	33
11	1	8	0.819	0	0	21
12	12	23	0.894	0	0	18
13	10	43	0.970	0	0	32
14	3	11	1.046	0	9	42
15	30	37	1.122	0	0	31
16	18	40	1.198	0	0	22
17	20	38	1.274	0	0	27
18	12	21	1.350	12	0	33
19	14	42	1.426	0	0	28
20	19	24	1.502	0	0	27
21	1	44	1.578	11	0	34

（续表）

Agglomeration Schedule						
Stage	Cluster Combined		Coefficients	Stage Cluster First Appears		Next Stage
	Cluster 1	Cluster 2		Cluster 1	Cluster 2	
22	18	26	1.655	16	0	30
23	27	34	1.731	0	0	24
24	27	28	1.807	23	0	25
25	27	39	1.883	24	0	26
26	27	29	1.960	25	0	28
27	19	20	2.036	20	17	29
28	14	27	2.113	19	26	29
29	14	19	2.189	28	27	30
30	14	18	2.266	29	22	31
31	14	30	2.342	30	15	32
32	10	14	2.419	13	31	37
33	12	17	2.496	18	10	36
34	1	31	2.573	21	7	37
35	5	16	2.650	8	3	41
36	2	12	2.727	4	33	40
37	1	10	2.805	34	32	38
38	1	33	2.882	37	6	39
39	1	6	2.960	38	5	40
40	1	2	3.039	39	36	41
41	1	5	3.118	40	35	42
42	1	3	3.198	41	14	43
43	1	4	3.281	42	1	0

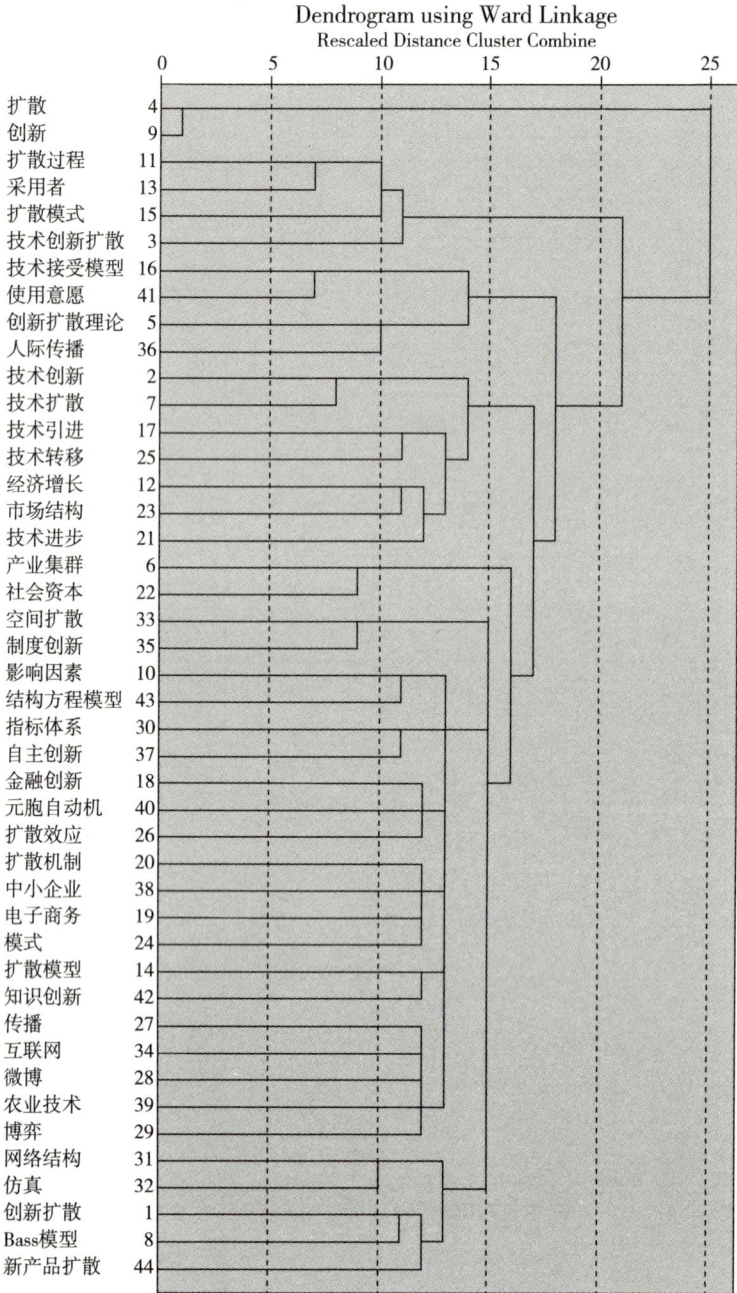

图 3 - 9　国内高频关键词聚类分析树形图

3.2.7　国内创新扩散研究的多维尺度分析

多维尺度分析（Multidimensional Scale，简称 ALSCAL）是分析研究对象的相似性或差异性的一种多元统计分析方法，目的是将词汇之间语义距离尽可能利用二维或三维的空间距离加以反映，这样就可以通过直观的视觉距离来找到领域内客观存在的通用属性[①]。本研究采用ALSCAL 创建多维空间感知图（图 3 - 10），具体做法是通过 SPSS20.0中的多维尺度分析，选取平面对称的图形（square symmetric）描述关键词的数据结构，选用 Euclidean 距离。

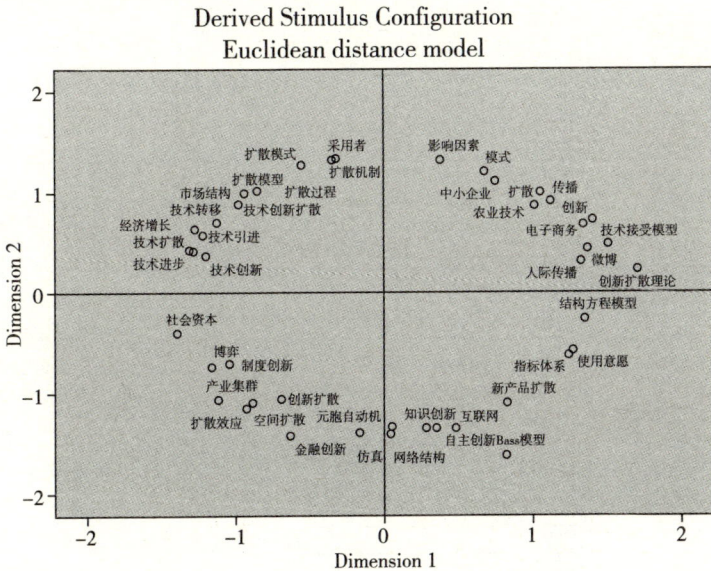

图 3 - 10　国内高频关键词多维尺度分析

图 3 - 11 展示的是根据聚类分析形成的国内创新扩散研究领域的六大主题，分别是创新扩散的理论研究、创新扩散模式及接受模型研究、技术创新扩散的研究、创新的空间扩散研究、创新扩散机制与效应的研究、创新扩散的实证研究。结合在多维尺度分析中所处位置进行细化，可以透视目前国内创新扩散研究的热点。

---

① 张勤，马费成．国外知识管理研究范式——以共词分析为方法 [J]．管理科学学报，2007（6）：65 - 75．

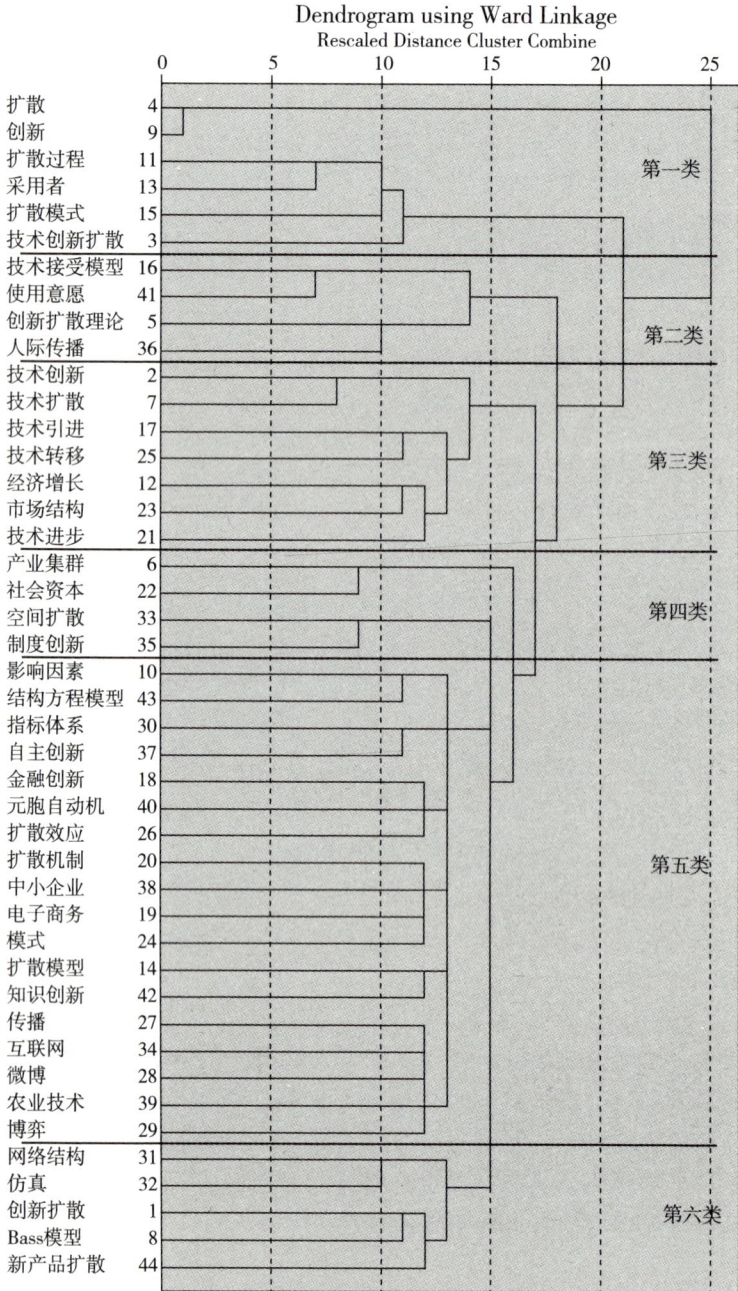

图 3-11 国内高频关键词聚类结果

（1）创新扩散的理论研究，包括扩散、创新、扩散过程、采用者、扩散模式、技术创新扩散等关键词，其中创新与扩散两个关键词出现在多维尺度的第一象限，扩散过程、采用者、扩散模式、技术创新扩散等关键词出现在多维尺度的第二象限。国内的创新扩散研究起步较晚，正如上文所说，根据 CNKI 收录的数据，国内第一篇公开发表的以创新扩散为主题的研究论文是 1985 年刘仁毅发表的《产业革命，长波与资本主义经济发展》，研究多以对创新扩散理论相关概念及要素的介绍，以罗杰斯的理论为主要框架，以技术创新扩散为主要研究领域。随着研究的深入，学者们对创新扩散的创新、传播渠道、时间、一个社会系统等要素、创新的扩散过程、创新的采纳及扩散网络进行本土研究，使得创新扩散研究成为经济、数学、新闻与传媒、农业、金融等学科共同关注的话题。

（2）创新扩散模式及接受模型研究，包括技术接受模型、使用意愿、创新扩散理论、人际传播等关键词，其中技术接受模型、创新扩散理论、人际传播关键词出现在多维尺度的第一象限，使用意愿关键词出现在多维尺度的第四象限。亚青在 1989 年的论文中对技术创新扩散的模式进行了分析，介绍了奥地利经济学家 J. 熊彼特的技术创新扩散模式：创新→模仿，即一项技术创新是经过对创新的模仿来实现具体扩散的。美国学者 D. 萨哈尔提出的"通过学习进行扩散"的模式。随着国际技术创新的不断发展，出现了"模仿"扩散模式和"学习"扩散模式无法解决的问题，如新技术只能被逐步地引入，作者描述了技术创新扩散的新模式，即通过学习进入导入性的扩散，通过理解进行规模性的扩散[1]。随着 SNS 的出现，通过社交网络实现技术扩散，得到了关注。1975 年，Fishbein 与 Ajzen 提出"理性行为理论"（Theory of Reasoned Action，简称 TRA），用以解释与预测人类行为决策的过程[2]。1985 年，Ajzen 在理性行为理论基础上提出了计划行为理论（Theory of Planned Behavior，简称 TPB），以增强模型预测用户行为的准确性[3]。1989 年，

---

① 亚青. 论技术创新扩散的新模式 [J]. 科学管理研究，1989，7（4）：56－59.

② M Fishbein，I Sjzen. Belief，Attitude，Intention and Behavior：An Introduction to Theory and Research [M]. Mass：Addison-Wesley Publishing Company，1975.

③ I Ajzen. From intentions to actions：A theory of planned behavior [M]. Berlin：Spring，1985.

Davis 以理性行为理论和计划行为理论为基础，提出技术接受模型（Technology Acceptance Model，TAM），技术接受模型出现的最初目的是对计算机广泛接受的决定性因素做一个解释说明。TAM 模型把个人接受信息技术的影响因素概括为感知有用性（Perceived Usefulness）、感知易用性（Perceived Ease of Use）、使用态度（Attitude Towards Using）、使用意向（Behavioural Intention to Use）和实际使用（Actual system use）等，并建立了描述这些因素之间关系的模型结构。随后对模型的研究进一步拓展，出现了技术接受扩展模型（The Extension of the technology Acceptance Model，简称 TAM2）、技术接受和使用统一模型[①]（The Unified Theory of Acceptance and Use of Technology，简称 UTAUT）和 TAM3[②]（Technology Acceptance Model3）模型。国内对这些技术接受模型进行了引入和分析[③④⑤]，并进行了相关实证。

（3）技术创新扩散的研究，包括技术创新、技术扩散、技术引进、技术转移、经济增长、市场结构、技术进步等关键词。研究主要涉及技术创新扩散的模式、激励机制、动力机制、强度、影响因素等，王珊珊、王宏起[⑥]从技术创新特性及创新企业行为、采用者/消费者、网络结构、竞争合作、知识溢出、空间特征、宏观环境等方面，综述了技术创新扩散的影响因素及其作用机理。刘笑明、李同升[⑦]对国外农业技术扩散研究的历史进程、主要学科领域、研究的主要内容、两个经典实例进行了介绍，认为我国农业技术创新的研究，在农业技术创新扩散，特别

---

① Viswanath Venkatesh，Michael G Morris，Gordon B. Davis. User Acceptance of Information Technology：Toward a Unified View［J］. MIS Quarterly，2003（3）：425 – 478.

② Hillol Bala Venkatesh. Technology Acceptance Model 3 and a Research Agenda on Interventions［J］. Decision Sciences，2008，39（2）：273 – 315.

③ 鲁耀斌，徐红梅. 技术接受模型的实证研究综述［J］. 研究与发展管理，2006，18（3）：93 – 99.

④ 高芙蓉. 信息技术接受模型研究的新进展［J］. 情报杂志，2010，29（6）：170 – 176.

⑤ 孙焕磊，温继文，马宁. 农村信息服务技术采纳研究综述［J］. 图书情报工作，2012，56（6）：69 – 73.

⑥ 王珊珊，王宏起. 技术创新扩散的影响因素综述［J］. 情报杂志，2012，31（6）：197 – 201.

⑦ 刘笑明，李同升. 农业技术创新扩散的国际经验及国内趋势［J］. 经济地理，2006，26（6）：931 – 935，996.

是空间扩散方面的研究相当薄弱，既没有系统化的理论分析，也没有较好的操作性的扩散推广模式。窦丽琛，李国平[①]以 Fagerberg 的模型为基础，利用中国1991—2002年的相关数据，对技术创新扩散对区域生产率增长差异的影响进行了回归分析。杨国忠，刘聪敏[②]建立多元 Bass 模型，力图使改进的模型综合考虑创新技术扩散市场间的非独立性、扩散过程中潜在采用—等待采用—已采用三阶段扩散过程中时间延迟性，来研究企业间相互渗透影响的过程。

（4）创新的空间扩散研究，包括产业集群、社会资本、空间扩散、制度创新等关键词。80年代，我国地理学者对空间扩散研究产生了深厚的兴趣[③]。技术创新扩散是一个时空演进过程，创新的扩散过程不仅随时间积累变化的时间展开，而且也同时在空间上转移、推广的空间展开。空间扩散一般有三种模式（图 3-12）：扩展扩散（expansion diffusion）、等级扩散（hierarchical diffusion）、位移扩散（relocation diffusion）。国内关于技术创新空间扩散研究，关于技术创新扩散中有关扩散的特征、规律、影响因素、动力机制等一般理论还没有系统化，也没有具有较好的解释性和可操作性的数学模型[④]。

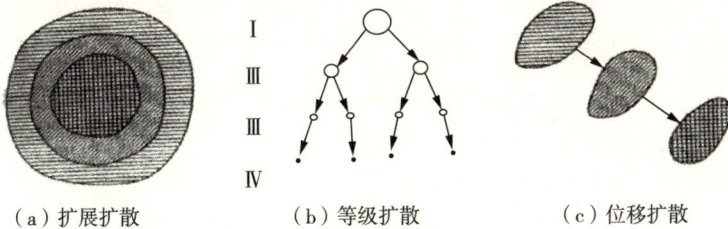

（a）扩展扩散　　　　　（b）等级扩散　　　　　（c）位移扩散

图 3-12　创新技术空间扩散的类型[⑤]

---

①　窦丽琛，李国平. 技术创新扩散与区域生产率差异 [J]. 科学学研究，2004，22（5）：538-542.

②　杨国忠，刘聪敏. 基于系统动力学的二元技术创新扩散研究 [J]. 软科学，2012，26（8）：5-10.

③　余迎新，许立新，康凯，康志龙. 技术创新扩散的研究现状与展望 [J]. 天津工业大学学报，2001，20（6）：1-6.

④　苏建旭. 技术创新空间扩散机理研究 [D]. 天津：河北工业大学，2000.

⑤　张建忠. 农业科技园技术创新扩散理论与实证研究——以杨凌示范区为例 [D]. 西安：西北大学，2007.

关于技术创新空间扩散机理、效应、模型及在不同领域的实证研究，均有相关文献涉及，如王家庭详细分析了国家综合配套改革试验区制度创新空间扩散效应、表现形态，探索了国家综合配套改革试验区制度创新的空间扩散的内在机理①。王武科、李同升、刘笑明以中国果业协会为依托，在协会内果树系列技术成果采用系统调查的基础上，运用相关分析和行为分析的方法，从不同角度对技术空间扩散进行研究②。吴小玉运用创新扩散理论，对清华科技园的空间扩散模式进行探讨，指出科技园区的空间扩散实际上是两种或多种模式的组合，究竟采用何种模式，取决于自身条件、发展阶段、城市环境、政府推动、管理者理念等诸多因素③。空间扩散模型，国外有哈格斯特朗（Hagerstrand T）的MIF（Field of Information）模型、重力模型（B. J. Berry，1964）、最大熵模型（A. G. Wilson，1967）、元胞自动机模型，国内关于空间扩散模型以实证研究为主，周尚意、左一鸥、吴倩以 KFC 为例，分析外来连锁消费企业在北京城区的空间扩散④。赵青青、刘何铭、Mathieu Jonard、王樟华、王希华利用凋落叶空间扩散模型研究单株植物的凋落叶扩散过程⑤。

（5）创新扩散机制与效应的研究，包括影响因素、结构方程模型、指标体系、自主创新、金融创新、元胞自动机、扩散效应、扩散机制、中小企业、电子商务、模式、扩散模型、知识创新、传播、互联网、微博、农业技术、博弈等关键词。创新扩散机制与效应的研究聚类团，所包括的关键词最多，涉及的面也较广，相关研究关注创新扩散的影响因素、不同领域的创新扩散、创新扩散机制、创新扩散模式、扩散模型等方面。王珊珊、王宏起从技术创新特性及创新企业行为、采用者/消费

---

① 王家庭. 国家综合配套改革试验区制度创新的空间扩散机理分析 [J]. 南京社会科学，2007（7）：39 - 44.

② 王武科，李同升，刘笑明. 不同尺度下农业创新技术空间扩散的实证研究——以中国果业协会果业技术扩散为例 [J]. 人文地理，2009（1）：76 - 80.

③ 吴小玉. 创新扩散理论与清华科技园空间扩散模式 [J]. 中国科技论坛，2010（5）：9 - 12.

④ 周尚意，左一鸥，吴倩. KFC 在北京城区的空间扩散模型 [J]. 地理学报，2008，63（12）：1311 - 1317.

⑤ 赵青青，刘何铭，Mathieu Jonard，王樟华. 凋落叶空间扩散模型在常绿阔叶林的适用性分析 [J]. 应用生态学报，2014，25（11）：3117 - 3124.

者、网络结构、竞争合作、知识溢出、空间特征、宏观环境等方面，综述了创新扩散的影响因素及其作用机理，认为未来在产业创新网络的内部和外部扩散、政府作用于产业技术创新战略联盟创新扩散的机理方面有待进一步深入研究[①]。许晓晖、刘汶荣介绍国外基于 Bass 模型的技术创新扩散影响因素研究，从创新产品的市场容量变化的影响、营销的影响、产品和市场特征的影响、宏观经济条件对扩散的影响、影响技术创新扩散速度的因素等方面进行了述评[②]。熊伟、郭毓东、段旭辉采用熵权多指标综合评价法对地质勘探技术创新扩散的影响因素进行分析，通过对相关专家进行的问卷调查，计算出 14 个影响因素对地质勘探技术创新扩散的影响程度[③]。王仁祥、喻平从静态和动态的角度研究金融创新扩散[④]，张萍、党怀清对互联网金融创新扩散中的策略错配与监管机制进行了分析[⑤]。另外，关于中小企业、农业技术、知识创新等领域创新扩散的研究及实证均有相关文献进行介绍。随着互联网的发展，通过新的社交媒体进行扩散的研究也得到足够的重视，如陈晓研究政务微博的创新扩散，认为政策微博的创新扩散过程，也遵循罗杰斯的知晓、兴趣、评价、试用、实际采用等五阶段发展规则[⑥]。郭纯生、顾振华、徐雁华、郭琴以创新扩散理论为依据，研究微博、微信等新媒体的传播特点，对大学生思想政治教育进行分析[⑦]。

（6）创新扩散的实证研究，包括网络结构、仿真、创新扩散、Bass模型、新产品扩散等关键词。国内创新扩散的实证研究结果比较丰富，创新扩散分析模型有数学模型（如 Bass）、元胞自动机（Cellular Automata，简称 CA）模型和基于 Agent 的模型。元胞自动机模型与传

①　王珊珊，王宏起. 技术创新扩散的影响因素综述 [J]. 情报杂志，2012，31 （6）：197 - 201.

②　许晓晖，刘汶荣. 国外基于 Bass 模型的技术创新扩散影响因素研究述评 [J]. 社会科学战线，2009 （10）：265 - 266.

③　熊伟，郭毓东，段旭辉. 信息化时代地质勘探技术创新扩散影响因素分析 [J]. 科学管理研究，2014 （10）：144 - 148.

④　王仁祥，喻平. 论金融创新的扩散机理 [J]. 经济评论，2002 （1）：84 - 86.

⑤　张萍，党怀清. 互联网金融创新扩散中的策略错配与监管机制 [J]. 管理世界，2015 （9）：170 - 171.

⑥　陈晓. 政务微博创新扩散：过程与意义 [J]. 公共治理，2013 （11）：43 - 45.

⑦　郭纯生，顾振华，徐雁华，郭琴. "微时代" 下大学生思想政治教育的应对策略——以创新扩散理论为依据 [J]. 福州大学学报：哲学社会科学版，2014，122 （4）：105 - 108.

统数学模型最大的不同之处在于：它并不是严格定义的物理方程或函数确定，而是由一系列模型构造的规则构成。张万力、章恒全、曹艳辉结合计划行为理论和创新扩散理论建构互联网金融理财行为模型，研究互联网金融理财行为过程①。黄海洋、陈继祥在研究大学技术创新扩散影响因素概念模型及理论假设的基础上，运用结构方程模型对相关影响因素的具体路径进行实证分析②。廖志高、徐玖平建立了元胞自动机技术创新的横向扩散模型，并利用中国移动通信手机用户数据进行了实证研究③。张磊、史春秀、高伟将离散选择模型引入到创新扩散研究领域，用以研究消费者个人物质对技术扩散进程的影响，并与元胞自动机结合，建立一个创新扩散混合模型，运用太阳能热水器在我国农村地区的扩散情况进行仿真分析④。

3.2.8　国内创新扩散研究的概念网络分析

为进一步探讨创新扩散研究的各个关键词的联系，本研究将关键词共词矩阵导入 Pajek，得到 44 个关键词之间的社会网络，如图 3 - 13 所示。

对关键词网络进行聚类分析，得到图 3 - 14。从图中可以看出，这与上文中的聚类分析结果一致，在社交网络里，这些关键词也聚成了 6 个不同的类团，也就是上文中的 6 个主题研究领域：创新扩散的理论研究、创新扩散模式及接受模型研究、技术创新扩散的研究、创新的空间扩散研究、创新扩散机制与效应的研究、创新扩散的实证研究。

---

① 张万力，章恒全，曹艳辉．基于结构方程模型的互联网金融理财行为研究［J］．统计与信息论坛，2015，30（2）：100 - 105．

② 黄海洋，陈继祥．大学技术创新扩散影响因素的路径分析［J］．工业工程与管理，2012，17（6）：7 - 14，21．

③ 廖志高，徐玖平．技术创新横向扩散的元胞自动机模型及实证分析［J］．科技管理研究，2004（2）：35 - 39．

④ 张磊，史春秀，高伟．基于离散选择的技术扩散元胞自动机模型［J］．北京理工大学学报：社会科学版，2014，16（1）：41 - 45．

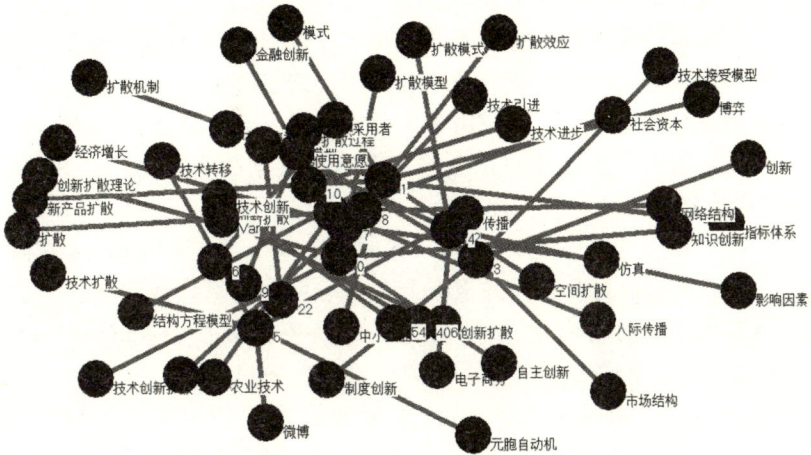

图 3 - 13　国内高频关键词社会网络分析

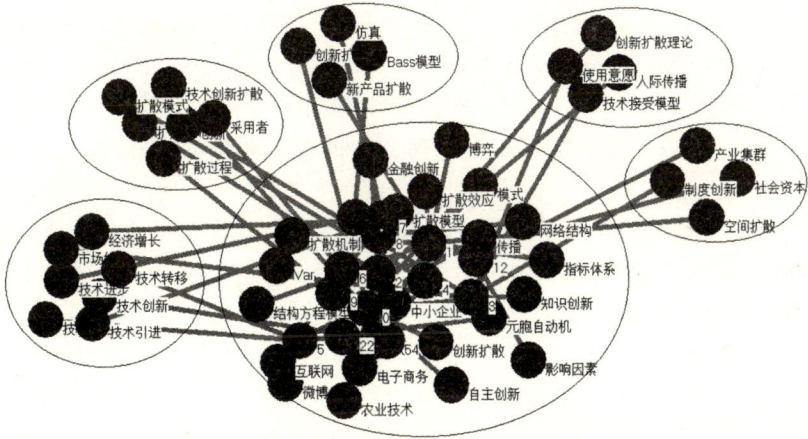

图 3 - 14　国内高频关键词社会网络聚类分析

3.3　本章小结

本章对国内外创新扩散研究进行分析，选取 Web of Science 数据库所收录的创新扩散研究文献数据，利用知识计量工具，绘制国际创新扩散研究的科学知识图谱，梳理其历史脉络，揭示其当前研究热点。利用 Web of Science 的文献数据，借助 SPSS、Pajek、CiteSpace 软件，探索有关创新扩散研究的国家机构和期刊分布；绘制核心作者及关键节点文献图谱，并对其进行分析；采用多元分析技术，展示出国际视野下的创新扩散研究热点与主题的知识图谱，剖析创新扩散研究的结构和状况。利用 SPSS 软件对高频关键词共现矩阵进行聚类分析（Cluster Analysis）和多维尺度分析（Multidimensional Scale Analysis）。采用 Pajek 对高被引作者共引网络进行分析，并根据节点中心度的计算，获取创新扩散领域的经典文献。利用 CiteSpace 的关键词聚类和膨胀词（burst terms）探测功能，确认创新扩散领域的研究前沿和发展趋势。

WOS 中关于创新扩散研究的文章最早出现于 1965 年，1965—1990年每年发表论文数量以个位数计算，1991 年后开始快速增长，目前仍处于快速上升期。所检索的 4844 篇创新扩散研究论文中有 193 篇来自中国，其中最早一篇文章是 1991 年北京大学林毅夫教授（Justin Yifu, Lin）发表的"教育和农业技术创新的采用：来自中国杂交水稻的证据"（Education and Innovation Adoption in Agriculture——Evidence from Hybrid Rice in China）一文。随后陆续有相关研究发表，但增长缓慢，直至 2010 年后，国内发表在国际期刊上的创新扩散研究论文，开始稳定增长。

通过对发文作者所处区域分布进行分析，从发文篇数来看，美国的发文量最多，远高于其他国家和地区，英国、荷兰、加拿大、德国和意大利分列其后，中国发文 193 篇，占全部发文量的 3.98%，排在第 8位。从发文作者所处研究机构来看，发文篇数排名靠前的主要集中于 UNIV N CAROLINA、HARVARD UNIV、UNIV WISCONSIN、UNIV MICHIGAN、UNIV CALIF LOS ANGELES 及 UNIV TORONTO。国内 193 篇论文作者所在机构主要集中于：HONG KONG POLYTECH UNIV、CHINESE ACAD SCI、CITY UNIV HONG KONG、UNIV HONG KONG、TSINGHUA UNIV。

按照 WOS 的学科分类，4844 篇创新扩散研究的论文所涉及的研究学科及研究方向主要有：Management、Business、Economics、Information Science Library Science、Planning Development、Computer Science Information Systems、Environmental Studies、Operations Research Management Science、Public Environmental Occupational

Health 等。中国在创新扩散研究领域的 193 篇文章所涉及学科或研究方向 主 要 有 Business Economics、Computer Science,、Engineering、Information Science Library Science、Operations Research Management Science、Public Administration。总体上与国际创新扩散研究所涉及学科一致，但也略有不同。

对 Web of Science 的 4844 篇文献的来源期刊进行分析，国际领域创新扩散的核心刊物分别是：《技术预测与社会变迁》（*Technological Forecasting and Social Change*）、《科研政策》（*Research Policy*）、《能源政策》（*Energy Policy*）、《技术创新》（*Technovation*）、《产品创新管理杂志》（*Journal of Product Innovation Management*）、《国际技术管理杂志》（*International Journal of Technology Management*）、《技术分析战略管理》（*Technology Analysis Strategic Management*）、《信息管理》（*Information Management*）等。

本章采用从论文被引频次高低的角度来选择创新研究领域的核心作者。中心度排名前几位的分别是 ROGERS E M、MANSFIELD E、COLEMAN J S、HAGERSTRAND T、Bass F M。对高引文作者共被引网络进行 k-核分析，提取 $5-6k$ 核，从图中可以看出，其中有四个明显的聚类。在文献共被引网络中，有 15 个是整个网络的关键节点文献，这些文献对创新扩散研究与发展起到奠基性作用。综合分析高频关键词的聚类和多维尺度分析结果，本研究将国际创新扩散分为 4 个主题：创新的实现与传播研究，创新的扩散与采纳研究，创新扩散的政策、环境及实证研究，创新扩散的新发展与可持续性研究。利用 CiteSpace 提供的词频探测技术（Detect Bursts），创新扩散研究的 7 个突现词为：information technology（信息技术，频次 373），implementation（实现，频次 295）、research and development（研究与开发，频次 158）、compatibility（兼容性，频次 125）、organizational innovation（组织创新，频次 81）、social networks（社会网络，频次 79）、system（系统，频次 51）。

本章利用共词分析法，对国内创新扩散研究进行了探讨，展现了国内创新扩散研究的热点及主题。CNKI 收录了 1363 篇研究论文，其中最早的一篇涉及创新扩散的论文是 1985 年刘仁毅发表在《世界经济研究》上的《产业革命，长波与资本主义经济发展》。根据布拉德福定律，《科技进步与对策》《科技管理研究》《科学学与科学技术管理》《科学学研究》《科研管理》《技术经济》《工业技术经济》《软科学》《情报杂志》《商业经济研究》《中国科技论坛》为创新扩散领域的核心期刊。从期刊载文量来看，创新扩散领域虽然已经形成核心期刊，但从整体上来说，发文比较分散。根据聚类分析形成的国内创新扩散研究领域 6 大主题，分别是创新扩散的理论研究、创新扩散模式及接受模型研究、技术创新扩散的研究、创新的空间扩散研究、创新扩散机制与效应的研究、创新扩散的实证研究。将关键词共词矩阵导入 Pajek，得到 44 个关键词之间的社会网络图，这些关键词也聚成了 6 个不同的类团。

第四章 农村居民信息需求及
影响因素研究

目前，我国农村信息化建设取得长足发展，但在农村信息服务建设决策及执行中，仍然存在过于强调如何将"农民需要的信息"传递给农民，工作中容易出现认为农村落后、农民文化水平不高的片面认识，从而忽视了处于信息服务终端农民的信息需要，从而使信息服务内容与受众的多种信息需求之间存在偏差。为了更清晰地了解农村居民信息获取及利用情况，本研究采用田野调查这一人类学学科的基本方法进行研究，选取安徽亳州 Y 村，参与当地人的生活，通过记录他们生活的方方面面，来展示他们不同的信息需求以及获取情况，并综合田野调查及问卷调查结果，对农村居民信息获取的种类、渠道和差异性进行分析。

农村信息服务的推广普及不仅在于其投资多少、文献量多少及硬件配置先进与否，还在于农村用户的认知、接受和持续使用等行为问题的解决。如果信息服务设施建成后，没有用户登门、使用，则无法发挥其应有的作用，无法实现其满足农村居民文化信息需求的预设目标。农村用户接受信息服务受到多种因素的影响，为了让农村用户充分利用农村信息服务设施，需要对这些因素进行分析。本研究通过调查和实证研究，以 UTAUT 模型为理论参考依据，探讨当前农村居民利用农村信息服务设施的特点及其主要影响因素；对农村居民农村信息服务的抱怨情况进行研究，并以农家书屋为个案进行实证，针对农村居民农家书屋服务抱怨提出假说，利用数理统计方法进行验证，折射出农村信息用户的抱怨行为，探讨农村居民信息服务抱怨行为的影响因素。

4.1 农村居民信息需求与信息服务的田野调查

本研究选取安徽亳州 Y 村进行田野调查，通过记录 Y 村居民生活中所关注的农作物销售渠道、政府补贴、农民培训、农村财政奖补及低保金、农村楼房供需、农村医疗保险等内容，展示他们不同的信息需求以及获取情况，折射出农村信息服务中实体信息服务机构功能缺失、农村信息供需不匹配、农村信息服务设施与农村居民间存在距离等方面的问题，并综合田野调查及问卷调查结果，对农村居民信息获取的种类、渠道、差异性进行分析。

4.1.1 田野调查的设计及实施

田野调查需要进入某个社会场景，了解身处其中的人们，写下日常生活中的所见所闻。本研究田野调查工作包括准备、开始、调查实施及撰写报告等四个阶段。选取安徽亳州 Y 村为田野调查点。亳州市是 2000 年 5 月经国务院批准设立的省辖市，位于安徽省西北部，地处华北平原南端，是"国家历史文化名城""全国首批优秀旅游城市"，是一座"现代中药城"①，辖涡阳、蒙城、利辛和谯城三县一区。涡阳县地处皖、豫、鲁三省交界，是"中国苔干之乡"，与蒙城、利辛一并被誉为"中国中部黄牛金三角"②。Y 村地处涡阳县，交通方便，在农村信息服务机构设置及农村居民利用情况方面有一定的代表性。田野调查选择在 Y 村居住，开展的时间为三周。目前 Y 村居民基本情况是中青年劳动力大多外出打工，在家比较多的是老人、妇女、儿童。Y 村居民信息获取主要借助人际网络，虽然所在村信息服务设施存在，但农村居民对其感知不太明显。

4.1.2 Y 村居民的信息关注与需求

参与并发现他人日常生活的模式是田野研究方法的关键组成部分。如果实质内容（数据、发现、事实）是所用方法的产物，那么实质内容就不能独立于方法之外。研究者的发现与他是如何发现的过程紧密相连。田野研究者自己的行为、所处的环境和情感上的反应会影响他观察并记录他人生活的过程，所以就很有必要记录下这些因素。田野笔记能使我们深入理解田野研究者是如何捕捉和阐释他人的行动和关注点，田

---

① 亳州概况 [EB/OL]．[2012－12－29]．http：//www．bozhou．gov．cn．
② 涡阳概况 [EB/OL]．[2012－12－29]．http：//www．gy．gov．cn．

野笔记可以展现研究者对他人生活、惯例和意义的细微而复杂的理解①。进行田野调查，需要记录田野笔记，但因农村情况的特殊性，如果选择直接记录的方式，他们不愿意如实告之。因此，本研究采取先与他们聊天，回到住处再进行记录的方式。下面是根据田野笔记整理出的他们最为关注的内容，可以折射出他们信息需求的内容及偏向。

1. 农作物销售渠道问题

2014 年《中共安徽省委 安徽省人民政府致全省广大农民朋友的一封信》②：继续提高粮食最低收购价格。2014 年国家进一步提高小麦、稻谷最低收购价格。2014 年生产的小麦（三等）最低收购价为每 50 千克 118 元，比去年提高 6 元；早籼稻、中晚籼稻和粳稻最低收购价格分别为每 50 千克 135 元、138 元和 155 元，比去年分别提高 3 元、3 元和 5 元。

现实中 Y 村没有正规的粮食收购渠道，一般情况下，农民是在家等着小商贩来收购，收购的价格也明显比国家最低收购价格要低，而且还存在严重的欺骗行为。因为在农村，种地的以老年人和中午妇女为主，文化水平不高，小商贩在收购的过程中，不仅在重量上进行欺诈，而且还给农民假钱。在调查中，听说一位老人家，辛苦一年种的小麦，一共是卖了 4010 元，而收购人给的钱中，只有那 10 元钱是真钱，其余的 4000 元全是假钱，这位老人家一年的辛苦及心血全都打了"水漂"。类似的受骗行为，绝不仅此一例，这说明了农作物销售渠道不畅，而且农村居民没有相关销售信息的来源。

2. 政府补贴问题

我国的农业补贴政策主要包括种粮农民直接补贴、农资综合补贴、良种补贴和农机具购置补贴，简称为"四补贴"。2014 年《中共安徽省委 安徽省人民政府致全省广大农民朋友的一封信》③：对种粮农民发放农资综合补贴，以上年小麦和水稻实际种植面积为依据，平均每亩补贴 70 元；实施农作物良种补贴政策，小麦、玉米、油菜每亩补贴 10 元，水稻、棉花每亩补贴 15 元，小麦高产攻关和水稻产业提升行动核心示

---

① 罗伯特·埃默森，雷切尔·弗雷兹，琳达·肖. 如何做田野笔记 [M]. 符裕，何珉，译. 上海：上海译文出版社，2012：16 - 18.

② 中共安徽省委 安徽省人民政府. 省委省政府致全省广大农民朋友的一封信 [EB/OL]. [2014 - 05 - 01]. http：//www. ah. gov. cn/UserData/DocHtml/1/2014/4/21/8223203345372. html.

③ 中共安徽省委 安徽省人民政府. 省委省政府致全省广大农民朋友的一封信 [EB/OL]. [2014 - 05 - 01]. http：//www. ah. gov. cn/UserData/DocHtml/1/2014/4/21/8223203345372. html.

范区农户，每亩增加 10 元良种良法配套补贴，玉米振兴计划核心示范区农户，每亩增加 8 元良种良法配套补贴；实施粮食直接补贴政策，以原计税面积、计税常产为依据，每亩补贴不少于 10 元，对上年种植小麦、稻谷面积达到 100 亩以上且承包耕地合同期不少于 1 年的种粮大户，每亩再增加 10 元粮食直接补贴；实施农机具购置补贴政策，2014年实行"自主购机、带机申请、定额补贴、县级结算、直补到户"操作模式，农民自主购机、自愿申请，审核通过后，补贴资金直接打到购机农民"一卡通"账户。

Y 村因为青壮年大多外出打工，所以有一部分土地承包给别人种。土地承包出去后，每户每年每亩地可以收入 800 元。但目前的情况是，承包地行为的实施并不是完全自愿的，如果有居民不愿意将土地承包出去，可能会有乡镇干部轮流做思想工作，直至农民同意为止。承包人对于承包后的土地，不是完全真正地进行利用，所以有大批土地荒着。Y村旁边的耕种地上，有土地承包人盖起了养鸡场，但是里面却没有养任何东西，而且更为离谱的是，如果市里有人来检查，他们会从外地租鸡、鸭等来充数，以应付检查。对于在耕地上用水泥做的而且"荒"着的"土地"，农民表示担心，怕万一有一天土地承包人不继续承包了，那土地将无法耕种；而且面对这种每年一亩地给 800 元而不太利用的"土地"，农民表示不解。农民将土地种植权承包出去以后，每年每亩地所拿到的就是那 800 元，但对于上述补贴，Y 村居民很茫然，并且表示已经好几年没有拿到过相关补贴了。关于国家及省政府每年大笔的补贴及针对农村的惠民政策，农民没有感受到也没有享受。农民想知道有哪些补贴，但没有了解的渠道，这也表明了农民对"政策信息"有渴求，但获取信息的渠道不畅。

3. 农民培训问题

2014 年《中共安徽省委 安徽省人民政府致全省广大农民朋友的一封信》[①]：启动新型职业农民培育计划，重点培训专业大户、家庭农场、农民合作社、农业企业等新型农业经营主体领办人。准备进城求职的农民参加就业技能培训合格后，按照培训工种目录和补贴标准，一次性补

---

① 中共安徽省委 安徽省人民政府. 省委省政府致全省广大农民朋友的一封信 [EB/OL].
[2014 – 05 – 01] . http：//www. ah. gov. cn/UserData/DocHtml/1/2014/4/21/8223203345372. html.

贴 200~1300 元；初次取得职业资格证书的，一次性补贴 150 元；取得专项职业能力证书的，一次性补贴 100 元。农村劳动者属于就业援助对象的，可参加所在地公共职业训练基地组织的免费技能培训，培训期间按规定享受生活补贴。

关于农民培训及补贴，Y 村居民也表示不知情。在调查中，听说县农机站到 Y 村举行了一次类似讲座之类的为期两天的培训，每个人会后给了"一袋化肥"，而就是这个短期的培训，村里的居民也不是都知道，可能是因为"一袋化肥"的问题。关于新型农民培训，农民没有办法真正得到实惠。如果有合适的培训部门，如农村信息中心、农村图书馆进行专门而且规律性的培训，那情况就不一样了。培训的随意性及不规律性、培训宣传的不到位都不利于惠民政策真正惠民。

4. 农村财政奖补及低保金问题

2014 年《中共安徽省委 安徽省人民政府致全省广大农民朋友的一封信》[1]：村民以民主议事和筹资筹劳为基础，在村内户外开展小型农田水利设施、道路、安全饮水工程、环卫设施、公共文化体育设施及植树造林等村级公益事业建设，财政给予奖补。全面实施农村最低生活保障制度。对收入低于低保标准的困难群众，给予差额救助，按标施保。

农村财政奖补与承包土地人建厂房，建后又不用是否可能存在关系？关于农村低保金的问题，出现村干部在名额分配上具有随意性的问题，农民对此怨言很大。这说明基层政府政务公开做得不到位，对于类似惠民、帮民的政策，部分村干部是有选择地宣传和公布的。

5. 农村楼房供需问题

国务院《关于严格规范城乡建设用地增减挂钩试点切实做好农村土地整治工作的通知》[2]：要坚决制止擅自开展土地置换等行为，严禁擅自开展建设用地置换、复垦土地周转等"搭车"行为；严禁盲目大拆大建和强迫农民住高楼，要为农民提供多种建房选择，保持农村特色和风貌，保护具有历史文化和景观价值的传统建筑；要尊重农民意愿并考虑农民实际承受能力，防止不顾条件盲目推进、大拆大建；开展增减挂钩

---

① 中共安徽省委 安徽省人民政府. 省委省政府致全省广大农民朋友的一封信 [EB/OL]. [2014 – 05 – 01]. http：//www. ah. gov. cn/UserData/DocHtml/1/2014/4/21/8223203345372. html.

② 国务院. 关于严格规范城乡建设用地增减挂钩试点切实做好农村土地整治工作的通知 [EB/OL]. [2013 – 02 – 15]. http：//www. mlr. gov. cn/xwdt/jrxw/201104/t20110404 _ 829594. htm.

试点，必须举行听证、论证，充分听取当地农村基层组织和农民的意见，未征得农村集体组织和农民同意，不得开展增减挂钩试点；必须按明晰产权、维护权益原则，合理分配土地调整使用中的增值收益，防止农村和农民利益受到侵害。

在田野调查中，一位村干部因为涉及自家的房屋问题，所以才愿意向我们说自己的心里话。他说最近接到通知，县里有规划，专门划出一片地方建楼房，给农民集中居住，但农民要让出自己的房子。目前就 Y 村而言，建一套房子，需要一家人若干年的打工所得，农村房子是农村人的心血和希望。现在说要拆，他有点接受不了，自己辛苦大半辈子才把房子建好，又大又宽敞。以后如果硬要拆，他不知道居住条件如何，不知道能分多大的房子。大家都害怕自己辛苦打工挣钱盖的房子，不属于自己，而且自己还没有选择的余地。另外，有些农民表示他们喜欢养鸡、鸭、狗等，如果住楼上，则这种想法没有办法实现。农村常住居民目前是以老年人及留守儿童等为主，他们上下楼不方便，所以他们还是喜欢原来的生活方式，不愿意搬迁，更不愿意上高楼居住。然而，根据县及乡领导的描述，农民不会因为"上楼"带来不便，而是进入了"小康"生活，享受了城市化的生活模式。这反映了在农民"上楼"的问题上，"供"与"需"也出现了不匹配。Y 村居民想知道政府相关信息及规定，但因为信息获取渠道不畅，一切不明了，所以大家私下表示很担心。

6. 农村医疗保险问题

2014 年《中共安徽省委 安徽省人民政府致全省广大农民朋友的一封信》[①]：继续提高新农合补偿标准。对参合农民的补助标准提高到 320 元，比上年增加 40 元；县级以下医疗机构实行药品进价销售；归并一般诊疗费，乡镇卫生院 10 元/人次（参合农民由新农合基金付 8 元，自付 2 元），一体化管理村卫生室 6 元/人次（参合农民由新农合基金付 5 元，自付 1 元）；参合农民的门诊报销比例 45％～55％。新农合大病保险在去年 11 个县（区）试点的基础上，今年将扩大覆盖面，统筹地区达到 50％以上，2015 年将覆盖全省所有统筹地区；农民朋友还享有免

① 中共安徽省委 安徽省人民政府. 省委省政府致全省广大农民朋友的一封信 [EB/OL]. [2014-05-01]. http://www.ah.gov.cn/UserData/DocHtml/1/2014/4/21/8223203345372.html.

费基本公共卫生服务。

　　农村医疗保险，是我国社会保障的一部分。参合农民可以选择不同医院就诊，一般采取就近原则，医院不同报销比例也有所不同，住院患者的报销比例一般比较大，另外，慢性病、特殊病种、意外伤害等情况的报销比例也各不相同，这可以在一定程度上避免因病致贫、因病返贫情况的发生。在 Y 村，因为大部分家庭里都有年轻人在外打工，多少了解医疗保险的概念，因此多数居民都交了医疗保险的费用。这部分费用是由相关部门入户收取的，每年每人几十元到一百多元不等。在调查中，得知一个奇怪的现象，有一户人家，一家 5 口人全交了医疗保险，可有一年家里一中年妇女生病后，去报销，却被告知没有她交医疗保险的记录。而这种情况不是偶然发生的，一家人全交，会出现个别人（特别是年轻人）没有交费记录，而恰巧老年人发生这种漏交的概率比较低。

　　7. 农村居民意愿表达问题

　　农村居民没有合适的意愿表达出口，一般情况下，他们会选择私下抱怨。对于相关调查，他们很"谨慎"，对于不熟悉的陌生人，他们不会说任何事情。研究人员在田野调查中，以和他们"拉家常"的形式进行聊天，才获取相关信息。在刚开始的调查中，研究人员随手带一个本子，记录他们的谈论，后来发现这种边说边记录的形式，让他们很有"戒心"。在一次调查中，研究人员正在记录一位老乡对包地的怨言，就听到这位老乡的女儿让他少说点，而且过了一会，这位女儿还专门跑到外边打电话给他，告诉他不要说太多。所以后来了解一些情况的时候，放弃随时记录的方式，而是选取回到住处根据记忆进行记录的形式。

4.1.3　Y 村居民信息获取中的问题

　　本研究所记录的田野调查内容，表面上看可能是涉及农村基层的方方面面，但目前 Y 村民信息关注现状的形成，与他们信息获取不畅不无关系。信息获取不明确，就容易产生误解及猜疑，从而更不利于后续相关设施的建立及服务工作的开展。Y 村居民信息关注及需求所反映的问题如下：

　　1. 实体信息服务机构功能的缺失问题

　　目前 Y 村居民的物质生活水平比原来有较大的提高，大部分家庭会有年轻人出去打工，年纪大的在家带孩子并种地。如果家里面的房子已经盖好，那他们的生活负担基本不大，但精神生活比较匮乏，空闲时刻，会选择聊天、看电视或打牌来消磨时间。在家务农的年纪稍微轻的人明确表达了自己想看书和杂志，但没有地方看（而实际上 Y 村有农家书屋及相关设施），当然他们也不太愿意花钱买来看，这反映了农村文献及信息服务设施功能的缺失，实体信息服务机构的影响力不大。

2. 农村信息供需的不匹配问题

Y 村居民信息获取渠道窄，需要的信息得不到，政府花巨资投入的一项项惠民工程及项目，在实施及农村居民接受方面出现了问题。当他们需要信息时，主要还是通过人际交往的渠道来获取。农村信息供给与需求不匹配，农村居民最需要的信息，不是我们想象中的"致富信息"，因为他们认为多打工能挣到钱，这是"致富"最好的方式，他们最需要的信息是"政策信息"，比如政府出台的各项政策及相关内容中与他们相关的是什么。

3. 农村信息服务设施与农村居民间的距离问题

农村信息服务没有达到预设目标，不全是因为农村居民文化素质低，意识不强等。农村居民对基层政府行为的不满意，没有合适的表达渠道，以致"怨言"很多，而这种不满意会带到对农村信息服务相关设施的认同上，"距离感"自然也会带到由基层村干部负责的相关惠民工程。这从另一方面也说明了在基层工作人员带领下进行的相关调查，得到的数据不一定完全是农村居民的心声。面对村干部，农村居民脸上"满意"的表情表达的并不是他们真实的想法。农民对我们的调研工作也表现得相当谨慎，不太愿意表达自己的想法，当表明我们仅仅是出于学术研究的目的，我们自身也不是新闻媒体的工作人员时，他们才愿意说一些想法，这种现象值得我们深思。

4.2 农村居民信息需求与服务现状的进一步分析

为了更好地为农村居民提供信息服务，需要了解他们信息需求的种类及获取的渠道，不同区域农村居民信息需求及同区域农村居民间信息需求的差异性。根据不同需求提供相应服务，从而提高农村信息服务的成效。本研究结合田野调查及在安徽、江苏、湖北的关于农村居民信息需求的问卷调查结果，对他们的信息需求进一步分析。

4.2.1　农村居民信息需求的种类

1. 信息需求的种类及差异

问卷调查结果显示农村居民平时比较关心的信息中，政策信息占54.35%，排名第一，另外，娱乐活动信息占34.78%、子女上学信息占33.70%、医药健康信息占31.52%、致富信息占28.26%、打工信息占15.22%、其他信息19.57%。在本研究的田野调查里，我们看到了农村居民对政策信息的关注，但我们所预设的他们最希望获取的"致富信息"却排名较后。农村信息服务中，不同年龄的居民对于信息的需求也有差异性：成年的从事农业生产的农民虽然对市场信息也比较渴望，但更多地表示了对于政府信息公开的期望，希望能够知道国家、政府的惠民及补贴政策；农村留守老人及妇女则希望了解医疗保健、医疗保险等相关信息，以及日常生活保健方面知识；农村留守儿童对于课外书的渴求非常明显，他们希望能够阅读到好的课外读物，但没有合适的渠道去借，加上父母在外打工，买书的可能性比较小。

2. 阅读文献的类型及来源

虽然78.26%的农村居民农闲时选择的娱乐方式是看电视、听广播，但也有19.57%的被调查者表达了喜欢阅读书籍报刊的意愿。调查显示，农村居民阅读的文献类型以报纸为主，其次是图书（23.91%）、期刊（21.74%）及电子读物（16.30%）。阅读文献的来源51.09%是由自己购买的，17.39%是从图书馆借来的，10.87%是从亲戚朋友处借来的。从调研数据来看，图书馆在阅读文献的来源中排在了第二位，但因为本次调研中学生占了一部分，所以从图书馆借书的这部分基本以学生为主，而长期居住在农村、从事农业生产或其他事务的居民，从图书馆借书的比例则大大减少。农村居民阅读文献的目的中增长知识、开阔眼界的占53.26%、消遣娱乐的占52.17%、了解时事的占33.70%，而帮助脱贫致富的仅仅排在了第四位。农村居民喜欢阅读的文献中，娱乐休闲类占34.78%，排在第一位，小说等文学作品占33.70%、时事新闻类占30.43%，致富农业知识类占29.35%，排在最后。

4.2.2　农村居民信息需求的区域差异性

根据国家统计局2011年6月13日的划分方法，东部地区包括北京、天津、河北、上海、江苏、浙江、福建、山东、广东和海南；中部地区包括山西、安徽、江西、河南、湖北和湖南；西部地区包括内蒙古、广西、重庆、四川、贵州、云南、西藏、陕西、甘肃、青海、宁夏和新疆①。不同地区的人在信息需求上不同，就是同一区域的农村居民，其信息需求也会有所不同，因此在服务上要有不同的设置。从调研来看，农村居民整体上均表达了对于图书文献信息的渴求，欠发达地区居民更关心的是政策方面的信息，他们对于通过阅读来致富的感知不强，农闲时的娱乐活动更加单调，打牌之风更加盛行，在致富方面他们更愿意选择外出打工。而对于发达地区来说，农村居民在物质生活上相对于欠发达地区有一定的提高，他们对于文献信息的感知更多的是来自于自愿，阅读意识强，获取信息的渠道也比较多，更偏向于网络这种信息获取模式，致富的模式更加多元化，因地方经济条件比较好，所以外出打工的比率比欠发达地区小很多，农闲时的娱乐活动相对比较丰富，并不局限于打牌或聊天。从整体上来看，欠发达地区的农村居民在信息需求上的差异性不大。综上所述，农村信息需求的差异取决于经济条件的不同，经济条件越好的区域，阅读意识越强，相应的信息服务设施利用率也高些；而欠发达地区，阅读意识普遍较弱，相应的信息服务设施利用率普遍较低，获取信息渠道较窄。

4.2.3　农村居民信息获取的渠道

在面向农村的信息服务模式设计中，着重强调的仍然是有组织的实体信息服务，忽视了农村居民间虚拟的人际网络知识信息传递②。农村居民在日常生活中，当碰到信息需求时，他们会通过非正式的关系网络来获取帮助。在差序格局中，社会关系是逐渐从一个一个人推出去的，是私人关系的增加，社会范围是一根根私人联系所构成的网络③。信息服务成效不明显，农村居民对类似服务比较淡漠，所以提高农村居民对农村信息服务的热情比较重要。增强农村居民对信息服务设施的感知，感知有用才会利用。农村信息服务易用性的提高，易用感知越高越愿意

---

① 东西中部和东北地区划分方法 [EB/OL]．[2014 - 01 - 08]．http：//www. stats. gov. cn/tjzs/t20110613 _ 402731597. htm.

② 周九常，朱红涛. 基于人际网络的我国农村知识服务研究 [J]．图书情报知识，2010 (4)：83 - 89.

③ 费孝通. 乡土中国 [M]．上海：上海人民出版社，2007：23.

利用。笔者在农家书屋服务扩散的研究中，发现在农家书屋新用户的加入方面，模仿系数大于创新系数，农家书屋在农村居民间的扩散主要依赖农家书屋的口碑及在人际传播中的影响。因此在农村信息服务中，我们不能忽视人际网络这一重要的信息传播渠道，通过信息服务人员专业化设置，提高服务的效率，借助人际传播，更好地吸引农村居民利用信息服务设施。在信息服务中，重视村里能人的信息意识的培养，通过他们进行信息传播，另外，村卫生所等人群容易产生聚集的地方，也需要格外重视，通过他们先掌握信息，然后利用人际网络进行传播。

4.2.4　农村居民信息受众的分层

随着城市化进程的加快，中国人口的流动性不断提高。在农村劳动力向城市转移的过程中，外出劳动力的主体是男性，老人、妇女和孩子留在户籍地，而我们在农村信息服务中，仍然习惯性地认为是为"农民"提供服务。虽然以农业生产为主的农民，仍然是农村信息服务的主角，但目前农村常住居民以妇女、儿童及老人为主，因此在农村信息服务中不能忽视他们的信息需求。农村留守妇女的思想意识、道德观念以及对邻里关系和家庭关系的处理，直接影响着农村精神文明建设的成效[①]。隔代监护使留守老人不得不再次经历抚养过程，承受沉重的照料负担。同时，农村留守老人的文化水平整体很低，相对落后的文化水平、教养方式，在很大程度上降低了留守儿童的监护质量，影响了留守儿童的教育、心理和性格发展[②]。农村留守儿童是随着社会经济发展而涌现的一个特殊弱势群体，由于长期远离父母，45.1%的留守儿童"感到心里孤单"，三成以上的孩子出现心理卫生问题[③]。虽然上述问题的解决，最需要的是政府的关注及政策的推动，但对于农村留守老人、妇女情绪疏导，留守儿童的教育问题，农村图书馆等农村信息设施有时会发挥意想不到的作用。教育是一个系统工程，需要各方的协作。随着社会

---

① 段成荣，周福林，杨舸. 中国留守妇女状况研究［EB/OL］.［2014 - 02 - 19］. http：//www. china. com. cn/news/zhuanti/fnbg/2009 - 05/07/content_17738716. htm.

② 黄海志. 农村留守老人 孤独的守望者［EB/OL］.［2014 - 02 - 19］. http：//www. wzljl. cn/content/2011 - 10/03/content_72454_3. htm.

③ "中国式"别离的最大问题是留守儿童［EB/OL］.［2014 - 02 - 18］. http：//edu. qq. com/a/20130218/000107. htm.

的不断发展、科学技术的不断进步、网络的普及，除学校教育及家庭教育之外，社会教育对人的影响日益突出。农村图书馆力所能及地帮助他们，就是用实际行动来阐释图书馆社会包容的使命。

农村信息服务供需不能实现很好的对接，不仅"供"出现问题，农村居民本身也有问题。在研究的过程中，我们不能仅仅关注"供"，还需要了解"需"。当然，信息的"供"出现了问题，也不能把"供"的成效完全否定，只需在"供"与"需"之间找到平衡。在农村信息服务的过程中，需要对农村居民信息需求的区域差异性、受众分层、信息利用的渠道进行分析，根据不同区域居民信息需求，以适合他们的信息利用渠道为其提供信息服务。农村信息服务体系建设是一项需要多方参与的长期性的系统工程。农村图书馆是为农村居民提供文化信息服务的公益性文化组织，如果要求其满足农村居民全部信息需求，目前看来不太现实，主要还是应该以满足农村居民阅读需求为主。当然如果在满足阅读需求的基础上，能够提供多样化的信息服务，满足农村居民的综合化信息需求，则是更高的实现目标。

本研究选取安徽亳州 Y 村进行田野调查，问卷选取安徽、江苏及湖北等省，由于区域选取的主观性，个案在代表性及反映问题的普遍性等方面可能存在问题，在对调查结果进行相关性描述时难免出现偏差，所以分析结果中可能存在一些不合理的地方。本研究仅是对农村信息需求及信息服务进行初步探索，在后续的研究中还需要通过方法的改进和数据的完善，对研究结果进一步拓展。

4.3　农村居民信息需求及利用的影响因素

农村信息服务的推广普及不仅在于其投资多少、文献量多少及硬件配置先进与否，还在于农村用户的认知、接受和持续使用等行为问题的解决。如果信息服务设施建成后，没有用户登门、使用，则其无法发挥应有的作用，无法实现满足农村居民文化信息需求的预设目标。农村用户接受信息服务受到多种因素的影响，为了让农村用户充分利用农村信息服务设施，需要对这些因素进行分析。本部分通过调查和实证研究，以 UTAUT 模型为理论参考依据，探讨当前农村居民利用农村信息服务设施的特点及其主要影响因素。

4.3.1　模型构建理论基础

1975年，Fishbein与Ajzen提出"理性行为理论"（Theory of Reasoned Action，TRA），用以解释与预测人类行为决策的过程[①]。1985年，Ajzen在理性行为理论基础上提出了计划行为理论（Theory of Planned Behavior，TPB），以增强模型预测用户行为的准确性[②]。1989年，Davis以理性行为理论和计划行为理论为基础，提出技术接受模型（Technology Acceptance Model，TAM），技术接受模型出现的最初目的是对计算机广泛接受的决定性因素做一个解释说明。TAM模型把个人接受信息技术的影响因素概括为感知有用性（Perceived Usefulness）、感知易用性（Perceived Ease of Use）、使用态度（Attitude Towards Using）、使用意向（Behavioural Intention to Use）和实际使用（Actual System Use）等，并建立了描述这些因素之间关系的模型结构（图4-1）。感知有用性和感知易用性是技术接受模型的两个主要决定因素。感知的有用性反映一个人认为使用一个具体的系统对他工作业绩提高的程度；感知的易用性，反映一个人认为容易使用一个具体系统的程度[③]。模型中用户对技术感知的有用性和易用性受到外部变量（External Variables）的影响，感知有用性和易用性越高，表明其使用技术的意向越高，对技术的接受程度也就越高。

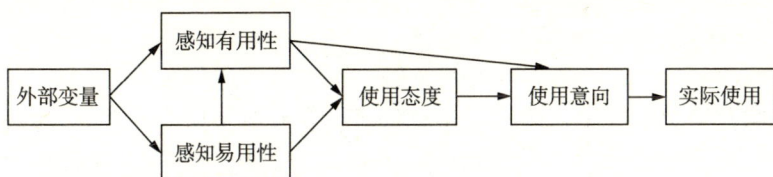

图4-1　技术接受模型[④]

Venkatesh等于2003年提出了技术接受和使用的整合理论UTAUT

① M Fishbein，I Sjzen. Belief，Attitude，Intention and Behavior：An Introduction to Theory and Research ［M］. Mass：Addison-Wesley Publishing Company，1975.

② I Ajzen. From intentions to actions：A theory of planned behavior ［M］. Berlin：Spring，1985.

③ 邓朝华. 移动用户采纳模型及其实证研究 ［D］. 武汉：华中科技大学，2008.

④ 邓朝华. 移动用户采纳模型及其实证研究 ［D］. 武汉：华中科技大学，2008.

（Unified theory of Acceptance and Use of Technology，简称 UTAUT）
模型（图 4-2），该理论整合了 8 个关于用户采纳的模型，包括理性行
为理论、技术接受模型、动机模型（Motivational Model）、计划行为理
论、技术接受模型与计划行为理论整合模型、PC 使用模型、创新扩散
理论（Innovation Diffusion Theory，IDT）、社会认知理论（Social
Cognitive Theory，简称 SCT），并从中提取了四个影响用户接受动机的
因子，分别为绩效期望（performance expectancy）、努力期望（effort
expectancy）、社会影响（social influence）和便利条件（facilitating con-
ditions）等四个关键要素，这些要素的作用还受到年龄、性别、经验和
使用的自愿性等因素的影响。

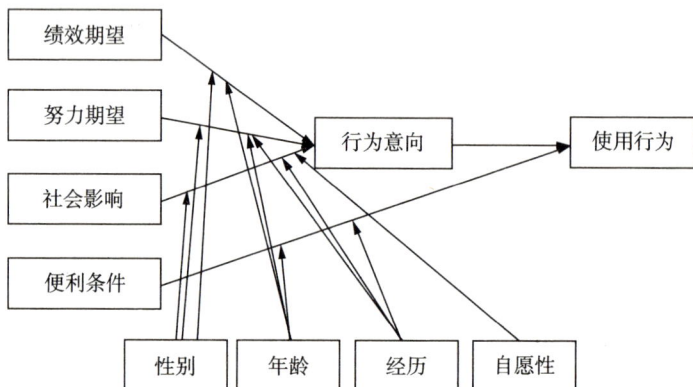

图 4-2 UTAUT 模型①

绩效期望为"个人感觉使用系统对工作有所帮助的程度"；努力期
望被定为使用系统的容易程度，或者说是个人使用系统所须付出努力
的多少；社会影响是指个人感觉重要的其他人认为他/她应该使用新系
统的程度，是个人所感受到的受周围群体的影响程度；便利条件是个
人认为已有的组织和技术基础对系统使用的支持程度②。UTAUT 模

---

① Viswanath Venkatesh, Michael G Morris, Gordon B Davis, et al. Davis. User
Acceptance of Information Technology：Toward a Unified View [J] . MIS Quarterly, 2003
(3)：425 - 478.

② 何德华. 农村地区移动服务采纳模型和发展策略研究 [D] . 武汉：华中科技大学，
2008.

型中行为意向受到绩效期望、努力期望及社会影响等变量的影响，便利条件及行为意向变量对使用行为的选择产生相关关系，同时这些变量也受到性别、年龄、经历及自愿性等变量的调节。UTAUT 推进了前人的研究成果，使人们在解决具体问题时避免了在多种模型中进行选择的困惑。

4.3.2　农村信息服务接受理论模型

对广大农村用户来说，农村图书馆等农村信息服务机构是一种新生事物，很多人对它缺乏基本的认识，更不用说很好地利用了。如何使农村居民接受农村信息服务设施？这与发展农村信息技术一样需要考虑农村居民的感知。本研究以 UTAUT 模型为基础，构建农村居民信息服务接受模型（图 4 - 3），包含绩效期望、努力期望、社会影响、便利条件等 4 个维度，加入满意度维度，并根据农村地区的特点，加入性别、年龄、学历及地区调节变量。绩效期望是用户感知到的信息服务的有用性，是对因为使用信息服务而可能带来的工作绩效提高的预期；努力期望主要指使用信息服务的难易程度，即易用性，是对于使用该技术和服务所需要付出的努力的预期；社会影响表示个人使用信息服务的决策行为受到家人、同事、朋友等社会环境中其他人的态度和看法的影响；便利条件是指个人在使用信息服务方面拥有的设备资源、知识技能等方面的条件。

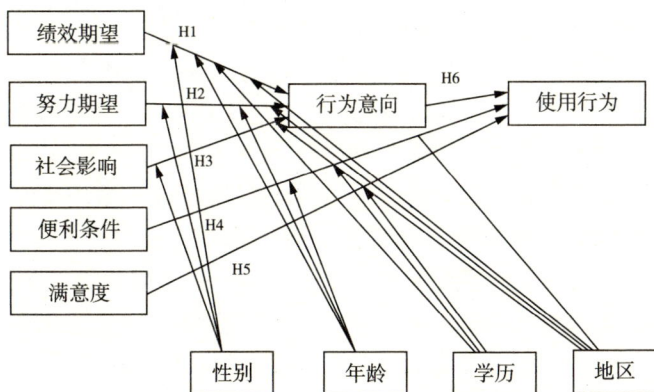

图 4 - 3　农村居民信息服务接受理论模型

根据上述模型，提出如下 6 个假设：

假设 1（H1）：农村居民信息服务绩效期望对使用农村信息服务机构意向有直接正向作用。

假设 2（H2）：农村居民信息服务努力期望对使用农村信息服务机构意向有直接正向作用。

假设 3（H3）：农村居民信息服务社会影响对使用农村信息服务机构意向有直接正向作用。

假设 4（H4）：农村居民信息服务便利条件对使用农村信息服务机构行为有直接正向作用。

假设 5（H5）：农村居民信息服务满意度对使用农村信息服务机构行为有直接正向作用。

假设 6（H6）：农村居民使用信息服务意向对使用农村信息服务机构行为有直接正向作用。

4.3.3　农村信息服务接受模型实证案例

在农家书屋资源配置过程中的"看得懂、用得上、留得住"九字方针中，"看得懂"和"用得上"可以看作是努力期望（感知易用性）和绩效期望（感知有用性）的现实诠释，"留得住"反映了对农家书屋可持续发展的期许。

1. 农家书屋服务感知有用性

农家书屋、农村图书馆及乡镇基层公共图书馆是承担新农村公共文化服务使命的公益性组织，处于同一条文化供应链。然而在农家书屋建设过程中，大部分省市在文献配置上基本都以纸质文献为主，种类和数量基本相同，没有完全考虑各地地域与经济特点的不同，没有突出重点，而是一味贪"大"求"全"，出现"大一统"。大批具体经办人员不了解农民需求，仅凭热情建设，这造成书屋建设者与使用者脱节，"只管耕耘不问收获"现象也比比皆是。图书馆在人员及图书管理上的经验，理应在农家书屋的建设上得到充分发挥，然而事实却并非如此。农家书屋是"乡村图书馆"还是"乡村书店"？图书馆界大都说不清楚。农家书屋工程如没有了明确定位，项目设计与具体实施就不可避免会出现不一致，影响农村居民对农家书屋有用性的感知。农村信息服务中，如果没有农村居民的认同及对其有用性感知，长此以往，造成"农村信息项目建设如火如荼，而农民仍然不愿意利用"的尴尬局面也是意料之中的事情。

2. 农家书屋服务感知易用性

目前我国各地农村信息化发展不协调、重复建设、城乡数字鸿沟持续拉大等问题不仅没有得到有效的解决，而且有日益严重的趋势。农村图书馆及其他基层文化设施信息服务内容与农村居民的信息需求之间存在偏差，提供的信息农村居民不需要，而农村居民真正需要的信息又无法获取。目前我国农村信息工程的实施及信息化建设中普遍注重硬件设施的大量投入，忽视信息服务的可用性及深度。农家书屋等项目是为农村居民服务的，但大部分年轻有知识的农民都在城市打工，农村的空壳化现象突出，许多乡村只剩下"386199"（妇女、留守儿童和老人）驻守，这为新时期农村信息服务内容及对象细化提出了挑战。需要我们在新农村信息服务中，从农村用户的需求出发，依据他们的利用及阅读习惯提供相关信息服务，让他们感知到信息的获取及利用是可以实现的，而不是遥不可及的。

3. 农家书屋服务社会影响

公共文化服务在我国国家政策层面上升到前所未有的重要地位，城乡公共图书馆一体化发展是科学发展观在文化领域的表现，这为公共图书馆提供良好的发展空间和政策支持。然而，以往打着"满足广大农民群众精神文化需求、帮助农民脱贫致富"旗帜的各种农村图书馆建设，最后大多无可奈何的放弃，这在某一角度也反映了农村图书馆发展中存在决策失误。这不仅浪费社会资源，而且还会伤了农民的心，以至于他们对此类活动"冷眼旁观"，认为不过又是一轮"政绩工程"罢了。这完全不是农村图书馆建设项目的本意，却又不得不面对的局面。农村信息服务成效的"负面口碑"在农村居民间的传播及影响，无疑也给农家书屋的建设及实现其可持续发展带来了挑战。农村信息服务机构"去得快"的症结，与其作用不能得到很好的发挥不无关系。在农村信息组织发展的过程中，更多关注政府的角色，而忽视了农村居民本身。在农村信息组织的建设及服务中，如果没有农村用户主观能动性的发挥及对农村图书馆的认可与重视，没有农村居民间良好口碑的传播，农村图书馆等信息服务机构"叫好不叫座"将仍然存在。

4. 农家书屋服务使用态度及意向

政府各部门及社会各界目前形成群起参与农村信息化建设的阵势，取得了一些成绩，机构及设施确实也出现了覆盖，但是部门之间缺乏协调及统一规划，经常会出现部分地区重复资助，而有些地区却无人过问的局面，造成不应有的浪费。价值的发挥在于其实用性的落实。农村图书馆是为农村居民服务的，其发展不能脱离农村实际而片面追求高层次。一直以来，部分官员甚至知识分子总认为农村是落后的，农民需要上面和外部力量的改造。在这种不相信农民，不敢或不愿与农民打交道心态的指导下，政府理所当然地控制了农村信息服务项目从建设模式、资源类型及配置到服务方式的一切。当社会各界积极参与农村信息化建设的时候，我们的农村居民却对信息鸿沟的现状及农村图书馆等项目的开展保持着"宽容"与"沉默"，而这种"宽容"与"沉默"是否从一定角度体现了农村居民对长期以来农村图书馆建设的"失望"与"旁观"？农村居民不愿意利用农村信息服务设施所表现出的冷淡态度，难道只是"文化素质低、信息意识淡薄"原因造成的吗？

根据上面论述及农村信息服务模型，针对农家书屋提出如下假设：

H1：农村居民信息服务绩效期望对使用农家书屋意向有直接正向作用；

H2：农村居民信息服务努力期望对使用农家书屋意向有直接正向作用；

H3：农村居民信息服务社会影响对使用农家书屋意向有直接正向作用；

H4：农村居民信息服务便利条件对使用农家书屋行为有直接正向作用；

H5：农村居民信息服务满意度对使用农家书屋行为有直接正向作用；

H6：农村居民使用信息服务意向对使用农家书屋行为有直接正向作用。

4.3.4　农村信息服务接受模型实证结果

1. 数据收集

在安徽、江苏及湖北三个区域进行随机抽样，问卷调查共发放 1000份，回收 924 份，回收率为 92.4%。调查表分为三部分：基本信息、阅读情况及农家书屋利用情况。其中基本信息涉及性别、年龄、职业及文化程度等选项；阅读情况包括农闲时喜欢的娱乐方式、阅读习惯、影响阅读的原因、喜欢阅读的文献类型及来源、获取信息的渠道等选项；农家书屋利用情况采取 Likert7 级量表，对概念模型潜在变量进行测度，每个潜在变量包含的测量变量不少于 3 个，被调查者针对每个测量变量，按照同意该说法的程度在 1 至 7 中选择一个进行回答，"1"表示"完全反对"，"7"表示"完全同意"。被调查者基本信息见表 4-1：

表 4-1 调查样本基本信息

调查信息	项目	频数	频率
性别	男	492	53.25%
	女	432	46.75%
年龄	14 岁以下	84	9.09%
	15～20 岁	216	23.38%
	21～60 岁	492	53.25%
	60 岁以上	132	14.28%
职业	学生	276	29.87%
	农民	396	42.86%
	依靠财政收入人群	36	3.90%
	个体小商贩	168	18.18%
	其他	48	5.19%
文化程度	文盲	120	12.99%
	小学	132	14.29%
	初中	420	45.45%
	高中或中专	192	20.78%
	大专以上	60	6.49%

被调查者中对于农家书屋的感知及利用，"知道并去过"的占 6.52%，"知道但没有去过"的占 43.48%，"不知道"的占 47.83%，据此可见农家书屋的影响程度不容乐观。对于影响去农家书屋的原因，选择"开放时间"的占 10.87%，"书刊陈旧"的占 15.22%，"距离太远"的占 18.48%，"没有时间"的占 25.00%，"服务态度"的占 5.43%，"缺乏感兴趣的书刊"的占 9.78%，"不好意思"的占 4.35%，"手续烦琐"的占 3.26%，"其他"的占 58.70%。在最关注哪方面信息

的选择中,"医药健康信息"的占 34.78%,"致富信息"的占 28.26%,"打工信息"的占 15.22%,"子女上学信息"的占 33.70%,"娱乐活动信息"的占 31.52%,与"自己相关的政策信息"的占 54.35%,"其他信息"的占 19.57%。从调研数据可见,农村居民最关注的是与自己相关的政策信息,其次是医药健康信息、子女上学信息、娱乐活动信息,而致富信息仅排在第五位。虽然数据结果由于样本选择的区域性,并不能代表全国农村居民整个信息需求的现状,但也说明了现阶段农村居民信息需求结构发生了变化。如果农村信息服务在实施过程中没有充分考虑这种变化,"供给"与"需求"的偏差就可能会出现。

2. 分析方法

结构方程模型(Structural Equation Modeling,SEM),也称协方差结构模型,是一种能够处理多变量的复杂数据的研究方法,能同时处理潜变量及其指标[1]。AMOS(Analysis of Moment Structures)是一种结构方程可视化模块软件,可以绘制结构方程图形、浏览估计模型图与进行模型图的修改,评估模型的适配与参考修正指标,输出最佳模型[2]。本研究采用 AMOS20.0 对结构方程模型进行验证。根据结构方程理论,农家书屋服务概念模型中的绩效期望、努力期望、社会影响、便利条件、满意度、行为意向及使用行为等变量均是潜在变量,无法直接被观察,需要其他可观察或测量的指标来反映该潜在变量的特征[3][4][5]。设计量表见表 4-2:

---

① 叶震. 结构方程模型在分析劳动力转移对农民收入影响中的运用 [J]. 江西农业大学学报:社会科学版,2007(6):60-62.

② 吴明隆. 结构方程模型:AMOS 的操作与应用 [M]. 重庆:重庆大学出版社,2011:2.

③ Daberkow S. G.,Mcbride W. D. Farm and operator characteristics affecting the awareness and adoption of precision agriculture technologies in the US [J]. Precision Agriculture,2003(2):163-177.

④ Amponsah W. A. Computer adoption and use of information services by North Carolina commercial farmers [J]. Journal of Agricultural and Applied Economics,1995(2):565-576.

⑤ Mishra A. K.,Park T. A. An empirical analysis of Internet use by U. S. Farmers [J]. Agricultural and Resource Economics Review,2005(2):253-264.

表 4 - 2 农村居民农家书屋接受变量

潜在变量	编号	观察变量
绩效期望 （Performance Expectancy）	PE1	1. 使用农家书屋可以使我获得更多的知识
	PE2	2. 农家书屋使我接触到了更多的信息
	PE3	3. 农家书屋服务能为我提供有用的信息
	PE4	4. 使用农家书屋可以使我获得愉悦感
	PE5	5. 使用农家书屋可以帮我打发空闲时间
努力期望 （Effort Expectancy）	EE1	6. 我能熟练地利用农家书屋
	EE2	7. 我能很容易地在农家书屋找到自己感兴趣的学习内容
	EE3	8. 农家书屋借阅方便，操作容易
	EE4	9. 利用农家书屋提供的信息使我想做的事非常容易
社会影响 （Social Influence）	SI1	10. 我的亲戚、朋友或邻居推荐我使用农家书屋
	SI2	11. 几乎我所有的亲戚、朋友或邻居都使用农家书屋
	SI3	12. 几乎我所有的亲戚、朋友或邻居都认为使用农家书屋是个好主意
	SI4	13. 我的亲戚、朋友或邻居认为我应该使用农家书屋
便利条件 （Facilitating Conditions）	FC1	14. 我有使用农家书屋的时间条件和精力
	FC2	15. 我有使用农家书屋所需要的知识储备
	FC3	16. 我使用农家书屋遇到困难时有专门的人提供帮助
	FC4	17. 农家书屋的地理位置为我利用提供了条件
	FC5	18. 我可以使用农家书屋中查询资料的软硬件
	FC6	19. 农家书屋管理人员能及时回复读者提出的问题和意见
行为意向 （Behavioral Intention）	BI1	20. 我认为使用农家书屋学习是个好主意
	BI2	21. 我认为使用农家书屋学习是有价值的
	BI3	22. 我打算使用农家书屋
	BI4	23. 我会继续使用农家书屋
	BI5	24. 我会推荐他人使用农家书屋

（续表）

潜在变量	编号	观察变量
满意度 （Satisfaction Degree)	SD1	25. 我对当前农家书屋服务的人员很满意
	SD2	26. 我对农家书屋服务的质量很满意
	SD3	27. 我对当前农家书屋服务的方式很满意
	SD4	28. 我对当前农家书屋的管理制度很满意
	SD5	29. 我对当前农家书屋的文献资源很满意
使用行为 （Use Behavior)	UB1	30. 我的大部分信息都是依靠农家书屋来获取的
	UB2	31. 我将会主动使用农家书屋来协助我获取信息
	UB3	32. 我现在每天都频繁地利用农家书屋学习

3. 量表的信度与效度检验

信度分析。信度（reliability）是量表的可靠性或稳定性，主要考察量表内部一致性，一般用 Cronbach's α 系数表示。总量表的信度系数最好在 0.80 以上，如果在 0.70～0.80 之间，也算是可以接受的范围；如果是分量表，其信度系数最好在 0.70 以上，如果是在 0.60～0.70 之间，也可以接受使用；如果分量表（层面）的内部一致性 α 系数在 0.60 以下或总量表的信度系数在 0.80 以下，应考虑重新修订量表或增删题项[①]。本研究潜在变量绩效期望、努力期望、社会影响、便利条件、行为意向、满意度及使用行为的 Cronbach's α 值分别为 0.868、0.709、0.847、0.812、0.862、0.979、0.832，均大于 0.70，因此具有良好的信度。

效度分析。效度（validity）是指能够测到该测验所欲测（使用者所设计的）心理或行为到何种程度。为检验数据的效度需要对数据进行探索性因子分析（Exploratory Factor Analysis，CFA），而进行探索性因子分析需要先进行巴特立特球体检验（Bartlett's Test of Sphericity），并观察取样适性量数（Kaiser-Meyer-Olkin Measure of Sampling adequacy，KMO）值的大小。KMO 指标值在 0 至 1 之间，当 KMO 值

---

① 吴明隆. 问卷统计分析实务——SPSS 操作与应用 [M]. 重庆：重庆大学出版社，2012：244.

小于 0.50 时，表示题项变量间不适合进行因子分析；若是所有题项变量所呈现的 KMO 指标值大于 0.80，表示题项变量间的关系是良好的（meritorious），题项变量间适合进行因子分析[①]。本研究 KMO 值为 0.808，大于 0.80，呈现的性质是"良好"，而巴特立特球体检验 χ^2 值为 10865.442，自由度（df）为 496，显著性概率值 P 为 0.000，小于 0.05，拒绝虚无假设。因此，本研究数据适合进行因子分析。在因子分析中采用方差最大旋转后得到的因子得分矩阵。因子负载值越大表示题项变量与共同因子间的关联越大，所有测量变量指标在各自归属的因子上的负载都很高，而在其他因子上的负载则很低，本量表具有较好的收敛效度（convergent validation）和区别效度（discriminant validity）。

4. 结构方程模型分析

结构方程模型（Structural Equation Modeling，简称 SEM），也称协方差结构模型，是一种能够处理多变量的复杂数据的研究方法。本研究利用 SPSS20.0 对数据进行处理，根据概念模型构建农家书屋服务接受的结构方程模型（图 4-4），并采用 AMOS20.0 对结构方程模型进行验证。

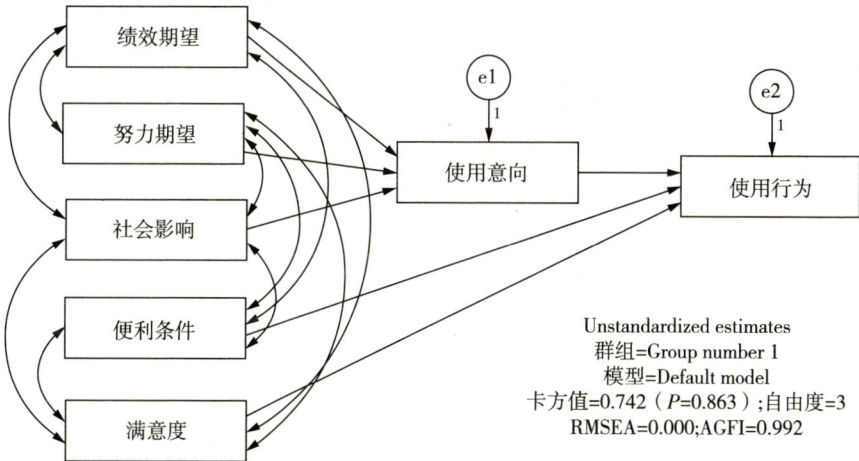

图 4-4　农村居民信息服务结构方程模型

非标准化估计值模型图中，单箭号表示回归加权值（regression

---

① J Spicer. Making sense of multivariate data analysis [M]. London：Sage Publications，2005.

weights），双箭号上的数字表示两个变量的协方差（covariances）。观察变量右上方的数字为每个变量（外衍变量）的方差（covariance）。外因变量右上角的数字为其方差，误差项右上角的数字为其方差。若是方差出现负值表示模型估计有不合理的参数存在。适配度指标（goodness-of-fit indices）是评价假设的路径分析模型图与搜集的数据是否相互适配。本研究整体模型适配度的卡方值为 0.742，自由度为 3，显著性概率值 p 为 0.863 大于 0.05，接受虚无假设，表示假设模型与观察数据可以契合。RMSEA 值为 0.000 小于 0.05；AGFI 值为 0.992 大于 0.900，均达到可以适配的标准。

表 4-3 为非标准化的回归系数及其显著性检验摘要表，右边第一列估计值为非标准化的回归系数，第二列 S. E. 为估计参数的标准误（Standard Error），第三列 C. R. 为检验统计量（Critical Ratio），临界比值为 t 检验的 t 值，此值如果大于 1.96 表示达到 0.05 显著水平，第四栏 p 值为显著性，如果 p 值小于 0.001，会以符号"＊＊＊"表示，若是 p 值大于 0.001，会直接呈现 p 值的大小。表中显示的六条直接效果的回归系数均达显著水平。

表 4-3　非标准化的回归系数及其显著性检验摘要表（Regression Weights）

路径说明	Estimate	S. E.	C. R.	P	假设是否通过验证
行为意向←绩效期望	0.975	0.704	13.110	＊＊＊	是
行为意向←努力期望	0.211	0.211	4.564	＊＊＊	是
行为意向←社会影响	0.711	0.186	3.817	＊＊＊	是
使用行为←便利条件	0.208	0.094	2.223	＊＊＊	是
使用行为←满意度	0.413	0.056	7.326	＊＊＊	是
使用行为←行为意向	0.247	0.054	4.558	＊＊＊	是

通过结构方程多群组分析，发现年龄、学历两调节变量，调节效果明显，而性别及地区调节成效不明显。而且在此模型分析中，区域差异并不是太明显，整体显现出农村居民信息服务的影响因素在区域间差异不是太明显。

4.3.5　实证结果的讨论和启示

数据实证分析结果表明上述理论假设成立，也就是说农村居民信息服务绩效期望、努力期望及社会影响对使用农家书屋意向有直接正向作用。农村居民信息服务便利条件、满意度及使用信息服务意向对使用农家书屋行为有直接正向作用。但现实中农民对农家书屋有用性及易用性感知不明显。如调研中，针对"您知道农家书屋的作用吗"一题，选择"知道"的占 30.43％，"不知道"的占 65.22％。而对于"农家书屋对您的影响"一题，选择"很大影响"的占 6.52％，"有影响但作用不大"的占 30.43％，"没有什么影响"的占 60.87％。这说明了目前没有合适的渠道让农民对农家书屋有所感知，从而影响其使用态度和使用行为。加上以往农村信息服务的不尽如人意，农民对类似设施期望值不高，同样也影响着其对农家书屋的使用。其实，在访谈中我们发现，他们并不是不想利用农家书屋，只是他们并不太明白农家书屋的功能，感觉农家书屋离自己很"遥远"。结合调研及分析结果，本研究提出如下建议：

（1）项目建设科学性。我们习惯于把农村图书馆的发展困境归咎于政府不重视、经费不足及农民文化素质低等方面。诚然这些原因是存在，但农村图书馆需要深入细致分析其发展困境的本质原因，特别需要合理的解决方案。在农村图书馆建设中，一次次大规模的投资多是昙花一现，可见在农村图书馆建设及农村信息服务中，不是单纯的投入就可以解决问题。投入与成效不成正比的深层原因，亟待思考。农村文化服务需要破解一些习惯思维模式下的认识误区，要深入基层农村，具体了解农民的实际文化需求，探索适应农村居民具体需求的活动方式①。

（2）聆听农村居民的声音。农村居民信息需求研究从单纯"市场需求"走向综合性的"信息需求"，而这一点在上述调研中得到验证。农村居民处于信息传播链条的最底层，对于信息服务，被动接受大于主要索取。面对名称各异的信息服务，因成效不是太明显，久而久之，农村居民对此活动的开展从最初的好奇到观望、到尝试、到失望、到淡漠。对于农村居民的不乐于利用，我们听到的大致都是他们文化水平低等原因，而没有关注服务本身是否具有吸引力，是否适合农村居民的利用习惯。一般情况下，项目推动者会把他们认为农村居民"需要"的信息提供给农村居民，然而这个"需要"信息的判断标准的来源是否科学化？

---

① 王宗义.农家书屋建设与图书馆社会服务体系研究——由农家书屋可持续发展问题引发的思考［J］.图书与情报，2010（4）：13-20.

对于农家书屋，农村居民的接受程度，从媒体报道及网页查询，看到的均是农村居民"欣喜"的表情和对农家书屋的"热爱"。然而本研究根据实地调研及与农村居民的访谈，发现事实并非如此。农村居民对农家书屋的感知不太明显，部分农村居民竟然不知道农家书屋的存在。试想，如果没有感知的有用性及易用性，何来使用意向？就算有一些农村居民知道农家书屋的存在，也有利用农家书屋的想法，但面对被锁在村委员的"农家书屋"，利用的积极性应该也很难高涨起来。因此农家书屋不能仅满足于行政村上的"全覆盖"，如何真正在农村居民心里"全覆盖"才是关键。

本研究以 UTAUT 模型为基本架构，结合农村特点引入满意度变量，得到农村居民信息服务影响因素理论模型，并通过实证对模型进行检验，验证研究假设。研究表明农村信息服务项目实施过程中，须重视用户对服务的感知，离开了农村居民对信息服务的有用性及易用性感知，就不可能奢望农村居民使用态度及意向的明确。

4.4　农村居民信息服务抱怨研究

当谈及图书馆服务时，在高校以及省市大型公共图书馆均或多或少能听到读者抱怨的声音，主要涉及文献资料、服务质量及服务态度等方面。农村图书馆是为农村居民服务的基层公共图书馆。面对农村文化信息供给与需求不对称、农村图书馆服务不尽如人意的现状，理论上说农村居民也是应该有所"怨言"的。然而事实上，在广大农村地区，当提到农村图书馆及其所提供的服务，特别是对农村图书馆服务不满意方面的问题时，大多数情况下我们听到的是一片"沉默"，这种"沉默"可能是来自于农村居民长期对农村图书馆及类似设施的"冷淡"，抑或是来自农村居民对其服务的"失望"。无论是"冷淡"还是"失望"，都是我们不想看到的。本研究对农村居民农村图书馆服务的抱怨情况进行研究，并以农家书屋为个案进行实证，针对农村居民农家书屋服务抱怨提出假说，利用数理统计方法进行验证，以期折射出农村图书馆用户的抱怨行为，了解农村居民对农村图书馆服务的真实感知，探讨农村居民图书馆服务抱怨行为的影响因素。

4.4.1　用户抱怨及研究个案的选择

1. 用户抱怨

用户抱怨（Consumer Complaint Behavior，CCB）[①]，是在面对产品或服务失败后，对用户随之而来的不满进行识别和分析用户各个方面反应的研究。20 世纪 60 年代，随着对消费者行为和态度的关注，对用户抱怨行为的研究也开始起步。用户的满意度、不满意度以及用户的抱怨行为，成为三个截然不同，却又高度相关的研究主题。市场营销被认为是这些研究的起源。用户抱怨行为的类型主要包括如下五种[②]：①离开（Exit）决定不再利用类似服务或任何服务；②私下抱怨（Negative Word of Mouth）向朋友或亲戚抱怨不愉快的经历或说服他们不要去利用；③直接抱怨（Direct Voice）直接向服务人员抱怨、向主管部门或领导抱怨；④间接抱怨（Indirect Voice）通过设置的意见簿或意见箱表达自己的不满，通过电子邮件或信件表达不满；⑤第三方抱怨（Third-party Complaints）向上级主管部门投诉，写信告之媒体。用户抱怨行为的影响因素主要涉及[③]：个人标准（Personal Norms）、社会福利（Societal Benefits）、免费使用的感知（Perception of Free Use）、抱怨的困难（Difficulty of Complaining）、成功的可能性（Likelihood of Success）、责任归属（Attribution）、服务的重要性（Service Importance）及忠诚度（Loyalty）。

国内关于图书馆用户或读者抱怨的研究以描述性研究为主。研究主要涉及图书馆用户抱怨的行为[④]、读者抱怨的管理[⑤]、读者抱怨形成的机

①　Sergio Butelli. Consumer complaint behavior（CCB）：a literature review［EB/OL］．［2012 - 10 - 16］．http：//dspace-unipr. cilea. it.

②　Dong Geun Oh. Complaining behavior of public library users in South Korea［J］. Library &. Information Science Research，2003（25）：43 - 62.

③　Dong Geun Oh. Complaining behavior of public library users in South Korea［J］. Library &. Information Science Research，2003（25）：43 - 62.

④　沈健．图书馆读者抱怨行为研究［J］．图书情报知识，2005（10）：102 - 104.

⑤　何建芳．读者抱怨及图书馆的管理对策研究［J］．图书馆论坛，2009（1）：124 - 125.

理①、抱怨处理的方法②、图书馆服务补救及其策略③等。吉卫红通过论述读者抱怨的渠道与动机，探讨读者抱怨的激励机制④。叶允中对读者抱怨的离开、私下抱怨、直接抱怨及向第三方抱怨进行分析，提出读者的直接抱怨是读者给图书馆一次修复服务失败、重新赢得读者满意的机会，图书馆应该重视读者的直接抱怨并进行积极的处理⑤。研究对象主要是以高校图书馆或大型公共图书馆的读者为主，较少有关于农村居民对农村图书馆服务抱怨的研究。

2. 模型构建个案的选择

以满足农民文化信息需求为己任的农家书屋建设，担负着为农村读者提供文献信息服务的重任。而传统农村信息服务的建设过程、模式及农村图书馆建设的痼疾症状，在农家书屋中也表现明显。新闻出版总署相关文件显示⑥，农家书屋是一种界于"图书馆"与"书店"之间的文化设施。从目前农家书屋设施的建设及服务来看，其主要发挥的是公共图书馆的借阅功能，书店功能虽在部分地方已经开展，但不是最主要的功能体现。近几年来非政府组织尤其是农民自发建立的图书室、书屋、书社等在各地农村的出现，扩大了"图书馆"这一概念的内涵和外延，传统"图书馆"的概念开始走向"大图书馆"。农家书屋满足农民群众精神文化需求，提供所需信息的公益部分，可以看作是农村图书馆的一种实现方式⑦。乡镇基层公共图书馆和农家书屋是承担新农村公共文化服务使命的公益性组织，采用开放发展模式对促进农村图书馆具有积极意义。因此，本研究以农家书屋为个案进行实证研究。

4.4.2 农村居民农家书屋服务抱怨的理论模型

农家书屋在完成行政村"覆盖"的任务后，真正吸引农村居民前来

---

① 曹南灵. 读者抱怨形成机理 [J]. 农业图书情报学刊，2012 (9)：143-146.

② 朱若虹. 试论图书馆读者权益的维护与管理——以对读者抱怨的解决方法为例 [J]. 图书馆工作与研究，2012 (9)：52-54，68.

③ 王兰敬. 图书馆服务补救及其策略研究 [J]. 图书情报工作，2009 (5)：63-66.

④ 吉卫红. 图书馆读者抱怨的激励机制 [J]. 图书工作与研究，2005 (6)：67-70.

⑤ 叶允中. 引导读者直接抱怨 [J]. 国家图书馆学刊，2011 (1)：50-52.

⑥ 政策法规 [EB/OL]. [2012-12-30]. http://www.zgnjsw.gov.cn/booksnetworks/channels/405.html.

⑦ 尚庄. 农家书屋热潮与长远发展思考 [J]. 图书馆杂志，2007 (7)：31-34，24.

利用，才能发挥农家书屋的作用及实现其可持续发展。本研究根据用户抱怨的行为、影响因素以及农家书屋利用现状，提出如下假说并构建农家书屋服务抱怨模型。

1. 假说的提出

农家书屋抱怨态度：

假说1a　个人抱怨标准与离开农家书屋行为显著性相关；

假说1b　个人抱怨标准与私下抱怨农家书屋行为显著性相关；

假说1c　个人抱怨标准与直接抱怨农家书屋行为显著性相关；

假说1d　个人抱怨标准与间接抱怨农家书屋行为显著性相关。

农家书屋免费服务的感知：

假说2a　个人对免费服务的感知与间接抱怨农家书屋行为显著性相关；

假说2b　个人对免费服务的感知与向第三方抱怨农家书屋行为显著性相关。

农家书屋抱怨困难：

假说3a　个人对抱怨困难的感知与离开农家书屋行为显著性相关；

假说3b　个人对抱怨困难的感知与私下抱怨农家书屋行为显著性相关；

假说3c　个人对抱怨困难的感知与直接抱怨农家书屋行为显著性相关；

假说3d　个人对抱怨困难的感知与间接抱怨农家书屋行为显著性相关。

农家书屋抱怨成功的可能性：

假说4a　个人对抱怨成功的期望与离开农家书屋行为显著性相关；

假说4b　个人对抱怨成功的期望与私下抱怨农家书屋行为显著性相关；

假说4c　个人对抱怨成功的期望与直接抱怨农家书屋行为显著性相关；

假说4d　个人对抱怨成功的期望与间接抱怨农家书屋行为显著性相关。

农家书屋服务失败的责任归属：

假说5a　责任归属与离开农家书屋行为显著性相关；

假说5b　责任归属与私下抱怨农家书屋行为显著性相关；

假说 5c　责任归属与直接抱怨农家书屋行为显著性相关；

假说 5d　责任归属与向第三方抱怨农家书屋行为显著性相关。

农家书屋服务的重要性：

假说 6a　个人对服务重要性的感知与直接抱怨农家书屋行为显著性相关。

农家书屋忠诚度：

假说 7a　个人对农家书屋的忠诚度与离开农家书屋行为显著性相关；

假说 7b　个人对农家书屋的忠诚度与私下抱怨农家书屋行为显著性相关；

假说 7c　个人对农家书屋的忠诚度与直接抱怨农家书屋行为显著性相关。

2. 抱怨模型

根据上述农家书屋抱怨态度、农家书屋免费服务的感知、农家书屋抱怨困难、农家书屋抱怨成功的可能性、农家书屋服务失败的责任归属、农家书屋服务的重要性、农家书屋忠诚度等 7 个方面的假说，构建如下模型（图 4-5）：

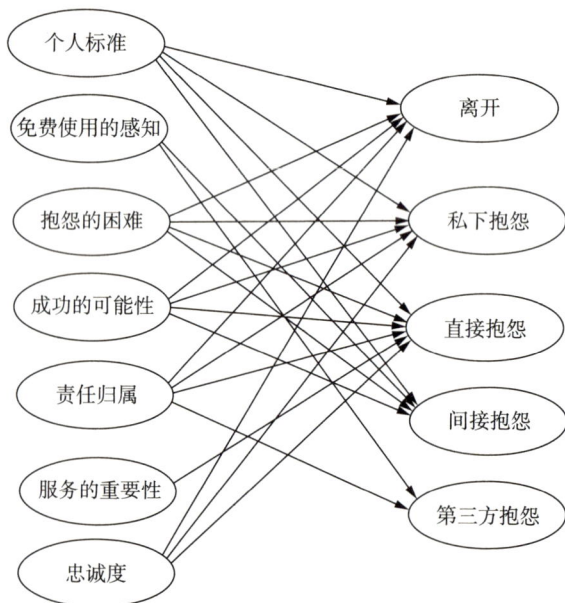

图 4-5　农村居民农家书屋服务抱怨模型

图4-5农村居民农家书屋服务抱怨模型中，个人标准、免费使用的感知、抱怨的困难、成功的可能性、责任归属、服务的重要性、忠诚度是影响农村居民农家书屋抱怨的因素，离开、私下抱怨、直接抱怨、间接抱怨、第三方抱怨是农村居民在其农家书屋利用不满意时采取的抱怨行为。每条线是本研究根据抱怨影响因素对农村居民抱怨行为提出的假说。

4.4.3 农村居民农家书屋服务抱怨模型的实证

图4-5中的农村居民农家书屋服务抱怨的5种类型及7个影响因素均是潜在变量，无法进行直接测度，因此需要设置测量变量。每个潜在变量包含的测量变量不少于3个[1][2][3]，利用Likert7级量表设计农村居民农家书屋抱怨量表变量（表4-4），量表共设置了37个问题对潜在变量进行测度。被调查者针对每个测量变量按照同意该说法的程度在1至7中选择一个进行回答，"1"表示"完全反对"，"2"表示"非常反对"，"7"表示"完全同意"。调查结果利用SPSS20.0对数据进行处理，根据概念模型构建农家书屋服务抱怨的结构方程，并采用AMOS20.0对结构方程模型进行验证。

表4-4 农家书屋抱怨量表变量

变量名称	编号	测量指标
离开（Exit）	EX1	决定不再利用农家书屋的类似服务
	EX2	决定不再利用农家书屋的任何服务
私下抱怨（Negative Word-of-Mouth）	NW1	向我的朋友或亲戚抱怨我不愉快的经历
	NW2	说服我的朋友或亲戚不要去利用农家书屋

---

① Dong Geun Oh. Complaining behavior of public library users in South Korea [J]. Library & Information Science Research，2003（25）：43-62.

② Norazah Mohd Suki. Dissatisfaction attributions and complaining behavior of public library users [J]. Information Management and Business Review，2010（1）：28-39.

③ Norazah Mohd Suki. Public library users' dissatisfaction attributions and complaining behavior [J]. Malaysian Journal of Library & Information Science，2011（2）：81-94.

（续表）

变量名称	编号	测量指标
直接抱怨 （Direct Voice）	DV1	直接向服务人员抱怨
	DV2	向农家书屋主管部门或领导抱怨
间接抱怨 （Indirect Voice）	IV1	通过在农家书屋设置的意见簿或意见箱表达自己的不满
	IV2	通过电子邮件或信件向农家书屋表达不满
第三方抱怨 （Third-Party Complaints）	TP1	向农家书屋上级主管部门投诉
	TP2	写信给媒体告知我的不愉快的经历
个人标准 （Personal Norms）	PN1	向任何人抱怨任何事，对我而言都是令人不快的
	PN2	抱怨是那些没有事情做的人去做的
	PN3	无论服务多么糟糕，我还是羞于抱怨
	PN4	抱怨会带来更多挫折感
	PN5	通过抱怨让我心中的不快及挫折感得以舒缓，这让我感觉很舒服
	PN6	我认识的曾经有对农家书屋抱怨行为的人，被认为是神经质
社会福利 （Societal Benefits）	SB1	通过抱怨糟糕的服务，可以防止别人遇到类似的问题
	SB2	抱怨是用户的权利，而不是义务
免费使用的感知 （Perception of Free Use）	PF1	免费服务是有点难以指望与同级别的有偿服务达到相同的水平
	PF2	使用免费服务不可避免地会遇到一定程度的不满或不便
	PF3	使用农家书屋免费服务让人很难去指出问题或对服务不满提出抗议
	PF4	如果在有偿服务中遇到相同的不满意服务，我会向他们抱怨

（续表）

变量名称	编号	测量指标
抱怨的困难（Difficulty of Complaining）	DC1	将需要大量的时间
	DC2	将需要付出很多努力
	DC3	将会扰乱日程
	DC4	很难找到抱怨的程序和方法
	DC5	将会给我带来我不必要的麻烦
成功的可能性（Likelihood of Success）	LS1	将有机会纠正错误、提高服务或得到道歉
	LS2	将有机会获得需要时间和精力的一些结果
	LS3	我的抱怨会改善农家书屋服务
	LS4	让他们知道我的感受
责任归属（External Attribution）	EA1	服务失败归咎于农家书屋或其工作人员
	EA2	服务失败归咎于我自己的错
服务的重要性（Service Importance）	SI1	农家书屋服务对我的生活和生活方式都很重要
	SI2	比起其他服务，农家书屋这个服务是最重要的
	SI3	使用该服务，需要大量的时间和精力
忠诚度（Loyalty）	LY1	我是农家书屋的忠诚用户

　　调研选择安徽皖北、皖中及皖南三个区域，本次调研与一般问卷调查不一样的地方在于，需要在调查前先口头询问其是否利用过农家书屋，等确认其利用过农家书屋并且在利用的过程中对于农家书屋的资源（包括图书、报刊、电脑、音像制品）、开放时间、服务态度、规章制度等方面存在不满意地方时，才让他们填写农家书屋服务的抱怨量表。问卷调查共发放 60 份，回收 60 份。因所调查区域，利用过农家书屋的农村居民占的比例不大，而利用过又有不满意地方且愿意表达的居民所占比例则更小，本研究样本量虽小但因人员覆盖面比较广，因此也具有一定的代表性。量表的填写基本是由调查人员在旁边先与被调查人员进行聊天，然后进行填写的，所以问卷全部回收。

　　从调查样本（表 4-5）来看，利用过农家书屋并且有不满意地方的读者，在性别上男性多于女性，年龄上以 21～60 岁之间的人群为主，并以农民和学生为主，相对于农家书屋一般利用情况的调查，本次被调查对象文化程度偏高，51.68%为高中或中专，45%为初中。这也从一方面说明了文化程度越高，其利用过程中自我意识越明显，而且在利用的过程中有特有的需求，当需求不能得到满足的时候，会产生抱怨。

表 4-5　调查样本基本信息

调查信息	项目	频数	频率
性别	男	37	61.67%
	女	23	38.33%
年龄	14 岁以下	1	1.66%
	15~20 岁	5	8.33%
	21~60 岁	50	83.33%
	60 岁以上	4	6.68%
职业	学生	22	36.66%
	农民	34	56.7%
	依靠财政收入人群	1	1.66%
	个体小商贩	2	3.32%
	其他	1	1.66%
文化程度	小学	1	1.66%
	初中	27	45%
	高中或中专	16	51.68%
	大专以上	5	1.66%

1. 抱怨模型的信度分析

信度（reliability）是量表的可靠性或稳定性，主要考察量表内部一致性，一般用 Cronbach's α 系数表示。总量表的信度系数最好在 0.80 以上，如果在 0.70~0.80 之间，也算是可以接受的范围；如果是分量表，其信度系数最好在 0.70 以上，如果是在 0.60~0.70 之间，也可以接受使用；如果分量表（层面）的内部一致性 α 系数在 0.60 以下或总量

136

表的信度系数在 0.80 以下，应考虑重新修订量表或增删题项[1]。本研究潜在变量的 Cronbach's α 值（表 4-6）均大于 0.70，因此具有良好的信度。

表 4-6 量表变量 Cronbach's α 值

变量名称	Cronbach's α	变量名称	Cronbach's α
离开（EX）	0.987	免费使用的感知（PF）	0.791
私下抱怨（NW）	0.949	抱怨的困难（DC）	0.735
直接抱怨（DV）	0.747	成功的可能性（LS）	0.789
间接抱怨（IV）	0.769	责任归属（EA）	0.824
第三方抱怨（TP）	0.926	服务的重要性（SI）	0.794
个人标准（PN）	0.869	忠诚度（LY）	——
社会福利（SB）	0.892		

2. 模型变量间的相关性

Pearson 相关系数用来衡量两个数据集合是否在一条线上面，它用来衡量定距变量间的线性关系。相关系数的绝对值越大，相关性越强，相关系数越接近于 1 或 -1，相关度越强，相关系数越接近于 0，相关度越弱。通常情况下通过以下取值范围判断变量的相关程度：相关系数 0.0～0.2 极弱相关或无相关；0.2～0.4 弱相关；0.4～0.6 中等程度相关；0.6～0.8 强相关；0.8～1.0 极强相关[2]。相关系数不应该超过 0.8，从而避免多重共线性。本研究中最高相关系数为 0.712（表 4-7），不存在多重共线性问题。

---

① 吴明隆. 问卷统计分析实务——SPSS 操作与应用 [M]. 重庆：重庆大学出版社，2012：244.

② 邱皓政. 量化研究与统计分析 [M]. 重庆：重庆大学出版社，2009：243-246.

表 4－7　变量相关性

Pearson 相关性

	EX	NW	DV	IV	TP	PN	SB	PF	DC	LS	EA	SI	LY
EX	1	0.612**	0.239	−0.148	0.137	0.091	−0.039	−0.140	0.425**	−0.539**	−0.113	−0.619**	−0.692**
NW	0.612**	1	0.483**	0.064	0.027	0.074	0.209	−0.306*	0.315*	−0.348*	0.1	−0.548**	−0.672**
DV	0.239	0.483**	1	0.361**	−0.102	−0.143	0.391**	0.083	0.316*	0.087	0.148	−0.294*	−0.322*
IV	−0.148	0.064	0.361**	1	0.175	−0.462**	0.281*	−0.085	0.107	0.321*	0.147	0.104	0.044
TP	0.137	0.027	−0.102	0.175	1	−0.175	−0.280*	−0.205	−0.197	−0.281*	−0.389**	0.097	−0.139
PN	0.091	0.074	−0.143	−0.462**	−0.175	1	−0.357*	0.064	−0.119	−0.367**	−0.320*	0.008	0.047
SB	−0.039	0.209	0.391**	0.281*	−0.280*	−0.357*	1	−0.075	0.144	0.472**	0.230	−0.056	−0.016
PF	−0.140	−0.306*	0.083	−0.085	−0.205	0.064	−0.075	1	0.058	0.255	−0.304*	0.141	0.327*
DC	0.425**	0.315*	0.316*	0.107	−0.197	−0.119	0.144	0.058	1	−0.213	0.007	−0.453**	−0.340*
LS	−0.539**	−0.348*	0.087	0.321*	−0.281*	−0.367**	0.472**	0.255	−0.213	1	0.267	0.529**	0.533**
EA	−0.113	0.1	0.148	0.147	−0.389**	−0.320*	0.230	−0.304*	0.007	0.267	1	0.012	−0.096
SI	−0.619**	−0.548**	−0.294*	0.104	0.097	0.008	−0.056	0.141	−0.453**	0.529**	0.012	1	0.712**
LY	−0.692**	−0.672**	−0.322*	0.044	−0.139	0.047	−0.016	0.327*	−0.340*	0.533**	−0.096	0.712**	1

** ：在 0.01 水平（双侧）上显著相关。

* ：在 0.05 水平（双侧）上显著相关。

3. 抱怨模型多元回归分析

多元回归分析（multiple linear regression analysis）能描述、解释或预测多个自变量（independent variable）对一个因变量（dependent vriable）的影响，目的旨在找出一个关于自变量的线性结合，以简洁说明一组预测变量与效标变量间的关系[①]。本研究在多元回归分析中，使用强迫输入法（Enter）进行分析，得到一种解释型回归分析。

（1）"离开"变量的影响因素，共涉及 5 个相关假说：

假说 1a　个人抱怨标准与离开农家书屋行为显著性相关；

假说 3a　个人对抱怨困难的感知与离开农家书屋行为显著性相关；

假说 4a　个人对抱怨成功的期望与离开农家书屋行为显著性相关；

假说 5a　责任归属与离开农家书屋行为显著性相关；

假说 7a　个人对农家书屋的忠诚度与离开农家书屋行为显著性相关。

通过回归分析，得出图 4-6，如下 3 个假说成立：

假说 1a　个人抱怨标准与离开农家书屋行为显著性相关（$p < 0.05$，$\beta = 0.157$）；

假说 3a　个人对抱怨困难的感知与离开农家书屋行为显著性相关（$p < 0.05$，$\beta = 0.291$）；

假说 7a　个人对农家书屋的忠诚度与离开农家书屋行为显著性相关（$p < 0.05$，$\beta = -1.134$）。

系数[a,b]

模型		非标准化系数		标准系数	t	$Sig.$
		B	标准误差	试用版		
1	个人标准	0.157	0.044	0.518	3.54	0.001
	抱怨的困难	0.291	0.063	0.769	4.626	0.000
	成功的可能性	0.045	0.102	0.109	0.440	0.662
	责任归属	0.078	0.143	0.110	0.548	0.586
	忠诚度	-1.134	0.315	-0.559	-3.594	0.001

a. 因变量：私下抱怨

b. 通过原点的线性回归

图 4-6　"离开"变量回归分析

[①] 吴明隆. 问卷统计分析实务——SPSS 操作与应用 [M]. 重庆：重庆大学出版社，2012：376.

个人对于抱怨标准、个人对抱怨困难的感知以及个人对农家书屋的忠诚度三个变量影响选择离开农家书屋的行为。个人对抱怨成功的期望以及责任归属对其离开农家书屋行为非显著性相关。

(2)"私下抱怨"变量的影响因素，共涉及 5 个相关假说：

假说 1b　个人抱怨标准与私下抱怨农家书屋行为显著性相关；

假说 3b　个人对抱怨困难的感知与私下抱怨农家书屋行为显著性相关；

假说 4b　个人对抱怨成功的期望与私下抱怨农家书屋行为显著性相关；

假说 5b　责任归属与私下抱怨农家书屋行为显著性相关；

假说 7b　个人对农家书屋的忠诚度与私下抱怨农家书屋行为显著性相关。

通过回归分析，得出图 4-7，共有 3 个假说成立：

假说 1b　个人抱怨标准与私下抱怨农家书屋行为显著性相关（$p<0.05$，$\beta=0.166$）；

假说 3b　个人对抱怨困难的感知与私下抱怨农家书屋行为显著性相关（$p<0.05$，$\beta=0.177$）；

假说 7b　个人对农家书屋的忠诚度与私下抱怨农家书屋行为显著性相关（$p<0.05$，$\beta=-1.271$）。

系数[a,b]

模型		非标准化系数		标准系数	t	$Sig.$
		B	标准误差	试用版		
1	个人标准	0.166	0.041	0.473	4.061	0.000
	抱怨的困难	0.177	0.058	0.403	3.049	0.004
	成功的可能性	0.167	0.094	0.348	1.770	0.083
	责任归属	0.237	0.132	0.286	1.796	0.079
	忠诚度	−1.271	0.291	−0.539	−4.361	0.000

a. 因变量：私下抱怨

b. 通过原点的线性回归

图 4-7　"私下抱怨"变量回归分析

农村居民选择私下抱怨农家书屋的行为与离开农家书屋的行为一样，受到个人对于抱怨标准、个人对抱怨困难的感知以及对农家书屋的忠诚度三个变量的影响。个人对抱怨成功的期望以及责任归属也与其私下抱怨农家书屋行为非显著性相关。

（3）"直接抱怨"变量的影响因素，共涉及 6 个相关假说：

假说 1c 个人抱怨标准与直接抱怨农家书屋行为显著性相关；

假说 3c 个人对抱怨困难的感知与直接抱怨农家书屋行为显著性相关；

假说 4c 个人对抱怨成功的期望与直接抱怨农家书屋行为显著性相关；

假说 5c 责任归属与直接抱怨农家书屋行为显著性相关；

假说 6a 个人对服务重要性的感知与直接抱怨农家书屋行为显著性相关；

假说 7c 个人对农家书屋的忠诚度与直接抱怨农家书屋行为显著性相关。

通过回归分析，得出图 4 - 8，有 2 个假说成立：

假说 3c 个人对抱怨困难的感知与直接抱怨农家书屋行为显著性相关（$p < 0.05$，$\beta = 0.209$）；

假说 4c 个人对抱怨成功的期望与直接抱怨农家书屋行为显著性相关（$p < 0.05$，$\beta = 0.341$）。

系数[a,b]

模型		非标准化系数		标准系数	t	$Sig.$
		B	标准误差	试用版		
1	个人标准	0.071	0.052	0.180	1.362	0.180
	抱怨的困难	0.209	0.074	0.425	2.845	0.007
	成功的可能性	0.341	0.121	0.632	2.818	0.007
	责任归属	0.097	0.167	0.105	0.580	0.565
	服务的重要性	−0.030	0.212	−0.033	−0.143	0.887
	忠诚度	−0.872	0.505	−0.330	−1.728	0.091

a. 因变量：私下抱怨

b. 通过原点的线性回归

图 4 - 8 "直接抱怨"变量回归分析

个人对抱怨困难的感知以及抱怨成功的期望对其是否选择直接抱怨农家书屋有显著性相关关系。而个人抱怨标准、责任归属、个人对服务重要性的感知以及个人对农家书屋的忠诚度与其直接抱怨农家书屋行为非显著性相关。

（4）"间接抱怨"变量的影响因素，共涉及 4 个相关假说：

假说 1d　个人抱怨标准与间接抱怨农家书屋行为显著性相关；

假说 2a　个人对免费服务的感知与间接抱怨农家书屋行为显著性相关；

假说 3d　个人对抱怨困难的感知与间接抱怨农家书屋行为显著性相关；

假说 4d　个人对抱怨成功的期望与间接抱怨农家书屋行为显著性相关。

通过回归分析，得出图 4-9，2 个假说成立：

假说 3d　个人对抱怨困难的感知与间接抱怨农家书屋行为显著性相关（$p < 0.05$，$\beta = 0.198$）；

假说 4d　个人对抱怨成功的期望与间接抱怨农家书屋行为显著性相关（$p < 0.05$，$\beta = 0.339$）。

系数[a,b]

模型		非标准化系数		标准系数	t	$Sig.$
		B	标准误差	试用版		
1	个人标准	−0.057	0.047	−0.185	−1.200	0.236
	免费使用的感知	−0.080	0.095	−0.165	−0.836	0.407
	抱怨的困难	0.198	0.065	0.515	3.065	0.004
	成功的可能性	0.339	0.074	0.804	4.554	0.000

a. 因变量：私下抱怨

b. 通过原点的线性回归

图 4-9　"间接抱怨"变量回归分析

个人对抱怨困难的感知及对抱怨成功的期望变量影响着其间接抱怨农家书屋的行为选择，而个人抱怨标准及对免费服务的感知与其间接抱怨农家书屋行为非显著性相关。

（5）"第三方抱怨"变量的影响因素，共涉及 2 个相关假说：

假说 2b 个人对免费服务的感知与向第三方抱怨农家书屋行为显著性相关；

假说 5d 责任归属与向第三方抱怨农家书屋行为显著性相关。

通过回归分析，得出图 4-10，1 个假说成立：

假说 2b 个人对免费服务的感知与向第三方抱怨农家书屋行为显著性相关（$p < 0.05$，$\beta = 0.119$）。个人对免费服务的感知影响着其向第三方抱怨行为，大部分表示，如是免费服务，则对其不合理的地方，不会选择向第三方抱怨，而如果是付费服务，则会选择向第三方抱怨。责任归属变量与其选择向第三方抱怨行为非显著性相关。

系数[a,b]

模型		非标准化系数		标准系数	t	$Sig.$
		B	标准误差	试用版		
1	个人标准	0.119	0.043	0.527	2.792	0.007
	责任归属	0.217	0.100	0.409	2.164	0.804

a. 因变量：私下抱怨

b. 通过原点的线性回归

图 4-10 "第三方抱怨"变量回归分析

综上所述，涉及农家书屋抱怨的 5 种类型共有 22 个相关假说，有 11 个假说经过验证是成立的，如图 4-11 所示。

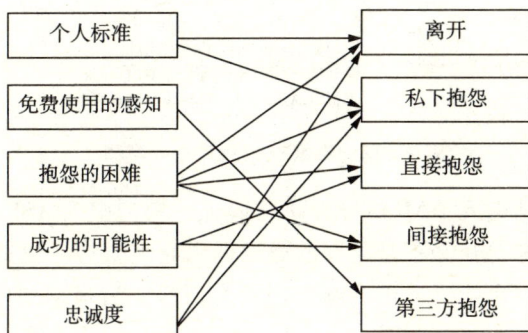

图 4-11 农家书屋抱怨行为显著性影响因素

图 4-11 中每条线均是通过验证的假说，其中"离开"变量的影响因素，3 个假说成立；"私下抱怨"变量的影响因素，3 个假说成立；"直接抱怨"变量的影响因素，2 个假说成立；"间接抱怨"变量的影响因素，2 个假说成立；"第三方抱怨"变量的影响因素，1 个假说成立。

4. 模型的结构方程检验

在上文中通过 SPSS 多元回归对假说进行分析，接下来采用 AMOS20.0 对构建的结构方程模型进一步进行验证。把涉及农家书屋抱怨的 5 种类型 22 个相关假说，全部输入 AMOS20.0 中，构建图 4-12 的结构方程。

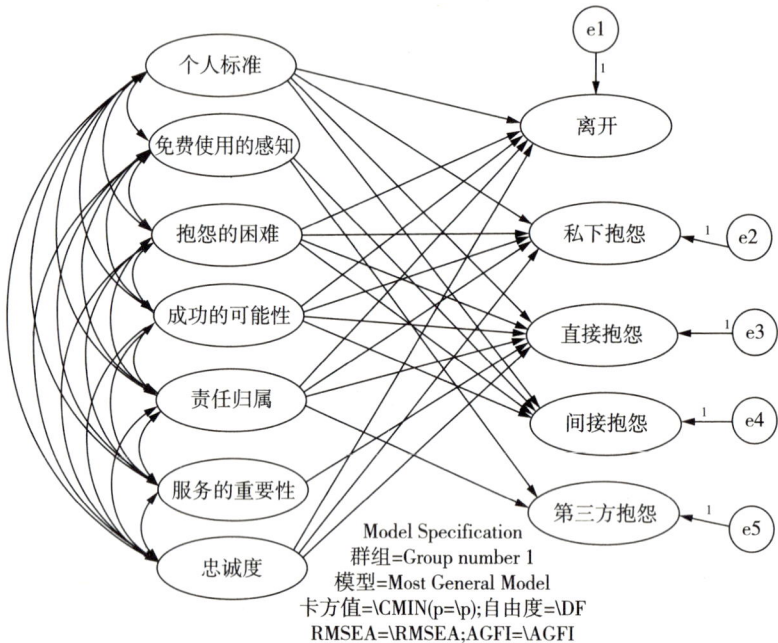

图 4-12 农家书屋抱怨总的模型

把调查数据输入 AMOS20.0 进行验证，模型中 RMSEA>0.05，从所得适配度指标得知并不是所有的假设得到显著支持。根据 AMOS20.0 中模型分析的结果给出的模型修正提示，而修正后模型中的假说，正好是上述研究中回归分析显著性的 11 个假说。调整后模型在 AMOS20.0 中分析，增加误差变量之间的共变关系，文件输入进行验证，得到如下路径图（图 4-13）：

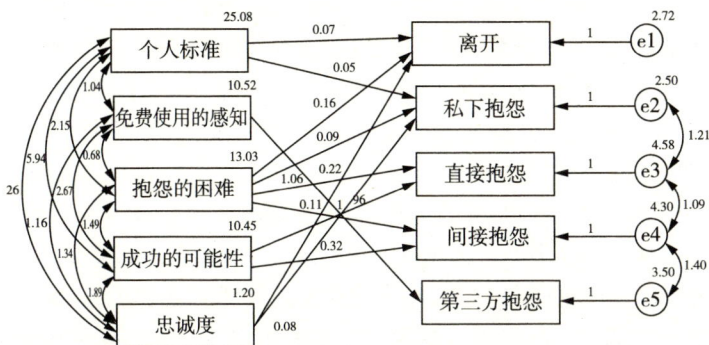

图 4 - 13　农家书屋抱怨模型修正后路径图

显著性概率 $p > 0.05$，RMSEA < 0.05（适配良好），RMSEA $<$ 0.08（适配合理）；AGFI > 0.90，模型通过验证。这一结果与回归分析一致，个人对于抱怨标准、个人对抱怨困难的感知以及个人对农家书屋的忠诚度三个变量影响选择离开农家书屋的行为；农村居民选择私下抱怨农家书屋的行为与离开农家书屋的行为一样，受到个人对于抱怨标准、个人对抱怨困难的感知以及个人对农家书屋的忠诚度三个变量的影响；个人对抱怨困难的感知以及抱怨成功的期望对其是否选择直接抱怨农家书屋有显著性相关关系；个人对抱怨困难的感知及对抱怨成功的期望变量影响着其间接抱怨农家书屋的行为选择；个人对免费服务的感知影响着其向第三方抱怨的行为。

4.4.4　实证结果及思考

既然农家书屋可以纳入农村"大图书馆"的范畴，那么上述的分析结果也从一定程度上折射出农村图书馆用户抱怨的行为。农村图书馆项目的推动过程中，随着资金的投入，设施或基层服务点数字也在不断增长。在初期的时候，我们看到的基本是其给农村基层文化信息需求带来好处的诸多介绍，在项目推动的后续时间里，从学术研究或调研中，看到其利用率下滑的倾向，以至于最后不了了之的情况也屡见不鲜。对此，我们过多地认为是农村居民文化素质低、利用意识薄弱等方面的原因造成的，也会根据农村居民表达方面的欠缺，误认为农村居民接受现状且没有相关的"抱怨"。本研究以调研数据及以农家书屋为例进行模型验证，得知农村居民对于农村图书馆服务成效的态度，并不是我们一

145

直以来看到的"沉默"，只是对于农村图书馆免费服务的感知，使得他们对于农村图书馆服务不尽如人意的地方会更多地选择"离开"或"私下抱怨"行为，而较少选择"直接抱怨"或"向第三方抱怨"。同时在调研中也可以看出，农村居民对于农村图书馆服务的忠诚度普遍偏低，这一方面可能是农村图书馆服务设施在信息内容供给与他们的需求方面出现偏差，另一方面信息服务的模式与他们熟悉的获取渠道也存在"距离"。随着中国城市化进程的迅速加快，农民生活方式的变革正在进行。在此情形下，传统农家书屋或农村图书馆的大模式建设会不会与社会大背景"逆向发展"？随着手机的普及、网络的覆盖，通过现代化的传媒及低成本、高效率的科技手段来满足农村居民阅读需求，既是他们的需要，也是社会发展的必然。

本研究以农家书屋为个案对农村居民图书馆服务抱怨进行实证，研究结果证明了农村居民对农村图书馆服务抱怨的客观存在，只是因为目前对于相关研究关注的欠缺，忽视了来自农村居民这方面的声音。农村图书馆是为农村居民服务的，为了更好地为他们服务，不仅要了解他们的需求，更需要重视服务过程中来自农村居民的"评价"和"真实感知"。目前关于农村图书馆项目的实施，关注过多的是其"覆盖"率，而不是其利用率及农村居民满意度。如果离开了用户本身的测评机制，空谈其他评价指标则不太现实。惠民工程的实施，切实让"民"被"惠"是重中之重。

4.5　本章小结

为了解农村居民信息获取及利用情况，本研究选用田野调查进行研究，选取 Y 村，用四周的时间参与当地人的生活，记录他们生活的方方面面，通过田野笔记记录农村居民目前关心的农作物销售渠道、政府补贴、农民培训、农村财政奖补、农村低保金、楼房供需及农村医疗保险等方面的问题，来展示他们不同的信息需求以及获取情况。虽然笔记涉及农村基层的方方面面，但这种情况的形成，反映了农村信息供给与需求发生了分歧、农村文献及信息服务设施功能缺失、实体信息服务机构影响力没有达到。另外也发现农村居民目前最关注的信息不是"致富"信息，而是"政策信息"，而这也在本研究调研中得到证实。

　　为了更好地为农村居民提供信息服务，本研究对农村居民信息需求的种类及获取的渠道，不同区域农村居民信息需求的差异性及农村居民间信息需求的差异性进行研究。研究发现农村居民信息需求的种类与我们预设的致富信息之间出现偏差，而且不同居民间信息服务也有差异性，农民虽然对市场信息比较渴望，但更多地表示了对于政府信息公开的期望，他们希望能够知道国家、政府的惠民及补贴政策。农村留守老人及妇女均希望了解医疗保健、医疗保险等相关信息，以及日常生活保健方面知识。农村留守儿童对于课外书的渴求非常明显。农村居民信息需求具有地域上的差异性，东部、中部与西部区域居民在信息需求上是有所差别的，这与经济发展水平有着很大的关系。从调研来看，欠发达地区居民更关心的是政策方面的信息，在生活中他们对于通过阅读来致富感知不强，农闲时的娱乐活动更加单调，致富方面他们更愿意选择外出打工；对于发达地区来说，农村居民对于文献信息的感知更多的是来自于自愿，阅读意识也较强，获取信息的渠道也比较多，更偏向于网络这种信息获取方式，致富的模式更加多元化。经济条件越好的区域，阅读意识越强，而相应的信息服务设施利用率也高些。欠发达地区，阅读及利用意识普遍较弱，获取信息渠道较窄；农村居民获取信息的渠道更多是偏向人际交流；农村居民信息受众也发生分层，虽然以农业生产为主的农民，仍然是农村信息服务的主角，但目前农村常住居民以妇女、儿童及老人为主，因此农村信息服务也不能忽视他们的信息需求。

　　本研究通过调查和实证研究，以 UTAUT 模型为理论参考依据，探讨当前农村居民利用农村信息服务设施的特点及其主要影响因素。研究表明在农村信息服务项目实施过程中，需重视用户对服务的感知，离开了农村居民对信息服务的有用性及易用性感知，就不可能奢望农村居民使用态度及意向的明确。研究根据信息服务抱怨的类型及其影响因素，对农村居民信息服务的抱怨情况进行研究。通过实证可以得知，在农村信息服务中，农村居民对于信息服务的成效，并不是"沉默"，只是对于农村信息免费服务的感知，使得他们对于农村信息服务不尽如人意的地方会更多地选择离开或私下抱怨，而较少选择直接抱怨或向第三方抱怨。而且在调研中发现，农村居民对于信息服务的忠诚度普遍偏低，这一方面可能是信息服务设施在信息供给与他们的需求方面出现不一致，另一方面信息服务的供给方式与他们常用的信息获取渠道也有所偏差。

第五章 农村科技信息扩散及利用研究

我国农村信息服务迄今并未形成一个有机统一的农村信息化、信息服务政策，在上层设计中各部门、各地方、各单位、各环节各自为政，缺乏沟通协作和长效的制度保障，经常会出现部分地区重复资助，而有些地区却无人过问的局面，造成不应有的浪费。本章对农村信息服务的模式进行梳理，对其在农村形成的设施及其服务进行描述，并根据农村居民对农村信息服务设施的感知，在农村进行问卷调查，了解农村居民的信息需求，获取信息服务设施建设、利用现状及其中存在的问题。借助创新扩散模型，探讨农村信息服务的扩散过程，研究农村信息服务的生命周期，呈现出其扩散轨迹。

5.1 农村科技信息扩散渠道研究

十六届五中全会通过的《中共中央关于制定国民经济和社会发展第十一个五年规划的建议》提出："坚持把解决好'三农'问题作为全党工作的重中之重，推进社会主义新农村建设，促进城镇化健康发展。"随着城乡信息交流的日益增多，原有的潜在矛盾将显性化。如果"三农"问题不能得到很好解决，将是构建和谐社会的重大隐患因素。"三农"问题，核心是农民问题，而农民问题，又取决于农民收入水平。农村经济的发展，更多地依靠科技进步和劳动者素质的提高。

5.1.1 农村科技信息扩散渠道的客观存在

农村科技信息的有效传播对于促进农业结构调整，提高农业劳动生产率具有十分重要的作用。"十一五"期间，在统筹城乡基础设施建设中，各级政府根据中央政策，切实把重点放在农村，加大投入力度，推进农村信息化建设。农村党员干部远程教育基层点、文化信息共享工程基层服务点、农村综合信息服务站、农家书屋、乡镇综合文化站中除演出之外的其他设施，都取得了很好的成绩。

农家书屋。新闻出版总署会同中央文明办、国家发展改革委、科技部、民政部、财政部、农业部、国家人口计生委共同推行。2005 年最初试点，截至 2012 年 8 月，全国共建成农家书屋 600449 家，覆盖了具备基本条件的行政村，比原计划提前 3 年竣工，一共投入财政资金 120 多亿元、社会资金 60 多亿元①。

文化信息资源共享工程基层服务点。2002 年起文化部、财政部共同组织实施全国文化信息资源共享工程，利用现代信息技术，将中华优秀文化资源进行数字化加工整合，通过互联网、卫星、电视、手机等新型传播载体，依托各级图书馆、文化站等公共文化设施，在全国范围内实现共建共享。

乡镇综合文化站。乡镇综合文化站是根据《中共中央办公厅国务院办公厅关于进一步加强农村文化建设的意见》（中办发〔2005〕27 号）和《中共中央办公厅国务院办公厅关于加强公共文化服务体系建设的若干意见》中提出的为丰富农村文化而建设的文化站。乡镇综合文化站，是指由县级或乡镇人民政府设立的公益性文化机构，其基本职能是社会服务、指导基层和协助管理农村文化市场。乡镇人民政府负责文化站日常工作的管理，县级文化行政部门负责对文化站进行监督和检查，县文化馆、图书馆等相关文化单位负责对文化站开展对口业务指导和辅导。文化站基本功能空间应包括：多功能活动厅、书刊阅览室、培训教室、文化信息资源共享工程基层点和管理用房，以及室外活动场地、宣传栏等配套设施。文化站应配置开展公共文化服务必需的设备、器材和图书等文化资源，并有计划地予以更新、充实。

广播电视村村通工程。为解决广大农民群众听广播、看电视难的问题，1998 年，发展改革委、财政部、广电总局共同组织实施了广播电视村村通工程。截至 2005 年底，中国共投入建设资金 34.4 亿元，运行维护费 0.4 亿元，完成了 11.7 万个行政村、10 万个 50 户以上自然村"村村通"建设任务，并修复了 1.5 万个行政村"村村通"工程，解决了近

---

① 柳斌杰：开创农家书屋工程建设新局面 [EB/OL]．[2012 - 12 - 30]．http：//www.zgnjsw.gov.cn/booksnetworks/contents/399/135588.html.

1亿农民群众收听收看广播电视的问题①。

2006年9月20日，国务院办公厅印发了《国务院办公厅关于进一步做好新时期广播电视村村通工作的通知》（国办发〔2006〕79号），明确要求：充分发挥各地现有广播电视无线发射转播台（站）的作用，通过加快设备更新改造、增加转播节目套数、加强运行维护，大力提高农村地区的广播电视无线覆盖水平，使广大农民群众能够无偿收听收看到包括中央第一套广播节目、中央第一套和第七套电视节目，以及本省第一套广播电视节目的4套以上的无线广播节目和电视节目②。到2010年底，全面实现20户以上已通电自然村通广播电视的目标。要按照"技术先进，安全可靠，经济可行，保证长效"的原则，因地制宜地采取适合本地特点的技术手段实现"村村通"。鼓励距离城镇较近、有条件的农村采取有线光缆联网方式进行建设，边远、居住分散地区采取共用卫星接收（俗称"村锅"）方式进行建设，使"盲村"的农民能够收听收看到包括中央和本省的4套以上的广播节目和8套以上的电视节目。同时，加强管理，保证"村村通"工程按规定接收广播电视信号，防止违规接收境外节目。

2007年10月，国家发展改革委、财政部、广电总局联合印发了《"十一五"全国广播电视村村通工程建设规划》，明确"十一五"期间广播电视村村通工程建设目标和任务有两项③：一是20户以上已通电自然村广播电视覆盖盲村建设，要求到2010年底，全面实现20户以上已通电自然村村村通广播电视，力争使现有20户以上自然村广播电视盲点的农民群众能够收看到包括中央第一套、第七套和本省第一套在内的8套以上电视节目，收听到包括中央第一套和本省第一套在内的4套以上广播节目；二是加强农村广播电视节目无线覆盖，大力提高农村地区广播电视节目无线覆盖水平，使80％以上的农村人口能够用电视机、收音机直接收看收听到包括中央电视台第一套节目、第七套节目和中央人民广播电台第一套节目在内的4套以上无线电视节目和4套以上无线广

---

① 我国"十一五"期间投入100多亿元解决80％以上农村人口收听收看广播电视［EB/OL］.［2015-12-24］.http：//shs.ndrc.gov.cn/shfzdt/200710/t20071029_168633.html.

② 国务院办公厅关于进一步做好新时期广播电视村村通工作的通知［EB/OL］.［2015-12-24］.http：//www.gov.cn/zwgk/2006-09/29/content_402778.htm.

③ "十一五"全国广播电视村村通工程建设规划［EB/OL］.［2015-12-24］.http：//shs.ndrc.gov.cn/shfzghyzc/200804/t20080411_203682.html

播节目。

2011 年 8 月，根据《国民经济和社会发展第十二个五年规划纲要》，国家发改委、广电总局编制印发了《全国"十二五"广播电视村村通工程建设规划》。《规划》明确①，"十二五"期间"村村通"工程建设目标任务是，将偏远农村地区 82.4483 万个新通电行政村和 20 户以上自然村、20 户以下自然村"盲村"及 48.8813 万个林区（场）"盲户"的广播电视覆盖纳入实施范围，加强转播中央广播电视节目的 1229 座高山无线发射台站的基础设施建设，到 2015 年底，基本完成广播电视村村通工程建设任务，逐步改善服务农村的高山骨干无线发射台站基础设施条件，基本实现广播电视"户户通"。各级政府对本行政区"村村通"工作负总责，对西部地区和全国贫困地区工程建设给予重点支持，中央补助投资了 34.9256 亿元，其中 18.0106 亿元用于"盲村"广播电视覆盖，16.915 亿元用于高山无线发射台站基础设施建设。

星火计划②：1985 年 3 月，中国政府在全国实行科技体制改革，进一步明确了"经济建设必须依靠科学技术，科学技术工作必须面向经济建设"的科技发展方针，为广大科研院所和科技工作者面向农村经济主战场、向农村推广科技成果、帮助农村发展经济提供了契机。中国是一个农业大国，农村人口占 80%，解决农业、农村和农民问题是实现中国现代化的关键，从这个基点出发，顺应全国经济体制改革的形势和农村生产力发展的需要，1985 年 5 月，国家科委向国务院提出了"关于抓一批短、平、快科技项目促进地方经济振兴"的请示，引用了中国的一句谚语"星星之火，可以燎原"誉名为"星火计划"，寓意为科技的星星之火，必将燃遍中国的农村大地。1986 年初中国政府批准实施这项计划。

星火计划是经中国政府批准实施的第一个依靠科学技术促进农村经济发展的计划，是我国国民经济和科技发展计划的重要组成部分，其宗旨是：把先进适用的技术引向农村，引导亿万农民依靠科技发展农村经济，引导乡镇企业的科技进步，促进农村劳动者整体素质的提高，推动农业和农村经济持续、快速、健康发展。

---

① 国家发改委广电总局联合印发《全国"十二五"广播电视村村通工程建设规划》[EB/OL]．[2015－12－24]．http：//gsgd.zggs.gov.cn/Item/Show.asp? m=1&d=1626.

② 中国星火网 [EB/OL]．[2015－12－24]．http：//www.cnsp.org.cn/index.asp

星火计划的奋斗目标：加快农村工业化、现代化和城镇化建设进程，提高农民的生活质量，推动农村早日实现小康，并向更加富裕和文明的现代化农村的目标前进。

星火计划的主要内容：支持一大批投资少、见效快、先进适用的利用农村资源的技术项目，建立一批科技先导型示范企业，引导乡镇企业健康发展，为农村产业和产品结构的调整做出示范；开发一批适用于农村、适用于乡镇企业的成套设备并组织批量生产；培养一批农村技术、管理人才和农民企业家；发展高产、优质、高效农业，推动农村社会化服务体系的建设和农村规模经济发展。星火技术密集区：在一定的经济区域内，按照星火计划的宗旨，依靠科技进步提高经济增长的质量和效益，管理、技术、人才、资金综合集成，生产要素配置优化，产业的产品结构合理，经济、科技和社会全面进步的农村区域经济综合发展示范区。星火技术密集区是星火计划扩大实施规模和效益，在单项开发、区域性支柱产业的基础上，进行农村区域经济综合开发的示范区。星火区域性支柱产业：在一定的经济区域内，依靠科技进步，为科学技术大规模进入农村，与农村经济密切结合发挥先导作用。开发具有区域资源优势的主导产品，使其形成规模，并带动企业和相关产业发展，实行集约化、规模化、产业化经营，最终在区域经济中占有相当比重。

星火计划的管理：星火计划在各级政府的领导下，实行国家、省（指省、自治区和部门，简称省）、地、县分级管理。国家科学技术委员会星火计划办公室是全国星火计划的归口管理部门，负责制定全国星火计划有关方针、政策、发展战略和中长期发展规划，编制年度国家级星火项目计划，指导、协调全国星火计划实施工作。各省、地、县科学技术委员会都设有星火计划管理机构，负责本地区、本部门、本行业星火计划有关方针、政策、发展战略和中长期发展规划及组织评审、申报项目等管理工作。

星火计划坚持先进适用的技术选择标准，按技术先进、投资少、见效快的原则选择星火项目。项目一般由企业申报并承担，但企业必须保证有1~2个研究、开发机构作为其技术依托单位。星火计划的资金筹集实行地方为主、贷款为主、企业自筹为主、国家适度引导相结合的方法，调动各方财力支持该计划的实施，力求引导农村的技术开发走自我发展的道路。

农业科技110、星火科技12396。"星火科技12396"源于"农技

110"。"农技 110"信息服务模式是基于农村信息化的农村科技服务机制创新，于 1998 年产生于浙江衢州。"十五"期间，科技部对全国"农技110"工作进行了系统构建和全面部署。至 2008 年 12 月，我国已经有20 多个省（区、市）开展了"农技 110"信息服务工作，覆盖了约 1000个县、8900 个乡镇。当前，各地"农技 110"有语音点播、人工座席、短信息、互联网、专家出诊、快速配送农资等多种服务手段。

为进一步提升"农技 110"信息服务模式的发展质量，科技部联合有关部门推动在全国范围内统一农村科技信息服务号码"星火科技12396"，并与工业和信息化部联合开展试点工作。首先在全国范围内确定了北京、河北、内蒙古、安徽、福建、山东、湖北、广东、海南、陕西、甘肃、宁夏为首批 12 个星火科技 12396 信息服务试点省、直辖市、自治区，在试点的基础上逐步推广。试点工作以加强农村科技信息服务资源开发、推进信息服务进村入户为重点，发挥政府引导和市场驱动两个机制的作用，推进建立健全星火科技 12396 信息服务体系；通过新技术和新机制的应用，培育星火科技 12396 信息服务品牌，推动实现农村科技"零距离服务"，带动农村信息化的整体发展，最终形成全国农村科技信息服务体系。该体系主要包括以资源为本的数据库系统、以技术为本的数据处理系统、以人为本的社会化服务系统和以现代机制为本的运行管理系统 4 个方面的内容[①]。

各地依托 12396 热线平台，构建各自的农村公共信息服务体系，如北京在农业热线服务基础上，整合科技、信息以及专家等多种资源，通过语音、视频诊断、手机短信、网上在线答疑等方式解决问题，为农民提供新品种、新技术、农产品市场信息、农业生产技术、农业政策法规、农村生活常识资讯等多种咨询服务以及专家视频诊断服务[②]。

国家农村信息综合服务平台构建与应用。1999 年，广西科技厅开始启动农村科技信息服务体系建设，由单一政府主导型的服务体系逐步发展到以政府服务机构为主体，农业、科教部门、专业合作组织、龙头企业等共同参与的社会多元化服务体系（图 5-1）。至 2012 年 3 月，广西农村科技服务体系建设 7 类科技服务机构 532 个，其中农业科技专家大

---

① 星火科技 12396 [EB/OL]. [2015-12-24]. http://www.sp12396.cn/index.asp.

② 曹承忠，张峻峰，王铮，罗长寿，耿东梅. 北京市新型农业热线科技信息服务体系应用模式分析 [J]. 贵州农业科学，2011，39（2）：228-231.

院 27 个、龙头企业技术创新中心 74 个、农村专业技术协会 205 个、农村区域成果转化中心 12 个、农村信息化基地 85 个、农民科技培训星火学校 129 个，14 个市选派科技特派员 1520 名①。提供"龙头企业＋信息服务站＋农户""专业市场＋信息服务站＋农户"及"生产基地/专业协会＋信息服务站＋市场"的信息服务模式。

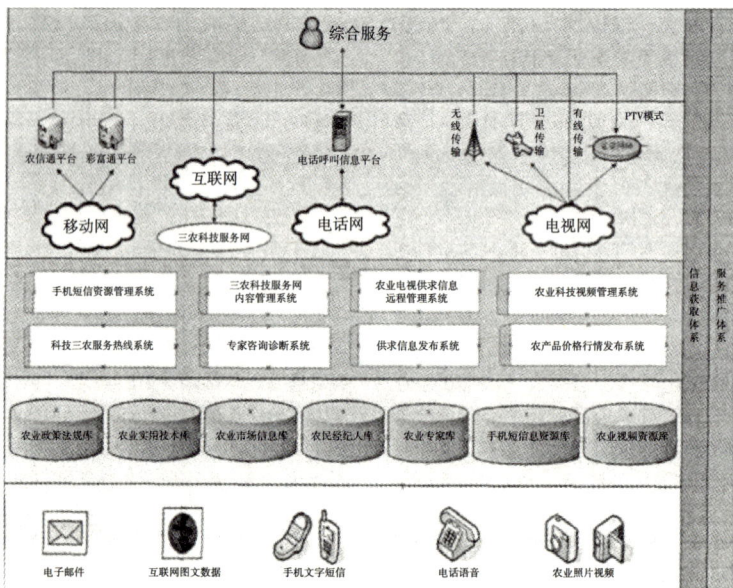

图 5-1 广西农村科技信息网络结构图②

农村电影放映工程。为贯彻落实党的十六届五中、六中全会精神，努力实现《中华人民共和国国民经济和社会发展第十一个五年规划纲要》和《国家"十一五"时期文化发展规划纲要》提出的关于农村电影放映工程的目标，国家新闻出版广电总局、发展改革委、财政部、文化部《关于做好农村电影工作的意见》经国务院同意，2007 年 5 月 22 日，由国务院办公厅转发贯彻执行（国办发〔2007〕38 号）。做好农村电影

---

① 广西新农村科技服务体系建设情况［EB/OL］.［2015－12－24］. http：//www. gxsti. net. cn/zwgk/zwdt/kjtgz/631167. shtml.

② 叶波，苏鸿，韦霖. 基于产业化发展需求的广西农村科技信息服务体系构建［J］. 西南农业学报，2010（2）：584－588.

工作的总体要求是：全面贯彻落实科学发展观，坚持社会效益第一的原则，按照"企业经营、市场运作、政府买服务"的农村电影改革发展新思路，深化农村电影改革，探索建立多种所有制、多种发行放映主体和多种发行放映方式相结合的新模式，鼓励农村电影跨地区经营，促进农村电影放映的规模化发展，扩大适合农民群众观看的影片创作生产和片源供应，从根本上解决广大农民群众看电影难的问题。做好农村电影工作的目标任务是：加强农村题材影片创作的规划和生产，推进农村电影放映工程，普及数字电影放映技术，提高放映质量，完善放映基础设施建设，培育农村电影放映的新主体，建立公益放映补贴的新机制，推动露天放映与室内放映相结合、免费放映与有偿放映相结合、胶片放映与数字放映相结合并逐步向数字放映过渡，不断扩大农村电影的覆盖面，到 2010 年基本实现全国行政村一村一月放映一场电影的公益服务目标。

农村市场信息服务。2001 年农业部常务会议审议通过了《"十五"农村市场信息服务行动计划》，提出用 3 到 5 年的时间，建立一支农村信息员队伍，健全乡（镇）、村两级信息传播网络。经过"十一五"的建设，"县有信息服务机构、乡有信息站、村有信息点"的格局基本形成。全国 100％的省级农业部门设立了开展信息化工作的职能机构，97％的地市级农业部门、80％以上的县级农业部门设有信息化管理和服务机构，70％以上的乡镇成立了信息服务站，乡村信息服务站点逾 100 万个，农村信息员超过 70 万人①。

农村商务信息服务站。2006 年商务部出台了《"新农村商务信息服务体系建设"工作方案（试行）》，提出在农村设立商务信息服务站。新农村商务信息服务体系建设（简称"信福工程"）发展目标是逐步建立覆盖全国农村的公共商务信息服务网络，将商务信息服务推广到农村基层，提供商品、市场商务信息，提供商务信息化能力培训，促进农村流通工作，推动农村经济发展。"信福工程"采取试点推动、分期建设的建设模式。2006 年至 2007 年上半年完成开展试点的工作，2007 年在总结经验基础上由点到面逐步铺开，试点项目数量在 2006 年的基础上争取翻一番，2008 年将在 2007 年的基础上，将试点数目再扩大，逐步在

---

① "十一五"农业农村信息化取得四方面成就［EB/OL］．［2013－01－06］．http：//news. xinhuanet. com/politics/2011－12/22/c_122468035. htm.

全国范围内全面建设农村公共商务信息服务体系。村级商务信息服务站的主要任务是：从新农村商务网、其他农业商务信息网等互联网上收集农副产品商务信息向农民提供，协助农民上网发布农副产品信息，为农民开展商务信息咨询服务。

农村综合信息服务站。2009 年，工业和信息化部下发了《农村综合信息服务站建设和服务基本规范（试行）》。农村综合信息服务站建设，遵循"政府主导、社会参与、整合资源、共建共享"的原则，应具备以下"五个一"基本条件：一处固定场所、一套信息设备、一名信息员、一套管理制度、一个长效机制。将农村综合信息服务站建构为具有以下功能的基层服务设施：为农民提供综合信息服务，包括政策法规、科技咨询和辅导、市场价格、生产经营、疫病防治、致富就业、文化生活等各类信息。

农村党员干部远程教育基层点。从 2003 年 4 月至 2006 年底，在 12 个省（自治区）分两批开展了农村党员干部现代远程教育试点工作①。2007 年，中共中央办公厅正式发布《中共中央办公厅关于在全国农村开展党员干部现代远程教育工作的意见》，我国正式启动农村党员干部现代远程教育计划，在农村建设以现代信息技术为装备的远程教育基层站点。利用资源库和远程教育终端站点及多种媒体教学资源，共建共享、一站多用，以理论政策、法律法规、国防建设、思想道德、科学素质、文化素养和技能培训等为主要内容，使终端站点成为提高农村党员干部综合素质的培训点、创新农村基层组织建设的切入点、农村信息化的示范点、农民群众学习科技知识的致富点、农村进城务工人员学习职业技能的传授点和丰富农民群众业余文化生活的娱乐点。开展农村党员干部现代远程教育工作的总体安排是：用 3～4 年的时间，力争到 2010 年底，在全国基本建成农村党员干部现代远程教育网络体系。先期试点的 3 个省，进一步巩固提高已建站点的管理使用水平。扩大试点的 9 个省（自治区）在现有基础上，加快建设进度，力争到 2008 年底完成基础设施建设任务，在乡镇、村基本实现站点全覆盖。没有进行试点的其他 19 个省（自治区、直辖市）和新疆生产建设兵团，力争到 2010 年底完成

---

① 全国党员干部现代远程教育网 [EB/OL]. [2012 - 12 - 30]. http://www.dygbjy.gov.cn: 8008/index.html.

基础设施建设任务，在乡镇、村基本实现站点全覆盖。东部地区可适当加快建设步伐，中西部地区根据本地实际，稳步推进站点建设。

公共电子阅览室计划。2012 年 2 月 3 日，文化部、财政部印发《"公共电子阅览室建设计划"实施方案》。"公共电子阅览室建设计划"以保障人民群众基本的文化权益为目标，以未成年人、老年人、进城务工人员等特殊群体为重点服务对象，依托文化共享工程的服务网络和设施，以及文化共享工程、国家数字图书馆丰富的数字资源，与文化共享工程建设、乡镇文化站建设、街道（社区）文化中心（文化活动室）建设以及中央文明办组织实施的"绿色电脑进西部"工程相结合，在城乡基层大力推进公共电子阅览室建设，努力构建内容安全、服务规范、环境良好、覆盖广泛的公益性互联网服务体系。重点推进乡镇、街道和社区公共电子阅览室的建设。按照面积不少于 40 平方米、终端计算机不少于 10 台、局域网存储空间不少于 1TB、互联网出口带宽不低于 2M 的标准，建设规范的乡镇、街道（社区）级公共电子阅览室。"十二五"之前，文化共享工程乡镇、街道、社区基层点的计算机配置分别为 4 台、7 台、3 台，"十二五"期间，有计划地增加至 10 台以上，使其达到公共电子阅览室设备配置标准，到"十二五"末，努力实现公共电子阅览室在全国所有乡镇、街道和社区的全面覆盖。2010 年 11 月—2011 年 12 月为试点阶段；2012—2013 年为逐步推进阶段；2014—2015 年为全面完成阶段。

国家公共文化服务体系示范区（项目）创建。2011 年初，文化部和财政部启动了国家公共文化服务体系示范区（项目）创建工作。示范区（项目）创建的目标是：2011－2016 年，在全国以地级市（区）为主，分三批创建约 100 个网络健全、结构合理、发展均衡、运行有效的公共文化服务体系示范区，培育约 200 个具有创新性、带动性、导向性、科学性的公共文化服务体系示范项目，通过示范区或示范项目的创建，调动地方政府的积极性，集成、整合、提升"十一五"公共文化服务体系建设的成果，解决公共文化服务体系建设存在的突出矛盾和问题，推动公共文化服务体系建设可持续发展。2011 年 5 月，文化部、财政部公布第一批创建国家公共文化服务体系示范区（项目）名单，28 个示范区的创建规划中都涉及了公共图书馆的发展规划，47 个示范项目中，直接以公共图书馆为对象的有 4 个（浙江嘉兴的"城乡一体化公共图书馆服务体系建设"；重庆大渡口区的"文化馆和图书馆总分馆制"；陕西铜川的

"公共图书馆服务体系一体化建设"；新疆克拉玛依的"图书馆联建、共享一体化服务体系"），更多的是包含或与公共图书馆相关的项目，如河北廊坊的"霸州县级公共文化服务体系"，安徽铜陵的"城市文化社区建设"，湖南衡阳的"公共文化服务进社区活动"，广东佛山的"南海区县域公共文化服务体系建设工程"，四川省攀枝花的"大地书香新农村家园工程"，西藏南山地区的"民族地区公共文化服务体系建设机制"等。创建公共文化服务体系示范区（项目）的一个重要任务，就是强调整合、集成、提升已有的建设成果，把不同来源、不同口径、不同载体、不同内容甚至不同格式的资源整合起来、集成起来，真正形成农村、基层的综合服务与利用平台，让现有资源发挥出最大的效益[①]。

全国公共图书馆事业发展"十二五"规划。2013 年 1 月 30 日，文化部发布《全国公共图书馆事业发展"十二五"规划》，这也是我国第一个全国性的公共图书馆事业发展五年规划，提出到"十二五"末期，逐步建立覆盖城乡、结构合理、功能健全、实用高效的服务网络，带动全国图书馆事业发展，使公共图书馆在公共文化服务体系和公共数字文化建设中发挥主体作用，使公共图书馆成为人民群众基本文化需求的重要阵地。《规划》提出"十二五"时期公共图书馆事业发展的主要指标包括：到 2015 年，实现地市和县级行政区划公共图书馆的 100％覆盖；60％的县以上公共图书馆达到部颁三级以上评估标准；县以上公共图书馆全面实现免费开放；全国人均公共图书馆藏书量达到 0.7 册；全国人均公共图书馆年新增图书藏量达到 0.05 册；全国人均公共图书馆购书经费达到 1.65 元；全国有效读者总人数达到 5050 万人；国家数字图书馆资源总量达到 1000TB；全国文献外借册次达到 4 亿；全国总流通人次达到 4.5 亿；提供远程访问服务的公共图书馆比例省级馆达到 100％，地市级馆达到 90％，县级馆达到 50％。《规划》从制度规范建设、设施网络建设、公共数字文化服务、传统文化传承、文献资源保障、公共文化产品提供、新技术研究与应用、科研规划与管理、人才队伍建设、国内外交流与合作等方面提出了 10 个领域的重点任务。各项重点任务分别规划了地市级公共图书馆建设工程、全国文化信息资源共享工程、数字图书馆推广工程、公共电子阅览室建设

---

① 李国新. "十二五"时期公共图书馆事业的发展机遇 [J]. 图书馆建设，2011（10）：2－6，11.

计划、中华古籍保护计划、革命历史文献和民国时期文献保护计划、公共图书馆免费开放 7 个重点项目。

此外，文化部还同时印发了《全国文化信息资源共享工程"十二五"规划纲要》，提出到 2015 年，文化共享工程数字资源总量达到 530TB；服务网络实现从城市到农村的全面覆盖，公共电子阅览室基本覆盖全国所有乡镇和街道、社区，入户率达到 50％。"十二五"期间，文化共享工程建设的 7 个方面的主要任务是完善覆盖城乡的六级服务网络、推进文化共享工程进入居民家庭、实施"公共电子阅览室建设计划"、加强数字资源建设的统筹规划和管理、打造先进实用的技术平台、推动国家中长期人才培训计划的实施、促进基层惠民服务品牌化专业化，最终将文化共享工程建成资源丰富、传播高效、服务便捷、管理科学的公共数字文化品牌工程。

农业农村信息化。2011 年 11 月 25 日，农业部印发《全国农业农村信息化发展"十二五"规划》。《规划》提出今后五年农业农村信息化发展的总体目标是：到 2015 年，农业农村信息化建设取得明显进展，基础设施进一步夯实，资源利用率明显提高，信息技术装备水平明显提升，信息化与现代农业融合初见成效，服务体系更加健全，运行机制逐步完善，全国农业生产经营信息化整体水平翻两番，农业农村信息化总体水平从现在的 20％提高到 35％，基本完成农业农村信息化从起步阶段向快速推进阶段的过渡。加强与电信运营商、IT 企业等的合作，充分利用 3G、互联网等现代信息技术，建设覆盖部、省、地市、县的四级农业综合信息服务平台，完善呼叫中心信息系统、短彩信服务系统、手机报、双向视频系统等信息服务支持系统，为广大农民、农村专业合作社、农业企业等用户提供政策、科技、市场等各个方面的信息服务。

5.1.2 农村科技信息服务项目的覆盖

1. 取得的成效

覆盖城乡的公共文化服务体系。2010 年底，全国共有公共图书馆 2884 个，图书总藏量 6.17 亿册（件），全国平均每万人拥有公共图书馆面积由 2009 年的 63.7 平方米提高至 67.2 平方米。2010 年底，全国共有公共图书馆 2884 个，文化馆（含群众艺术馆）3264 个，乡镇（街道）文化站 40118 个，基本实现了公共文化服务体系全覆盖。"十一五"前四年，农村文化事业费（农村文化事业费是指各级财政对县及县以下剧团、图书馆、文化馆以及文化行政主管部门等文化机构的经费投入总和）年均增长 24.6%，高出城市文化事业费 4.2 个百分点，2009 年农村文化事业费占 29.4%，比重比 2005 年提高了 2.7 个百分点[①]。

乡镇综合文化站建设。2010 年 6 月，国家发改委下达了最后一批乡镇综合文化站中央预算内投资 18.48 亿元，顺利完成了"十一五"乡镇综合文化站建设中央投资 39.48 亿元的全部下达任务。截至 2010 年底，需要中央补助投资的乡镇综合文化站建设项目 23746 个（不含黑龙江农垦项目），其中 13561 个建设项目竣工，占项目总数的 57.1%。其余项目预计在 2011 年内全部建成投入使用。为解决乡镇综合文化站设施"空壳"问题，财政部 2008 至 2010 年连续三年安排乡镇文化站设备购置专项资金 11.62 亿元（其中 2010 年安排资金 4.19 亿元），为已建成且达标的乡镇综合文化站配备文化信息资源共享工程设备和开展文化活动所必需的设备器材，以改善其设备状况，完善其服务功能，从硬件上保障乡镇文化站活动的正常开展[②]。

全国文化信息资源共享工程。截至 2010 年底，中央累计投入达 27.44 亿元（其中 2010 年投入 5.34 亿元）。已建成 1 个国家中心，33 个省级分中心，2867 个县级支中心，2.3 万个乡镇基层服务点，59.7 万个村基层服务点，基本建成覆盖城乡的服务网络，完成"村村通"的目标。文化共享工程资源总量达 108TB，数字资源已形成规模。技术平台日益完善，已形成互联网、卫星网、有线（数字）电视网等多形式共用、多网络结合的资源传输渠道，实现了电脑、电视、手机、投影等各种终端服务设备的综合运用[③]。

信息技术设施方面[④]。在互联网接入方面实现了"乡乡能上网"，截至 2010 年，全国能上网的乡镇比例达到了 100%，其中能宽带上网的比例达到了 98%，同时，我国农村网民规模达到 1.25 亿，占整体网民的

① 近几年我国文化投入情况及对策建议［EB/OL］．［2013－1－8］．http：//www.ccnt.gov.cn/．

② 全国乡镇综合文化站建设和发展情况分析［EB/OL］．［2013－01－08］．http：//www.ccnt.gov.cn/．

③ 2010 年全国文化发展基本情况［EB/OL］．［2013－01－08］．http：//www.ccnt.gov.cn/．

④ "十一五"农业农村信息化取得四方面成就［EB/OL］．［2013－01－06］．http：//news.xinhuanet.com/politics/2011－12/22/c_122468035.htm.

27.3％；在电信网方面实现了"村村通电话"，截至 2010 年，全国 100％的行政村和 94％的 20 户以上自然村通电话；在广播电视网方面，农村广播、电视人口综合覆盖率分别从 1997 年的 86.02％和 87.68％提高到了 2010 年的 96.78％和 97.62％，人民群众收听收看广播电视节目难的问题基本解决。

农业信息服务方面。信息服务体系不断完善，各具特色的农业信息服务模式不断成熟。比较典型的有：吉林农委与吉林联通调动社会各界力量，打造"12316"新农村热线服务模式；浙江利用"农民信箱"信息服务平台，为农民提供信息发布、农产品产销对接等服务，实名制用户已达 236 万；上海为农民创建综合信息服务"农民一点通"平台，使农民不出村，就能得到方便、快捷的信息服务；宁夏探索出适合宁夏农业农村信息化实际的"平台上移、服务下延"模式，破解了资源整合难、信息共享难、网络进村难等制约信息化建设的难题，实现"村村通网络、村村有信息服务站"的目标；云南省打造"数字乡村"，建成覆盖全省 16 个州市、129 个县区、1348 个乡镇四级共 1494 个"数字乡村"网站集群和 13431 个建制村、124206 个自然村网页①。

2. 存在的问题

资源建设及共享方面：虽然从各个统计资料均可以看出，农村信息服务设施在硬件上有了大幅度的提高，这与各个部门的政策推行有很大的关系。但从以上介绍中也不难发现，各个部门推选的农村信息服务项目，有很多内容是重叠的，而且建设模式上也有极其相似的地方，比如都需要一定的设施及一名相关人员，但奇怪的是，相同的信息服务模式，不仅由不同的部门在推行，而且其所留在农村的设施是不一样的，均侧重于各自的服务模式，每个单一的模式，均独辟蹊径地进行试点及推行。2009 年，世界银行全球信息通讯局政策处形成了一份名为《中国的农村信息化建设》的研究报告，该报告列举了 11 个由中央国家部委主导实施的"一竿子插到底"、既包括硬件建设也包括资源建设的"农村信息化项目"，指出"每个部都有自己的信息化项目"，"都追求相似的目标"，"但都是在本部门的职权范围内开展，部门间的合作很少"，

---

① "十一五"农业农村信息化取得四方面成就［EB/OL］.［2013 - 01 - 06］. http：// news. xinhuanet. com/politics/2011－12/22/c_122468035. htm.

"造成重复性建设和资源浪费，严重制约了项目的可承受性、可持续性和可推广性"。在公共文化领域，由部门分割、行业壁垒所导致的重复建设、资源浪费、利用效益不高也不时可见①。

公共图书馆服务方面：从总体上看，随着经济社会的快速发展，我国公共图书馆事业还存在总量不足、地区发展不平衡、经费严重不足、公共文化服务资源总量偏少等突出问题。目前，我国公共图书馆布局是按政府行政层级分级设置的，这与我国宏观管理体制和公共财政体制密不可分。虽然对应于全国各级别行政区划，公共图书馆已基本实现全覆盖，但随着我国城市化进程的推进和公共图书馆事业的快速发展，公共图书馆总量仍不能满足人民群众的需要。虽然设施状况已有较大程度改善，但整体来说，仍然比较落后。受经济发展水平影响，公共图书馆建设和发展过程中也存在明显的地区差异。经济发达地区的公共图书馆覆盖率、达标率普遍较高，建设规模和投资数额较大，文献资源较为丰富；而经济欠发达地区公共图书馆建设水平普遍较低，设施条件十分简陋，文献资源也相对匮乏。由于经费不足，公共图书馆为基层群众提供文化服务的资源总量偏少、质量不高。国际图书馆协会联合会、联合国教科文组织 2002 年修订的《公共图书馆服务发展指南》中规定，公共图书馆人均藏书量应达到 1.5～2.5 册，而我国 2011 年公共图书馆人均藏书量不足 0.5 册，远远低于国际图书馆协会联合会的标准②。

政府资金的大量投入和各级部门的大力推进，为农村信息服务设施的覆盖创造了条件，也客观上改变了农村信息服务设施的落后局面。但覆盖过后，我们还有很长的路要走，如何使得这些纷繁复杂的信息服务设施得以利用，如何真正发挥其价值是一个比项目推行更加困难的问题。以上项目的推行是典型的"自上而下"式的推行，而且从官方统计来看，均是数字的增长，没有农村居民利用情况的阐述。当然农村信息服务设施的覆盖已经为农村居民的利用提供了一个好的平台，但我们项目的推行不是以覆盖为最终的目的，真正让农村居民得以利用，才是项目推行的最好结果。

---

① 李国新．"十二五"时期公共图书馆事业的发展机遇［J］．图书馆建设，2011（10）：2－6，11.

② 我国公共图书馆人均藏书量不足 0.5 册［EB/OL］．［2013－05－30］．http：//www.legaldaily.com.cn/zt/content/2013－03/14/content_4275782.htm？node＝42291.

5.2　农村科技信息扩散渠道的利用现状

面对农村信息服务设施建设的客观存在，农村居民能否有效地利用并有效获取信息？笔者曾对安徽、江苏、湖北等省进行调查，以农家书屋利用为例了解农村居民的信息需求，获取了有关信息服务设施建设、利用现状及其中存在的问题等相关资料。

阅读及信息获取情况。阅读文献的来源：自己购买占 51.09％，向亲戚朋友借阅占 10.87％，政府相关部门发放占 6.52％，图书馆借书占 17.39％，租书占 11.96％，阅读电子读物占 19.57％，其他占 31.52％。阅读文献的目的：帮助脱贫致富占 20.65％，增长知识、开拓眼界占 53.26％，消遣娱乐占 52.17％，了解时事占 33.70％，维护合法权益占 7.61％，保健占 10.87％，其他占 15.22％。喜欢阅读哪方面的文献：致富农业知识类占 29.35％，经商投资类占 20.65％，医疗卫生类占 19.57％，政策法律类占 9.78％，小说等文学作品占 33.70％，时事新闻类占 30.43％，少儿读物占 8.70％，娱乐休闲类占 34.78％，其他占 20.65％。读书对自己是否有用："有"占 86.96％，"没有"占 2.17％，"一般"占 10.87％，没有人选择"不清楚"。读书对小孩是否有帮助："有"占 94.57％，没有人选择"没有"，"一般"占 4.35％，"不清楚"占 1.08％。相信知识可以改变命运吗："相信"占 84.57％，"不相信"占 1.56％，"不清楚"占 13.87％。知识增加后，收入会增加吗："会"占 42.39％，"不会"占 9.78％，"不清楚"占 47.83％。周围的小孩子是否有地方借书看："有"占 20.65％，"没有"占 60.87％，"不清楚"占 18.48％。

农家书屋利用情况。针对"知道农家书屋吗"这一选题，知道并去过占 6.52％，知道但没有去过占 44.65％，不知道占 48.83％。知道农家书屋的作用吗："知道"占 31.43％，"不知道"占 68.57％。希望农家书屋开展的服务：农业知识培训占 35.87％，文化娱乐活动占 33.70％，电脑培训占 25.00％，图书推荐和读书交流占 20.65％，医疗保健讲座占 48.91％，市场信息占 31.52％，政务公开信息占 25.00％，其他占 23.91％。

笔者在安徽合肥农村区域进行调研，并对调研的数据进行定量描述，以数字来说明目前农村居民科技信息建设及利用现状，展示客观现实。合肥市是安徽省会，辖瑶海区、庐阳区、蜀山区、包河区、长丰县、肥东县、肥西县、庐江县，代管县级巢湖市，土地面积达 1.14 万平方千米，2015 年末，常住人口达 779 万，占全省人口的 12.7％。其中，城镇人口达 548.4 万，乡村人口 230.6 万，城镇化率达 70.4％[①]。表 5-1 是 2014 年合肥市各县市区农村基本情况[②]。

表 5-1　合肥市各县市区农村基本情况

指标		全市	瑶海区	庐阳区	蜀山区	包河区	长丰县	肥东县	肥西县	庐江县	巢湖市
农村基层组织	乡镇个数（个）	65	1	1	3	2	8	12	8	17	11
	村委会个数（个）	979		14	30	38	172	189	163	192	137
农村基础设施	自来水受益村数（个）	831		14	30	37	101	134	168	173	123
	通有线电视村数（个）	824		14	30	35	161	96	128	192	134
	通宽带村数（个）	850		14	30	37	152	176	157	192	136
乡村人口与从业人员	乡村户数（万户）	136.34	1.14	1.21	2.86	3.74	17.3	25.48	19.90	30.56	19.19
	乡村人口数（万户）	450.29	3.49	3.37	9.52	11.74	65.64	94.42	71.11	107.65	66.59
	乡村劳动力资源数（万人）	284.85	2.36	1.84	6.44	7.40	43.49	63.84	50.89	59.52	38.17
	乡村从业人员数（万人）	259.4	2.18	1.78	6.08	6.31	39.26	60.13	44.33	53.62	35.96
	男	139.56	1.20	0.92	3.34	3.81	21.05	32.43	24.46	27.57	19.52
	女	119.84	0.98	0.086	2.73	2.50	18.21	27.7	19.87	26.05	19.44

---

①　合肥市统计局.2015 年合肥市 1‰人口抽样调查主要数据公报［EB/OL］.［2016-06-06］. http：//tjj. hefei. gov. cn/8726/8730/201603/t20160311_1945918. html

②　合肥市统计局.各县（市）区农村基本情况（2014 年）［EB/OL］.［2016-06-06］. http：//tjj. hefei. gov. cn/8688/8689/n/201602/t20160216_1937225. html

5.2.1 调研方案设计

问卷设计。阅读相关文献资料，确定问卷的主要内容及具体问题，先在小范围内试填，根据问卷中的问题进行修改，然后再进行大范围发放。问卷发放地区：采用区域抽样的方式，从各个村分别随机抽取一定数量的村民作为样本，他们构成这个研究的实际样本。问卷发放与回收方式：采用学生负责制。根据学生家所在区域，通过一定的鼓励措施，让学生参与问卷调查工作，他们可以在家周边地区进行问卷的发放及回收，因为在他们家的附近，人的生疏度会少点，所以可以有效地避免没人愿意填写或填写后迟迟收不回。本次合肥农村阅读及信息服务调查问卷，按照学生及非学生填写分开，学生卷发放 120 份，回收 105 份，回收率 87.5%，非学生卷发放 100 份，回收 84 份，回收率 84%。

5.2.2 问卷结果分析

一、合肥农村阅读及信息服务调查问卷结果（非学生）

1. 被调查者基本情况（非学生）

性别：38.1% 是男性，61.9% 为女性；年龄：14 岁以下占 4.76%，15～20 岁占 14.29%，21～60 岁占 57.14%，60 岁以上占 23.81%；职业：农民占 42.86%，依靠财政收入人群占 9.52%，个体小商贩占 14.28%，其他占 33.33%；文化程度：文盲占 14.28%，小学占 33.33%，初中占 19.05%，高中或中专占 19.05%，大专以上占 14.29%，本科及以上为 0。

2. 阅读情况

农闲时喜欢的娱乐方式：阅读书籍报刊占 9.52%，看电视、听广播占 42.86%，上网占 19.05%，运动占 14.29%，打牌占 47.62%，其他占 38.10%（图 5-2）。

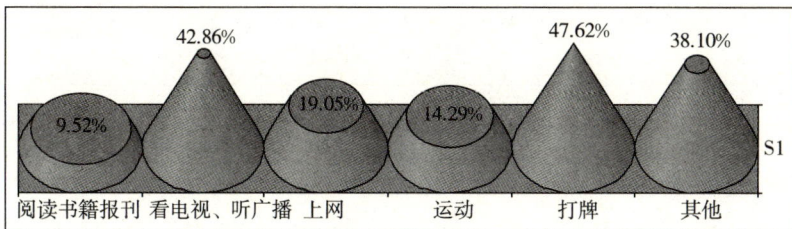

图 5-2 农村闲时喜欢的娱乐方式

阅读的习惯：不看书报占 52.38%，偶尔看书报占 33.33%，经常看书报占 14.29%（图 5-3）。

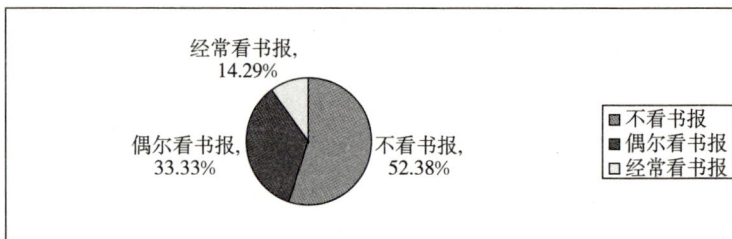

图 5-3　阅读的习惯

影响阅读的原因：没文化占 30.33%，没兴趣占 29.01%，没书看占 4.76%，没时间占 35.9%（图 5-4）。

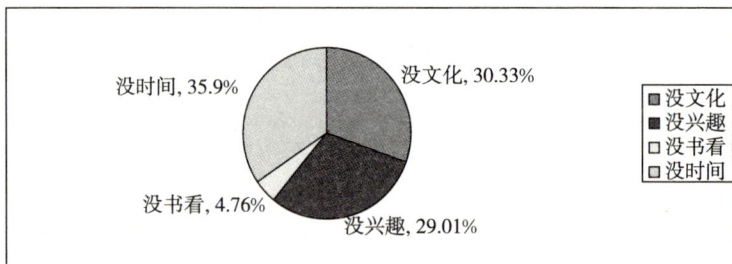

图 5-4　影响阅读的原因

平常喜欢阅读的文献类型：图书占 14.86%，报纸占 14.52%，期刊占 20.29%，电子读物占 50.33%（图 5-5）。

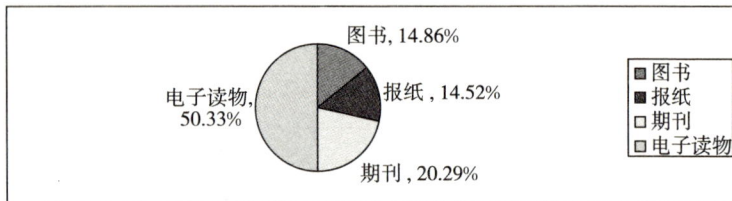

图 5-5　平常喜欢阅读的文献类型

阅读文献的来源：自己购买占 19.05%，向亲戚朋友借阅占 9.52%，政府相关部门发放占 9.52%，图书馆借书占 0.00%，阅读电子读物占 71.43%，其他占 0.00%（图 5-6）。

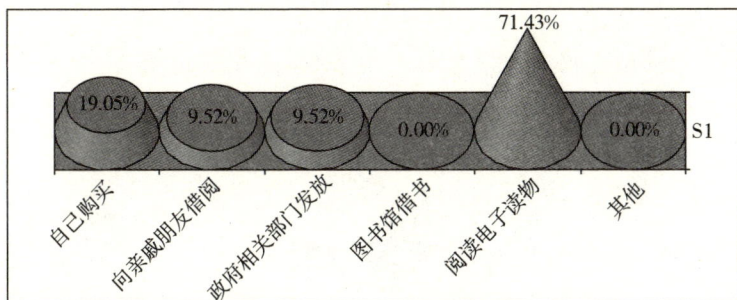

图 5 - 6　阅读文献的来源

　　阅读文献的目的：帮助脱贫致富占 0.00％，增长知识、开阔眼界占 28.57％，消遣娱乐占 38.10％，了解时事占 19.05％，维护合法权益占 0.00％，保健占 4.76％，其他占 57.14％（图 5 - 7）。

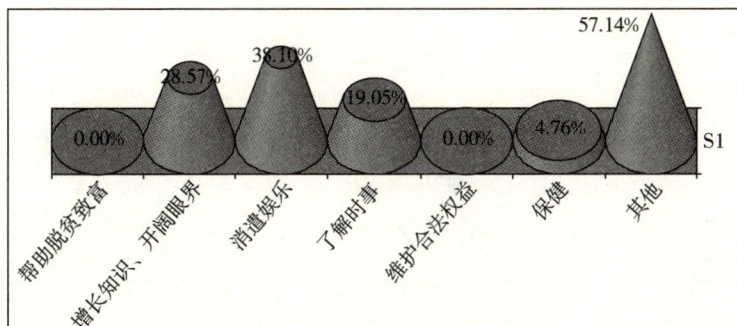

图 5 - 7　阅读文献的目的

　　喜欢阅读哪方面的文献？致富农业知识类占 38.10％，经商投资类占 19.05％，医疗卫生类占 19.05％，政策法律类占 19.05％，小说等文学作品占 14.29％，时事新闻类占 19.05％，科普读物占 4.76％，娱乐休闲类占 28.57％，其他占 42.86％（图 5 - 8）。

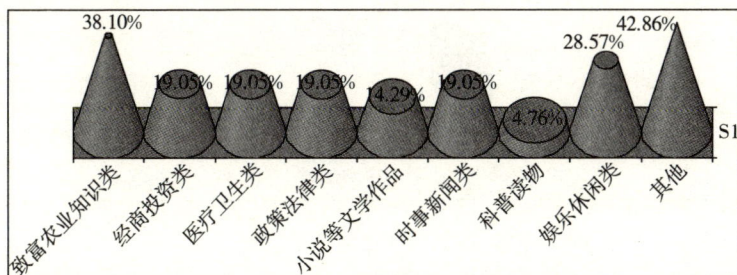

图 5 - 8　喜欢阅读的文献

3. 阅读的态度

认为阅读重要吗？非常重要占 14.29％，比较重要占 23.81％，不重要占 4.76％，无所谓占 57.14％（图 5 - 9）。

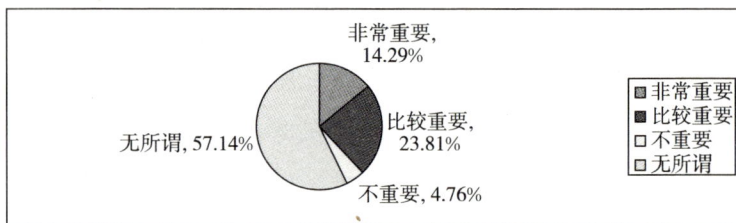

图 5 - 9 阅读的重要性

喜欢阅读吗？非常喜欢占 4.76％，比较喜欢占 4.77％，一般占 47.62％，不喜欢占 33.33％，非常不喜欢占 9.52％（图 5 - 10）。

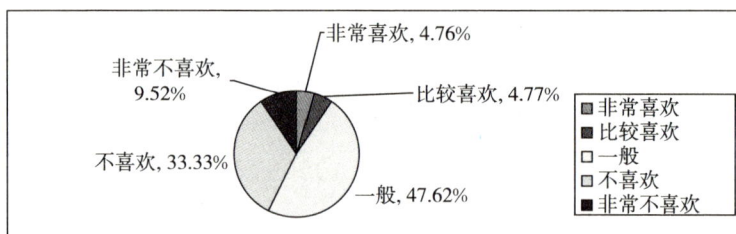

图 5 - 10 对阅读的喜爱

对目前自己的阅读情况满意度：非常满意占 0.00％，比较满意占 0.00％，基本满意占 28.57％，不太满意占 28.57％，很不满意占 42.86％（图 5 - 11）。

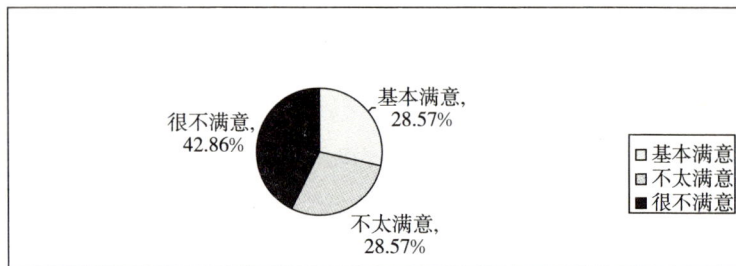

图 5 - 11 阅读的满意情况

在阅读过程中的困惑：不知道读什么书占 28.57％，不知道为什么要读书占 19.05％，不知道怎么读书占 4.76％，读完后没什么收获占 19.05％，没有困惑占 28.57％（图 5-12）。

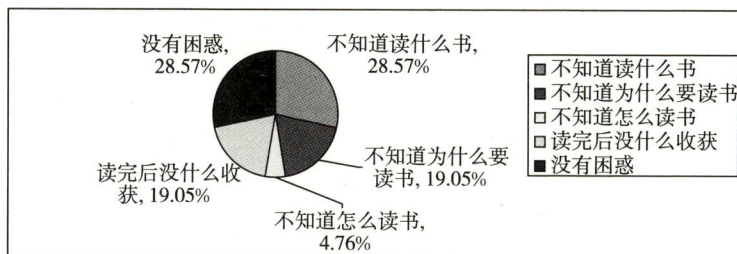

图 5-12　阅读过程中的困惑

农忙或工作之余，您认为自己的生活是什么样子：忙碌有计划占 9.52％，充实有意义占 8.61％，轻松随意占 18.08％，没想过占 13.61％，说不清占 32.33％，空虚无聊占 17.85％（图 5-13）。

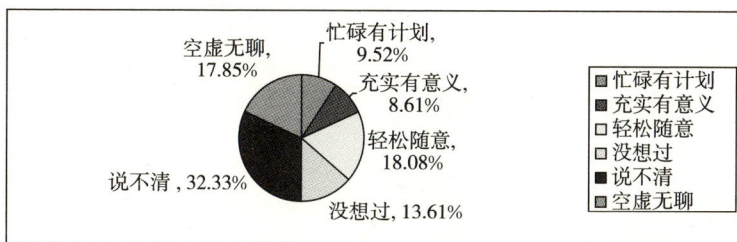

图 5-13　业余生活情况

4. 信息获取情况

您家中有以下哪些基础信息设施：固定电话占 52.38％，手机占 57.14％，电视占 71.43％，电脑占 28.57％，其他占 9.52％（图 5-14）。

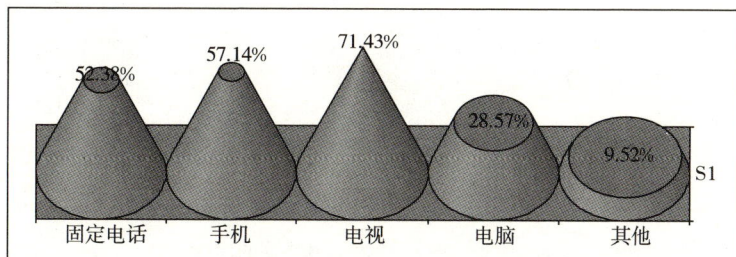

图 5-14　家中的信息基础设施

您家中是否有人上网：有（包括您）占 38.10％，有（不包括您）

占 42.85%，没有占 19.05%（图 5 - 15）。

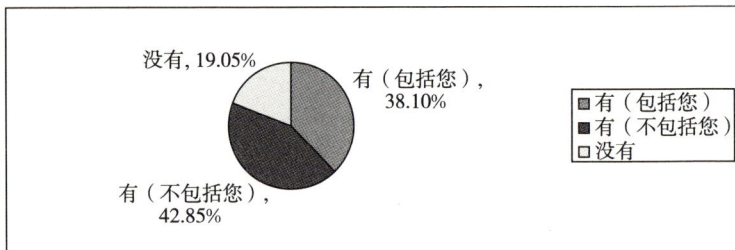

图 5 - 15　家中成员上网情况

您一般通过什么途径上网：家里电脑占 16.05%，手机占 63.14%，网吧占 0.00%，电子阅览室占 0.00%，亲戚朋友家占 20.81%（图 5 - 16）。

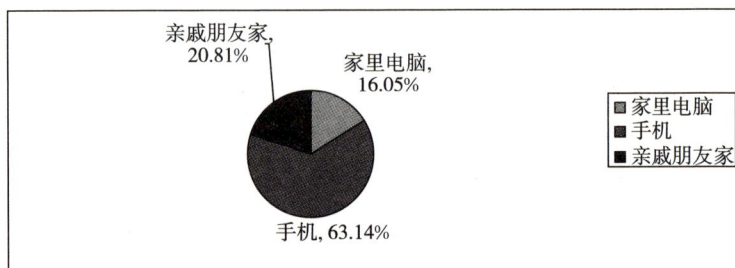

图 5 - 16　上网的途径

平均每天使用电脑的时间是多少：一小时以下占 45.33%，一至三小时占 9.55%，三小时以上占 45.12%（图 5 - 17）。

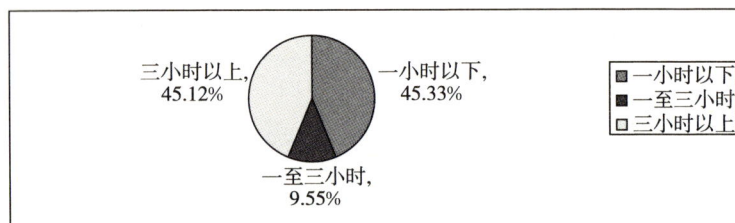

图 5 - 17　平均每天使用电脑的时间

您利用基础信息设施的主要用途是什么：了解新闻占 42.86%，休闲娱乐占 42.86%，工作需要占 19.05%，教育需要占 14.29%，聊天交际占 42.86%（图 5-18）。

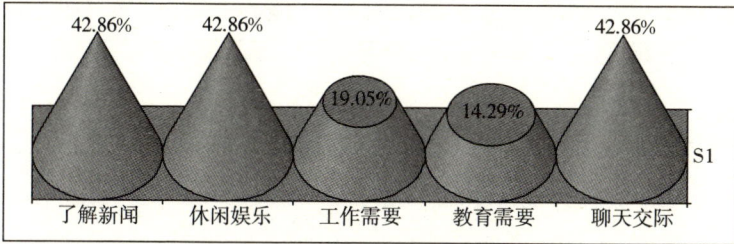

图 5-18　利用基础信息设施的用途

您平时比较关心哪方面的信息：医药健康信息占 28.57%，致富信息占 23.81%，打工信息占 42.86%，子女上学信息占 47.62%，娱乐活动信息占 28.57%，与自己相关的政策信息占 33.33%，其他信息占 23.81%（图 5-19）。

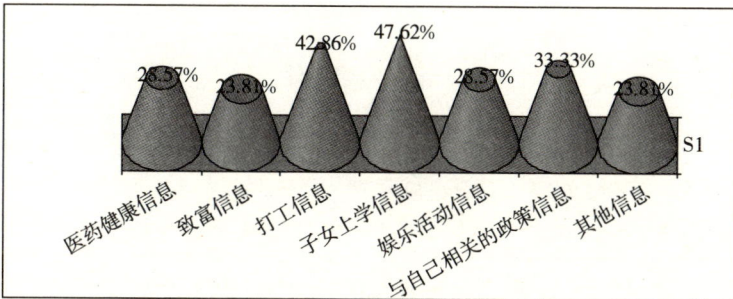

图 5-19　平时关心的信息

您最希望掌握哪方面的信息化技术？种养技术占 26.57%，生产经营占 31.33%，文化知识占 16.01%，信息技术占 9.04%，其他占 17.05%（图 5-20）。

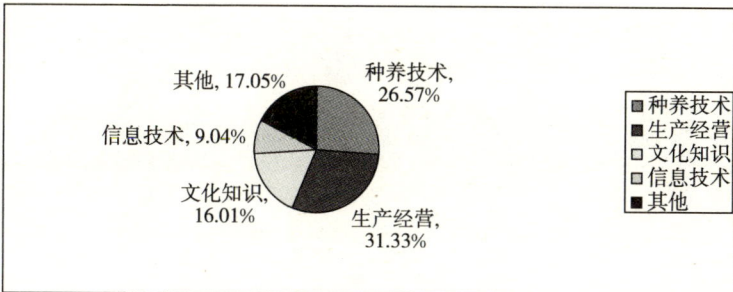

图 5-20　希望掌握的信息化技术

您能够获得所需的农业生产相关信息吗：完全能够占 0.00%，基本能够占 14.28%，获取部分占 38.10%，不能够占 47.62%（图 5-21）。

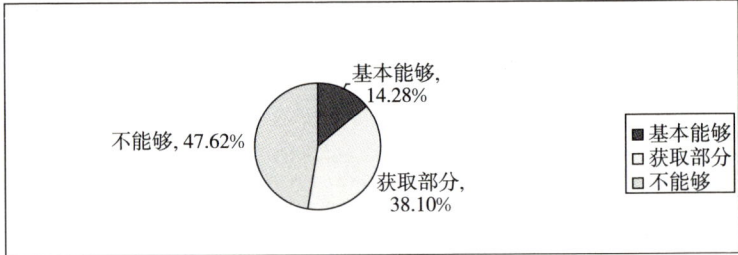

图 5-21　农业生产信息获取情况

您能够获得所需的农村生活相关信息吗：完全能够占 0.00%，基本能够占 24.81%，获取部分占 20.81%，不能够占 54.38%（图 5-22）。

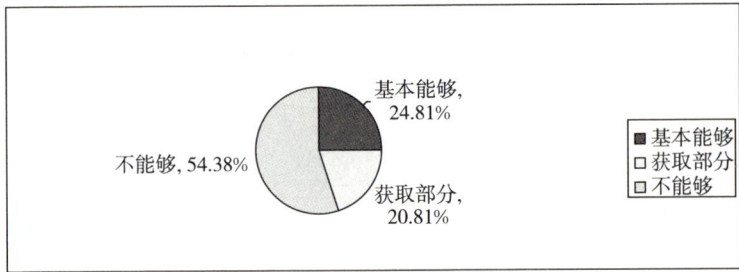

图 5-22　农村生活信息的获取情况

您获得信息的渠道有哪些：学校占 14.29%，政府部门占 14.29%，广播电视占 38.10%，报刊图书占 9.52%，乡镇干部占 14.29%，乡镇技术人员占 33.33%，亲朋好友占 14.29%，参加培训占 0.00%，网络占 19.05%，其他占 14.29%（图 5-23）。

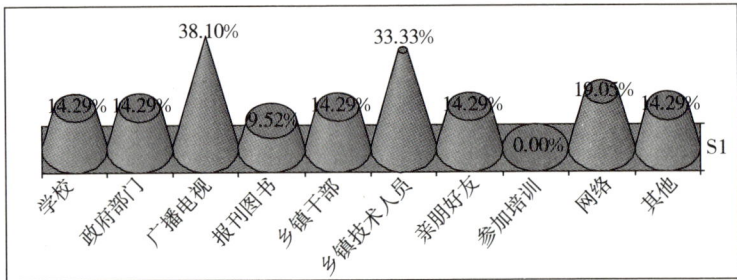

图 5-23　获取信息的渠道

您认为获得的信息是否有利用价值：完全有价值占 0.00%，基本有价值占 9.52%，部分有价值占 42.86%，没有价值占 47.62%（图 5 - 24）。

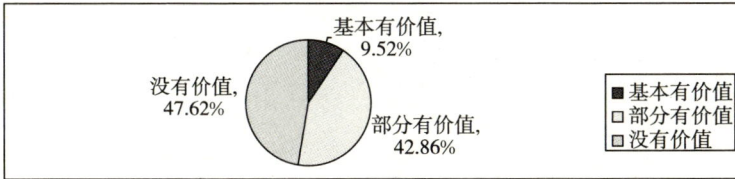

图 5 - 24　获取信息的利用价值

您所获取的信息对于提高您的劳动收入和生活水平有帮助吗：有较大帮助占 4.76%，有较小帮助占 23.81%，没有帮助占 40.86%，不太清楚占 30.57%（图 5 - 25）。

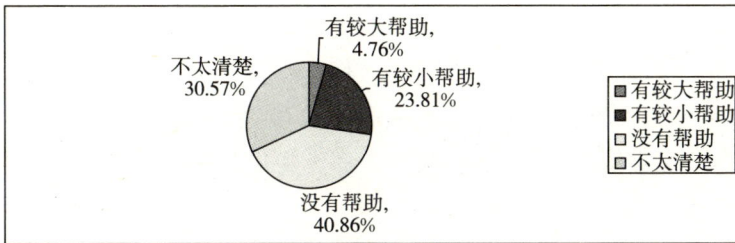

图 5 - 25　获取信息的帮助性

以下由政府支持的农村信息服务设施，您利用过的有：中国农业信息网占 9.52%，农村供求信息全国联播占 28.57%，县农业信息网占 14.29%，县信息中心占 4.76%，乡镇信息服务站占 19.05%，乡镇技术推广服务站占 23.81%，乡镇畜牧水产站占 4.76%，县图书馆或乡镇图书馆占 4.76%，科技下乡服务活动占 9.52%（图 5 - 26）。

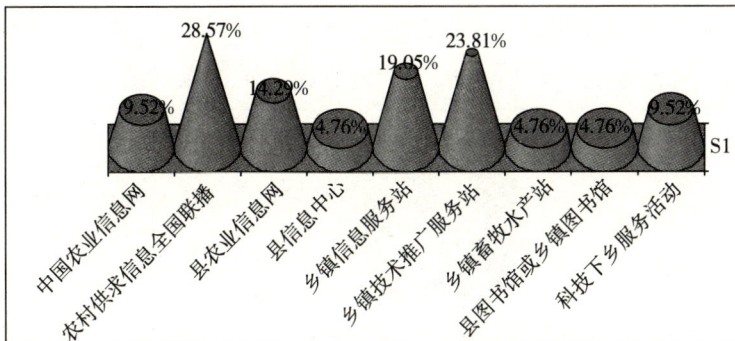

图 5 - 26　利用过的信息基础设施

影响您利用农村信息服务设施的原因：开放时间占 14.29%，信息陈旧占 9.52%，距离太远占 14.29%，没有时间占 33.33%，服务态度占 4.76%，缺乏感兴趣的信息占 14.29%，不好意思占 23.81%，手续烦琐占 4.76%，其他占 28.57%（图 5-27）。

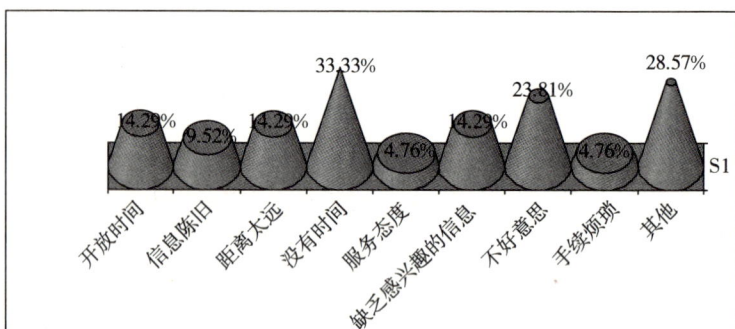

图 5-27　影响利用农村信息服务设施的原因

就您个人而言，在获取信息过程中有哪些困难：没有基础设施占 29.33%，有设施不会使用占 24.81%，不知道获取哪些信息占 45.86%（图 5-28）。

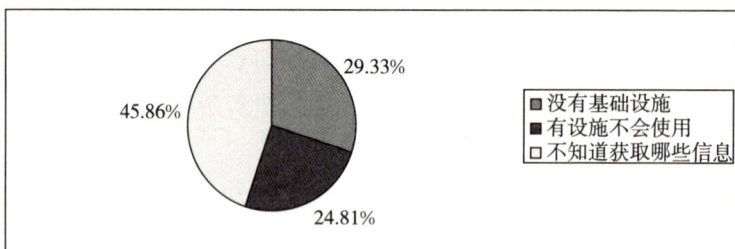

图 5-28　获取信息的困难

如果农村信息服务设施利用非常方便，您愿意经常去吗：愿意占 36.1%，可以尝试一下占 54.38%，没兴趣占 9.52%（图 5-29）。

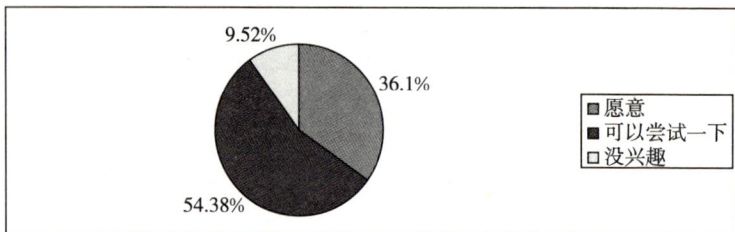

图 5-29　农村信息服务设施利用的意愿

您希望农村信息服务设施开展的服务：农业知识培训占 38.10%，文化娱乐活动占 61.90%，电脑培训占 9.52%，图书推荐和读书交流占 9.52%，医疗保健讲座占 42.86%，提供市场信息占 14.29%，政务公开信息占 33.33%，其他占 23.81%（图 5 - 30）。

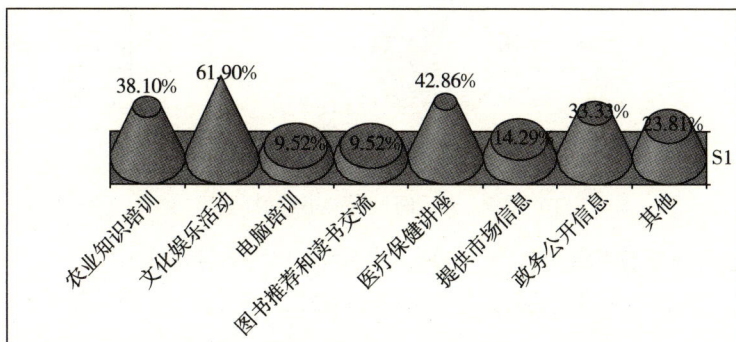

图 5 - 30　希望农村信息服务设施开展的服务

二、合肥农村阅读及信息服务调查问卷结果（学生）

1. 被调查者基本情况

本次学生调查对象以高中至本科的农村学生为主，性别：71.43% 是男性，28.57% 为女性；年龄：14 岁以下为 0，15～20 岁为 61.90%，21 岁以上为 38.1%；文化程度：高中或中专为 38.10%，大专为 14.29%，本科及以上为 47.61%。

2. 阅读情况

您课外喜欢的娱乐方式（可多选）：阅读书籍报刊占 52.38%，看电视、听广播占 52.38%，上网占 71.43%，参加体育活动占 38.10%，其他占 28.57%（图 5 - 31）。

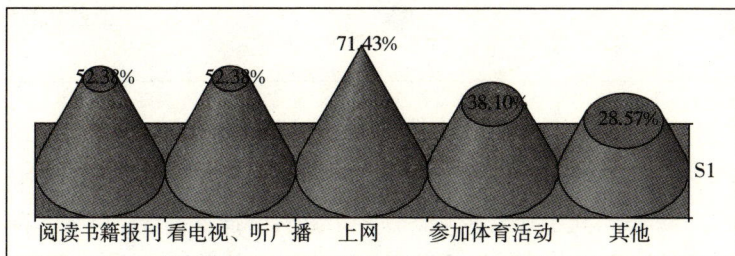

图 5 - 31　课外喜欢的娱乐方式

您平均每天花多少时间用于阅读课外书：基本无占 14.29%，少于 1 小时占 42.86%，1 到 2 小时占 38.10%，2 小时以上占 4.75%（图 5-32）。

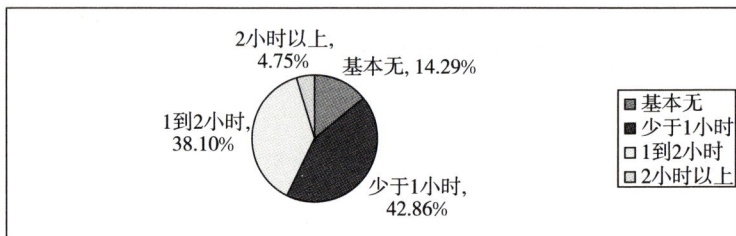

图 5-32　阅读课外书的时间

影响您阅读的原因：没兴趣占 19.05%，没书看占 19.05%，没时间占 57.14%，不善于阅读占 4.76%（图 5-33）。

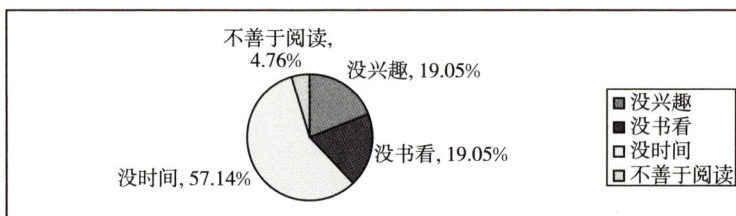

图 5-33　影响阅读的原因

您课外喜欢阅读的文献类型：图书占 35.62%，报纸占 9.52%，期刊占 24%，电子读物占 30.86%（图 5-34）。

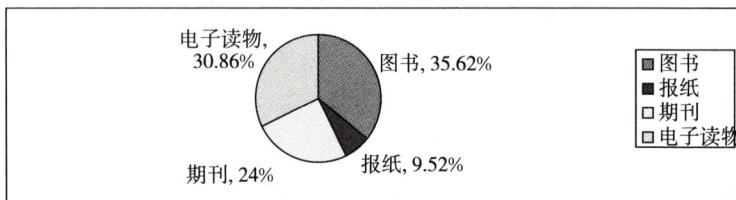

图 5-34　课外阅读的文献类型

您阅读课外书的来源（可多选）：自己购买占 42.86%，向亲戚朋友借阅占 19.05%，在书店看占 28.57%，图书馆借书占 57.14%，网上浏览占 42.86%，网上下载电子书占 33.33%，其他占 19.05%（图 5-35）。

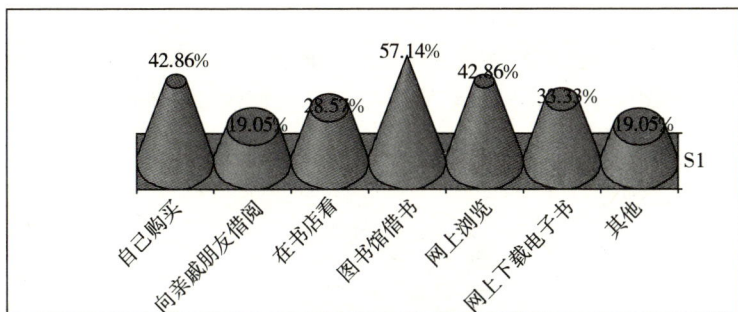

图 5 - 35 阅读课外书的来源

您阅读课外书的目的（可多选）：老师要求，课程所需占 19.05％，增长知识、开阔眼界占 71.43％，消遣娱乐占 47.62％，提高修养占 47.62％，出于兴趣占 61.90％，其他占 9.52％（图 5 - 36）。

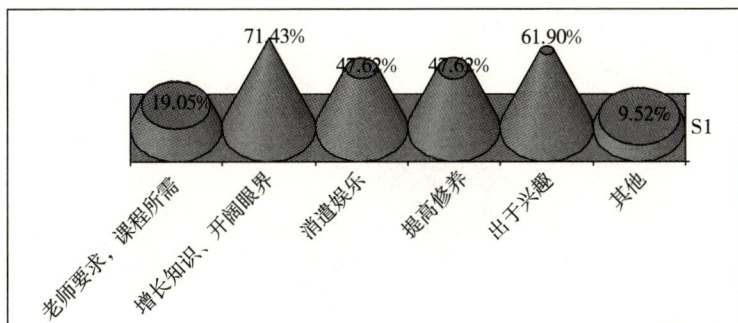

图 5 - 36 阅读课外书的目的

您喜欢阅读哪方面的课外书（可多选）：小说文艺类占 57.14％，时事新闻类占 47.62％，生活励志类占 38.10％，流行畅销类占 38.10％，科普读物占 38.10％，其他占 23.81％（图 5 - 37）。

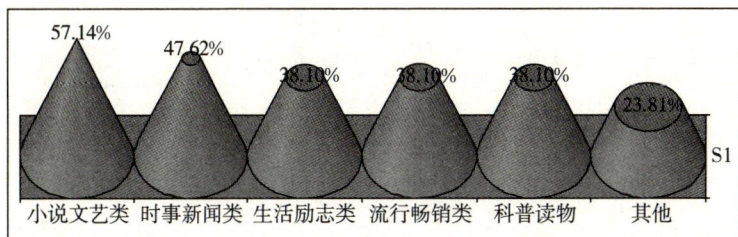

图 5 - 37 阅读课外书的内容

3. 阅读态度

您认为阅读课外书重要吗：非常重要占 33.33%，比较重要占 61.90%，不重要占 2.3%，无所谓占 2.47%（图 5-38）。

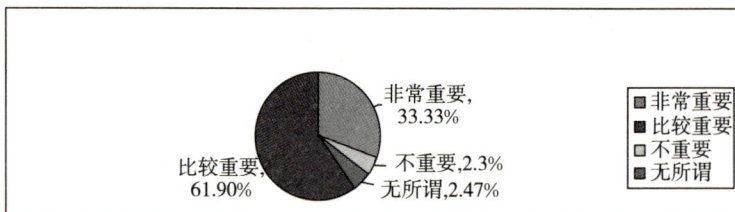

图 5-38　阅读课外书的重要性

您喜欢阅读课外书吗：非常喜欢占 22.58%，比较喜欢占 67.90%，一般占 9.52%，不喜欢占 0.00%，非常不喜欢占 0.00%（图 5-39）。

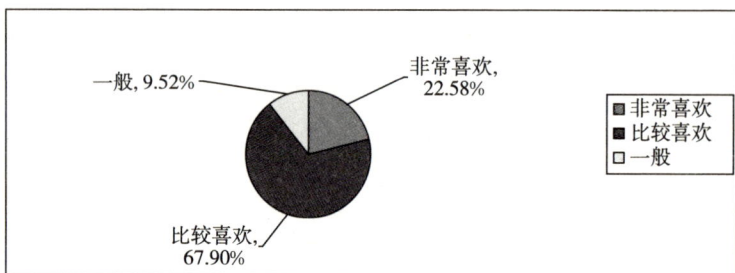

图 5-39　对阅读课外书的喜爱

您对目前自己的阅读情况满意吗：非常满意占 4.77%，比较满意占 28.57%，基本满意占 33.33%，不太满意占 33.33%，很不满意占 0.00%（图 5-40）。

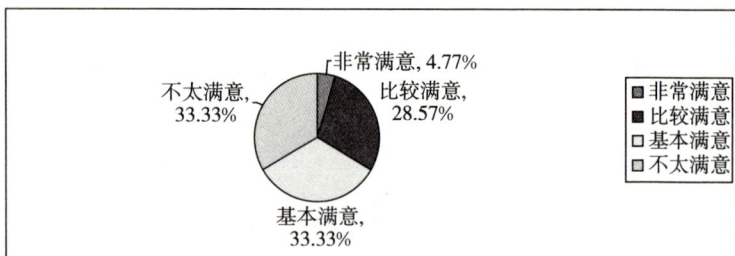

图 5-40　阅读情况的满意度

您在阅读课外书过程中的困惑:不知道读什么书占 38.10％,不知道为什么要读书占 0.00％,不知道怎么读书占 14.28％,读完后没什么收获占 23.81％,没有困惑占 23.81％(图 5 - 41)。

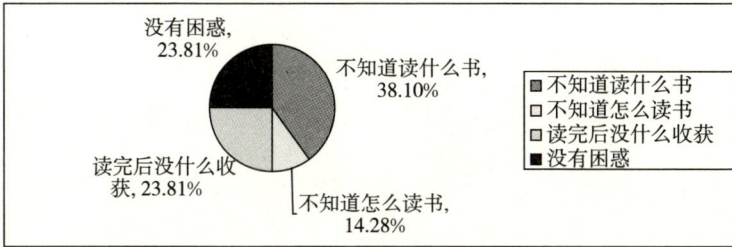

图 5 - 41 阅读的困惑

在课外您认为自己的生活是什么样子:忙碌有计划占 18.81％,充实有意义占 42.38％,轻松随意占 18.81％,没想过占 0.00％,说不清占 7.71％,空虚无聊占 11.29％(图 5 - 42)。

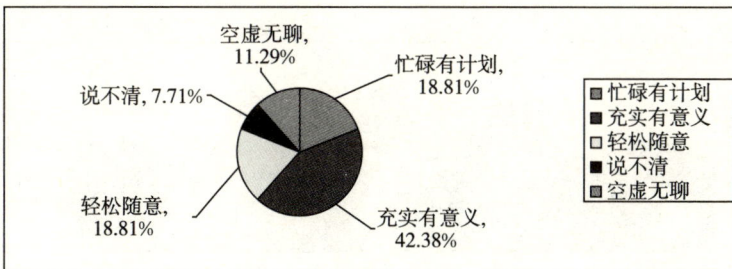

图 5 - 42 课外生活的认知

您对阅读课外书的态度是:应该多读书占 90.48％,读不读都一样占 4.76％,读那么多没用,关键还是看考试成绩好不好占 4.76％(图 5 - 43)。

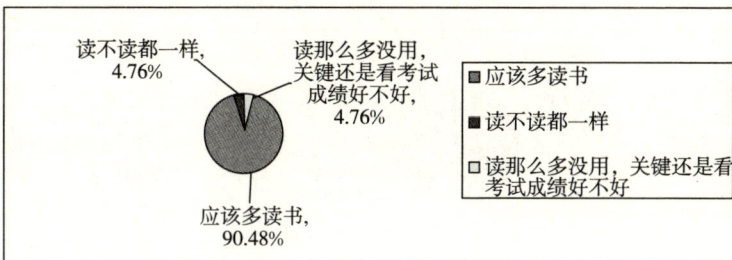

图 5 - 43 阅读课外书的态度

您认为阅读课外书与学习二者之间的关系：有矛盾冲突占 4.76％，读课外书促进学习占 80.95％，二者没有关系占 14.29％（图 5 - 44）。

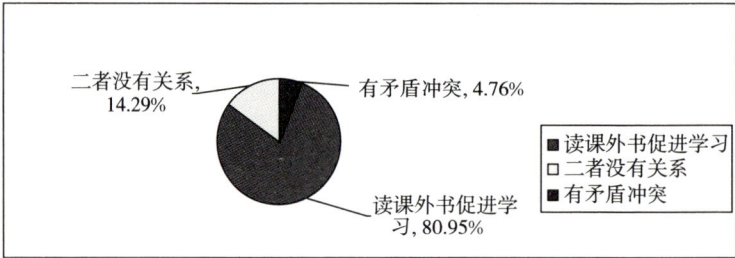

图 5 - 44　阅读课外书与学习的关系

4. 信息获取情况

请问您家中有以下哪些基础信息设施：（可多选）固定电话占 19.05％，手机占 95.24％，电视占 80.95％，电脑占 66.67％，其他占 19.05％（图 5 - 45）。

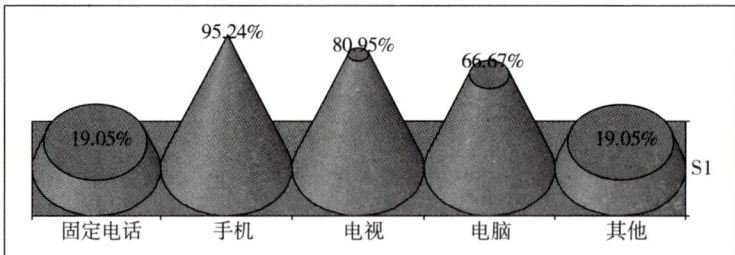

图 5 - 45　家中的基础信息设施

请问您家中是否有人上网：有（包括您）占 63.90％，有（不包括您）占 30.37％，没有占 5.76％（图 5 - 46）。

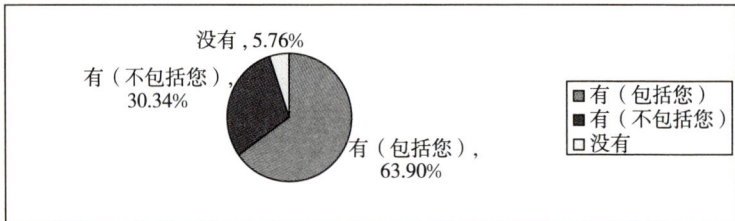

图 5 - 46　家中成员的上网情况

请问您一般通过什么途径上网：家里电脑占 21.62％，手机占 72.48％，网吧占 2.95％，电子阅览室占 0.00％，亲戚朋友家占 2.95％（图 5-47）。

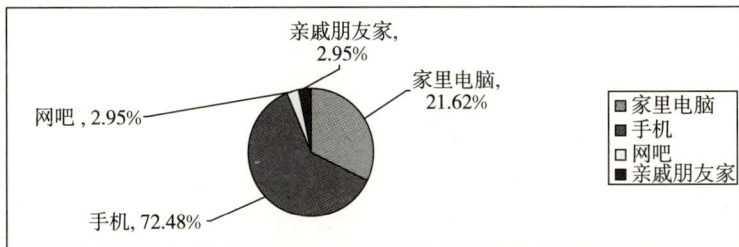

图 5-47 上网的途径

您平均每天使用电脑的时间是多少：1 小时以下占 25.81％，1～3 小时占 63.90％，3 小时以上占 10.29％（图 5-48）。

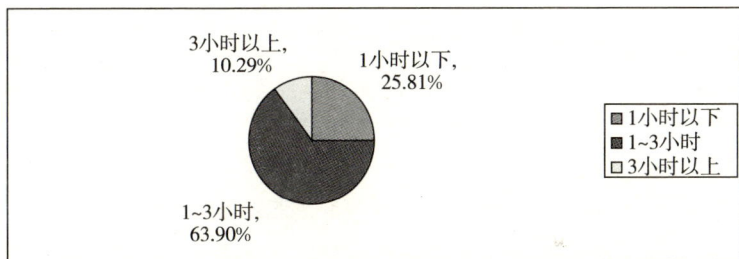

图 5-48 每天使用电脑的时间

请问您利用基础信息设施的主要用途是什么：（可多选）了解新闻占 38.10％，休闲娱乐占 90.48％，学习需要占 76.19％，聊天交际占 57.14％，其他占 14.29％（图 5-49）。

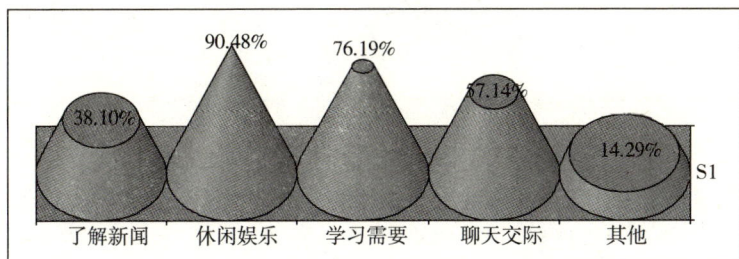

图 5-49 利用基础信息设施的用途

您认为信息对您的生活及学习重要吗：非常重要占 40.1％，比较重要占 50.38％，不重要占 4.76％，无所谓占 4.76％（图 5-50）。

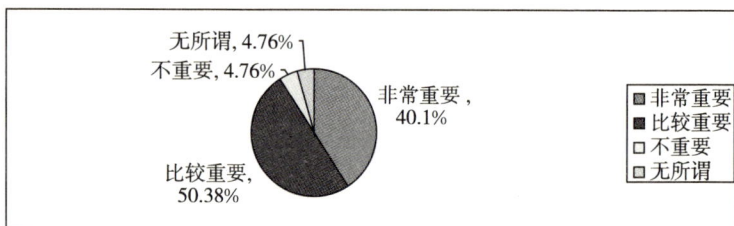

图 5-50　信息的重要性

您能够通过网络获得所需的相关信息吗：完全能够占 0.00％，基本能够占 66.67％，获取部分占 28.57％，不能够占 4.76％（图 5-51）。

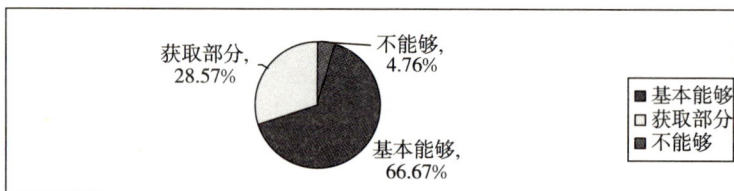

图 5-51　网络信息获取

您认为获得的信息是否有利用价值：完全有价值占 14.29％，基本有价值占 57.14％，部分有价值占 23.81％，没有价值占 4.76％（图 5-52）。

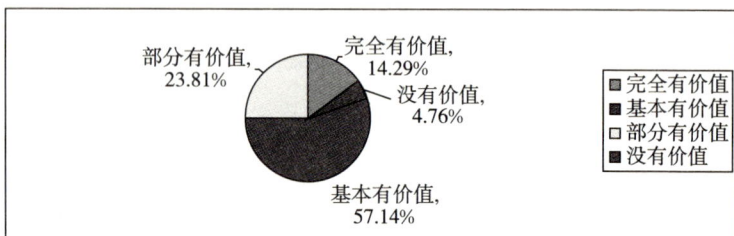

图 5-52　网络信息的价值

您所获取的信息对于提高您的学习有帮助吗：有较大帮助占 59.14％，有较小帮助占 24.81％，没有帮助占 11.29％，不太清楚占 4.76％（图 5-53）。

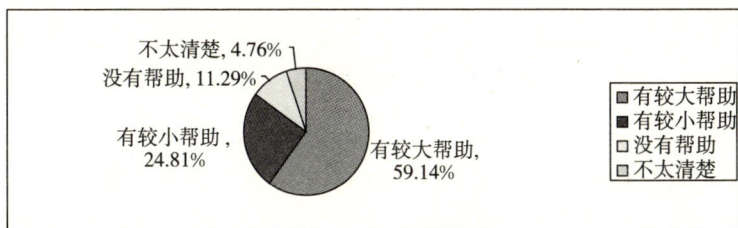

图 5-53　信息的帮助性

就您个人而言，在获取信息过程中有哪些困难：没有基础设施占 20.81％，有设施不会使用占 34.33％，不知道获取哪些信息占 44.86％ （图 5-54）。

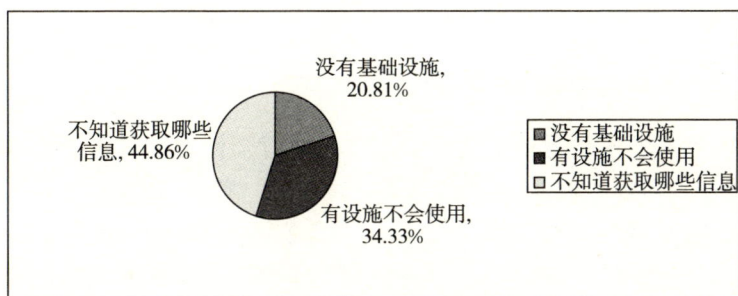

图 5-54　获取信息的困难

您通过什么途径了解信息化设施利用的重要性：学校老师的讲解占 33.86％，乡镇信息站的宣传占 2.76％，政府政策的宣传占 8.67％，同 学及家人的影响占 35.38％，其他占 19.33％（图 5-55）。

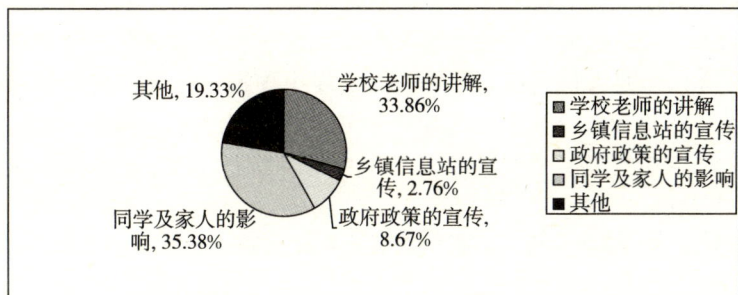

图 5-55　信息化设施的了解途径

183

5.3　农村信息服务扩散实证研究

因我国农村信息服务建设及服务过程中，长期存在部门分散问题，所以难以达到预期效果。打着满足广大农民群众精神文化需求、帮助农民脱贫致富旗帜的各种农村图书馆建设，最后大多无可奈何地放弃，从某一角度也反映了农村图书馆发展存在决策失误。我们一直在说农村信息服务，特别是农村图书馆建设"来得快，去得快"，那农村信息服务的扩散过程及其生命周期如何，则没有很好的量化研究。本节借助创新扩散模型，探讨农村信息服务的扩散过程，研究农村信息服务的生命周期，呈现其扩散轨迹。

5.3.1　模型构建的理论基础

"扩散"原本是物理学的术语，它是指由于物质质团微元的热运动而产生的物质迁移现象[①]。埃弗雷特·罗杰斯（E. M. Rogers）是"创新扩散"理论的创立者和代表人物，其重要著作 *Diffusion of Innovations*（中译名：《创新的扩散》）。罗杰斯对扩散的定义是："创新的扩散是创新经过一段时间，经由特定的渠道，在某一社会团体的成员中传播的过程。"[②] 归纳了创新扩散中的四个要素：创新、传播渠道、时间、社会系统。

传播途径可分为两类：大众传媒（mass media）与人际交流（word of mouth）。大众传媒在传播创新的内容上是比较有效的手段，而人际关系渠道对于形成或改变个体对创新的观念更为有效。罗杰斯指出，关于人际关系渠道与大众传媒渠道关系的结论是在发达国家的调查中得出的，在大众传媒渠道利用并不广泛的发展中国家，村民即使在认知阶段也是主要靠关系渠道，大众传媒渠道很少被作为农业创新的信息渠道，广泛的人际关系渠道却很重要，而且从某方面看，"它所扮演的角色与

① 蔡莉. 高技术扩散规律的研究 [J]. 科学学与科学技术管理，1994（8）：23-26.
② 埃弗雷·M. 罗杰斯. 创新的扩散 [M]. 辛欣，译. 北京：中央编译出版社，2002：5.

大众传媒渠道在发达国家中的角色很相似"[①]。何振波（2004）[②] 在对我国一个村庄一项农业新技术的扩散过程的形成原因及特点的研究中发现，对同一个创新扩散的过程，政府和农民的讲述是两个截然不同的版本，农民讲述的版本更强调人际关系在新技术推广和新技术学习中的作用。镇上安排了专门的技术员负责对农民进行技术指导，但农户们发现技术员实践水平有限、书本的知识又不够直观，他们更期望有人能给予自己单独的指导。这时候他们就向私人网络去寻求帮助，比如亲戚或朋友。

西方经济学者在长期的研究中建立了多个创新扩散模型，用来预测新产品及新技术的扩散。Bass 模型是研究新技术在生命周期中扩散机制的重要模型，由弗兰克·巴斯（Frank M. Bass）1969 年提出[③]。Bass 模型假设一项新产品投入市场后，它的扩散速度主要受到两种传播途径的影响：一是大众媒体（Mass Media），属于外部影响（External Influence），受此类途径影响的采纳者称为创新者（Innovator）；二是人际交流（Word-of-Mouth），属于内部影响（Internal Influence），受此类途径影响的采纳者为模仿者（Imitator）。Bass 模型的基本形式是：

$$\frac{f(t)}{[1-F(t)]} = p + qF(t)$$

其中，$f(t)$ 为在 t 时刻采纳新产品的概率密度函数；$F(t)$ 为累积分布函数；p 为创新系数（Innovation Coefficient）或外部影响系数；q 为模仿系数（Imitation Coefficient）或内部影响系数；p、q 的取值范围均为（0，1）。

图 5-56 展示了 Bass 模型的分析结构图，左边是 Bass 模型增长钟状曲线，右边是 Bass 模型累积 S 曲线。从图上可以看出刚开始的时候非

---

① 埃弗雷·M. 罗杰斯. 创新的扩散 [M]. 辛欣，译. 北京：中央编译出版社，2002：178.

② 何振波. 农业新技术扩散之研究——以何官庄村温室蔬菜种植新技术为例 [J]. 2004 中国传播学论坛，2008：18-27.

③ 杨敬辉，罗守成. 不同数据序列对 BASS 模型拟合结果的影响研究——以中国移动用户数扩散数据为例 [J]. 科技管理研究，2011（10）：192-196.

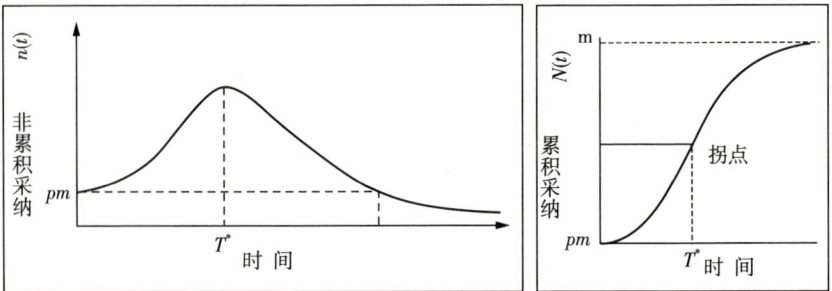

图 5 - 56   Bass 模型①

累计采纳者数增长较慢，到 T^* 时达到最大（这一点也是 S 曲线的累计采纳者的"拐点"）。

5.3.2   农村信息服务扩散模型

1. 农村信息服务的生命周期

农村信息服务的建设及推动过程，需要农村居民了解并最终接受，就像企业创立一个品牌一样。创立品牌是一种竞争策略，为了防止别人的产品取代自己的产品，企业就会想方设法建立自己的品牌，以便更好地控制市场。可以说，品牌的产生是竞争的结果。一位经济学家说：创立品牌不仅是保护产品的关键，而且是促使其发展的重要原因。品牌像动植物一样，也会经历一个出生、成长、成熟和衰退的过程。产品在市场上的销售情况以及获利能力随着时间的推移而变化。这种变化的规律就像人和其他动物的生命一样，从诞生、成长到成熟，最后到衰亡，品牌的生命周期是品牌的市场寿命。产品经过研究开发、试销，然后进入市场，逐渐形成一定影响力，产生了品牌。然后，品牌在此基础上一步步成长，直至最后产品在市场上失宠，品牌不再具有影响力②。

2. 农村信息服务扩散"S"曲线

从我国历年来农村信息服务设施，特别是农村图书馆的推动过程中，我们可以清晰地看出其也走过了一个从诞生、成长到成熟，最后到衰亡的过程。农村信息服务项目一般从试点开始，经历从孕育期到成长

---

① Mahajan V，Muller E，Bass F M. New Product Diffusion Models in Marketing：A Review and Directions for Research ［J］. Journal of Marketing，1990，54：1 - 26.

② 品牌生命周期 ［EB/OL］.［2013 - 02 - 22］. http：//wiki. mbalib. com/wiki/.

期之间的阶段，项目在政府逐步加大投入下渐渐发育壮大。当农村信息服务设施在幼稚期的试点及服务取得成功之后，便进入了成长期；这时农村居民对此信息服务设施已经熟悉，项目基层服务点也有一定的知名度，农村信息服务项目的影响力在逐渐加强，新用户开始使用，使用率提高；之后由于信息服务设施投入的可持续性及信息供需出现不对称，用户开始选择别的信息获取方式，也就意味着此信息服务设施已经进入衰退期了。在衰退期，用户利用它的需求下降，信息服务基层设施用户数量下降甚至产生"门可罗雀"现象，最后处境艰难，不得不退出农村信息服务领域。此次开展的农村信息服务影响力逐步降低直至从农村居民的心目中消失。

\ 既然农村信息服务同样具有从诞生、成长到成熟，最后到衰亡的过程，本研究在借鉴创新扩散理论的基础上，认为农村信息服务在推广的过程中，也呈现一个如图 5-57 所示的"S"型曲线。

3. 农村信息服务扩散模型

根据 Bass 模型，用微分方程来表示农村信息服务扩散模型

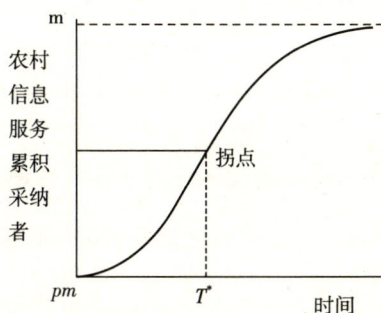

图 5-57 农村信息服务生命周期线

$$x(t) = \frac{\mathrm{d}X(t)}{\mathrm{d}t} = \left[p + q\frac{X(t)}{m}\right][m - X(t)]$$

解微分方程得如下 5 个方程：

$$(1) \quad X(t) = m\left[\frac{1 - \mathrm{e}^{-(p+q)t}}{1 + \frac{q}{p}\mathrm{e}^{-(p+q)t}}\right]$$

$$(2) \quad x(t) = m\left\{\frac{p(p+q)^2\mathrm{e}^{-(p+q)t}}{[p + q\mathrm{e}^{-(p+q)t}]^2}\right\}$$

$$(3) \quad T^* = \frac{1}{p+q}\ln\left(\frac{q}{p}\right)$$

$$(4) \quad x(T^*) = \frac{m}{4q}(p+q)^2$$

$$(5) \quad X\left(T^*\right) = m\frac{q-p}{2q}$$

其中，m 是农村信息服务的最终市场潜量；p 为农村信息服务的外部影响系数（或称创新系数）；q 为农村信息服务的内部影响系数（或称模仿系数）；$X(t)$ 为 t 时农村信息服务累积采纳者人数；$x(t)$ 为 t 时农村信息服务采纳者人数；T^* 为最大创新扩散速度对应的时间；以及 $x(T^*)$ 为曲线拐点的采纳者人数；$X(T^*)$ 为曲线拐点的累积采纳者人数。

用 Bass 模型预测农村信息服务扩散，需要对三个参数进行估计：外部影响系数（p）、内部影响系数（q）、市场潜力（m）。关于参数估计的方法有最小二乘法（Ordinary Least Squares，简称 OLS）、极大似然估计法（Maximum Likelihood Estimation，简称 MLE）等。1986 年，Srinivassan 和 Mason 提出了非线性最小二乘方法（Nonlinear Least Squares，简称 NLS)[①]。1986 年 Mahajan，Mason，Srinivasan 对参数估计程序所做的经验研究表明非线性最小二乘估计程序更具有优越性[②]。

5.3.3 农村信息服务扩散模型的实证

本节采用非线性最小二乘法进行参数估计，应用 SPSS20.0 来实现参数估计过程。m 按户统计读者增加的时间序列；然后根据 SPSS 计算出 p 与 q。通过实证研究农村信息服务的扩散过程，探索农村信息服务的生命周期，包括建立期—成长期—成熟期—衰退期。下面以农家书屋为例进行农村信息服务扩散的实证研究。

1. 农家书屋建设扩散过程

在实施之初，工程计划"十一五"期间在全国建立 20 万家农家书屋，到 2015 年基本覆盖全国的行政村。自启动之日起，农家书屋工程就不停地加速向前推进。截至 2012 年 8 月，全国共建成农家书屋 600449 家，覆盖了具备基本条件的行政村，比原计划提前 3 年竣工。根据中国农家书屋网站的数字显示，农家书屋的建设数量 2005 年 250 家，

① V Srinivasan，Charlotte H. Mason. Nonlinear Least Squares Estimation of New Product Diffusion Models（J）. Marketing Science，1986，5：169 – 178.

② 杨敬辉，武春友. 基于 Bass 模型的两种参数估算算法比较研究［J］. 数量经济技术经济研究，2005（12）：125 – 132.

2006 年 2550 家，2007 年 21380 家，2008 年 56157 家，2009 年 133274 家，2010 年 270949 家。2011 年建成农家书屋 504406 家。2012 年建成农家书屋 600449 家①（见表 5 - 2）。

表 5 - 2　农家书屋逐年建设数量

年份	2005	2006	2007	2008	2009	2010	2011	2012
年建设数量	250	2330	18830	34777	77117	137675	233457	96043
总建设数量	250	2550	21380	56157	133274	270949	504406	600449

由农家书屋逐年建设数量，可以看出，农家书屋项目推进过程，也呈现"S"曲线（图 5 - 58），而且在 2011 年出现拐点，曲线也明显符合品牌生命周期的走向。农家书屋在全国行政村的全覆盖，是在政府大量资金投入下的导入期，是让农家书屋开始面对用户，而用户对农家书屋在利用上一般有如下四种态度：漠视、关注、尝试和充当传播者。农家书屋采取我国农村信息服务项目推行的常用模式——行政命令推广，一般情况下，农家书屋建成后，其目标顾客——农村居民会对其进行评论，对其提供的服务好与不好都会有传播的动力和空间。那么此后农家书屋需要及时收集有利于农家书屋改进的信息，如果没有这些信息，或农村居民不愿将自己利用的感受如实告诉农家书屋的主管部门，那就说明农家书屋可能会走进死胡同。

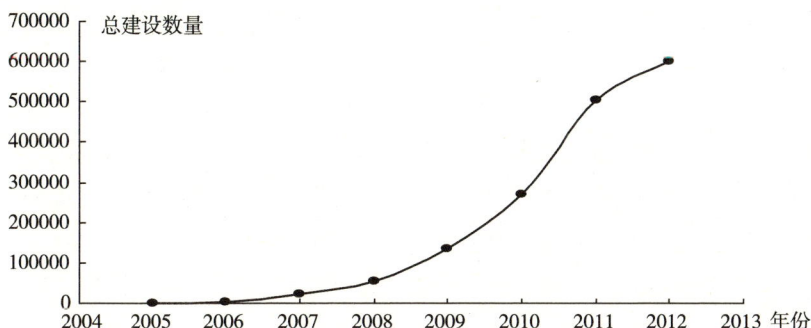

图 5 - 58　农家书屋建设数量累积增长曲线

---

① 中国农家书屋网 ［EB/OL］．［2012 - 12 - 30］．http：//www.zgnjsw.gov.cn/.

2. 农家书屋服务扩散过程

以目前农家书屋的建设及覆盖面来看，如果以全国农家书屋整体服务扩散来进行计算，农家书屋用户数由于没有官方数字可查，因此此种统计方案可行性不高。故本研究以一个行政村为例，通过数字计算出其在行政村内部扩散的生命周期，以期以解剖一个"麻雀"的方式来折射出整体农家书屋服务扩散的过程。

样本数据。以合肥市的一个农家书屋为例，所在行政村 2300 人左右，按照创新扩散 Bass 模型进行计算前，需要对农家书屋利用的最大用户数进行估算，也就是对农家书屋在此行政村的最大市场潜力的值进行初步的人为估算。按照一般人口估算方法，将最大市场潜力值上限定为人口数的 80%（发达国家），下限定为人口数的 60%（发展中国家）[①]。根据此计算方案，此村农家书屋服务采纳的最大人口数取值范围为 [1380，1840]。

采取 2009－2012 年农家书屋用户数（见表 5-3），利用非线性最小二乘法对农家书屋扩散模型进行参数估计。

$$X（t）=m\left[\frac{1-e^{-(p+q)t}}{1+\frac{q}{p}e^{-(p+q)t}}\right]$$

为了计算的方便，设 $p+q=a$，$q/p=b$ 进行非线性回归计算，迭代结果为 $a=0.275$，$b=15.801$。所以 $X（t）=1380（1-e^{-0.275t}）/（1+15.801e^{-0.275t}）$。从而得出 $T^*=10$ 时曲线出现拐点，也就是 2018 年出现拐点，在此之前用户数会增速增大，之后会逐渐放慢。

$p+q=a$，$q/p=b$，从而得 $p=0.016$，$q=0.259$。p 为创新系数，表示受外部影响而利用农家书屋服务的用户的系数；q 为模仿系数，代表受先前采纳农家书屋服务用户的影响而利用农家书屋的用户的系数；$q>p$，即说明在农家书屋新用户的加入方面，口碑传播的重要性，说明农家书屋在其生命周期扩散过程中，特别是在农村居民间的扩散主要依赖农家书屋口碑的人际传播的影响。

---

① 耿庆鹏．创新扩散理论在 3G 新业务预测中的应用 [J]．邮电设计技术，2007（1）：22－24．

表 5 - 3　农家书屋逐年用户采纳人数 X（t）

年份	2009	2010	2011	2012
t	1	2	3	4
X（t）	26	58	98	147

模型的预测。根据公式可得出此行政村（见表 5 - 4）农家书屋扩散的趋势图（5 - 59）。

表 5 - 4　未来 6 年该行政村农家书屋用户的预测值

年份	2013	2014	2015	2016	2017	2018
预测值	206	276	357	446	542	643

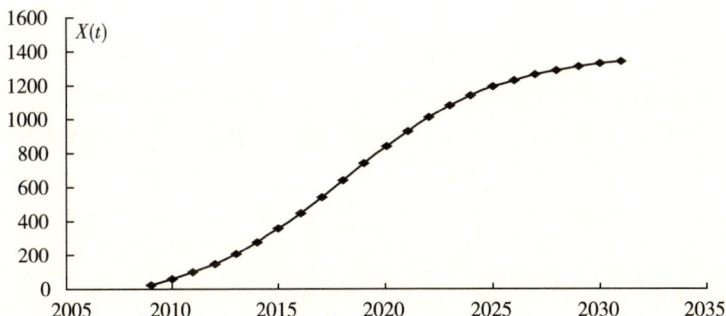

图 5 - 59　农家书屋利用扩散趋势图

本模型的预测是建立在农家书屋后续资金有稳定投入、开放时间能够得到保证以及管理人员能够尽责的前提之下的，在外部环境的支持下，我们可以看出农村居民的农家书屋服务接受，或者说是农家书屋服务在农村居民间的扩散是符合 Bass 模型的，而且也可以利用 Bass 模型预测其走向。但如果离开了农家书屋发展的环境，则农家书屋的生命周期不会按照这曲线进行，很有可能从导入期直接走入了衰退期。

在对 2009－2012 年数据进行扩散分析，发现其扩散曲线偏向 S 形。在 2016 年初，研究人员再次回访此行政村，发现 2013 年，数值为 198；2014 年，数值为 230；2015 年，数值为 187。这与预测的结果不太一致，农家书屋的利用没有按照曲线进行，直接走入了衰退期。

3. 实证结果

本节尝试利用 Bass 模型进行农村信息服务生命周期的研究，以农家书屋为个案进行实证分析。因农家书屋建设的特殊性，其目前刚刚完成在全国行政村的覆盖，建设的时间还不长，所以样本数据存在时间序列数据不足、较短问题，加之样本选取安徽合肥的一个行政村，所以会存在偏差及不足，但从分析结果来看，在理想化状态下，农村信息服务项目的推行及其服务在农村的扩散是有一定的生命周期的，即具有出生、成长、成熟和衰退的生命轨迹。农村信息服务推行可以依靠行政命令，但服务的扩散、农村居民是否愿意利用是行政命令控制不了的。从分析结果可以看出，农村信息服务中口碑传播的功效大于大众传播，这也与农村的实际情况一致。一般情况下，农村信息服务在农村扩散应该呈现"S"曲线，达到拐点后逐渐趋向饱和，接着慢慢走向衰退，并最终走出农村居民的视线。当然也可能是其经过演化，呈现出一种新的服务模式，又经历一个新的生命周期过程。但实际情况中，我们从历次农村图书馆等农村信息服务项目的推行，看到的是建设时的"热闹一时"，但扩散过程没有呈现"S"形路线，而是直接走向衰退。这与我们农村信息服务建设及推行的模式有关，农村信息服务项目的推行没有有效实现可持续发展，这也是目前摆在政府决策和学术研究前面的问题。

4. 结论

借助创新扩散理论的 Bass 模型，构建农村信息服务的扩散模型，以农家书屋为实证，呈现农家书屋的生命周期及扩散轨迹。农家书屋服务的扩散呈现"S"曲线，需要建立在其可持续性发展基础上的。本研究利用 BASS 模型进行农村信息服务生命周期的研究，认为农村信息服务项目的推行及其服务在农村的扩散是有一定生命周期的，即具有从出生、成长、成熟到衰退的生命轨迹。构建农村信息服务扩散模型，以农家书屋为个案进行了实证分析，实证结果表明，农家书屋服务扩散过程中口碑传播的功效大于大众传播；通过构建的农家书屋扩散模型对其在一村庄的扩散进行了预测，在外部环境的支持下，农村居民的农家书屋服务接受，或者说是农家书屋服务在农村居民间的扩散是符合 BASS 模型的，而且也可以利用 BASS 模型预测其走向，农家书屋建设及服务在农村扩散呈现"S"曲线；实际情况中，以农村图书馆为例的农村信息服务项目的推行，其扩散过程没有呈现"S"型路线，而是直接走向衰退，这是因为农村信息服务项目的推行没有有效实现可持续发展。

5.4　本章小结

农村科技信息的有效传播对于促进农业结构调整、提高农业劳动生产率具有十分重要的作用。在统筹城乡基础设施建设中，各级政府根据中央政策，切实把重点放在农村，加大投入力度、推进农村信息化建设。农村党员干部远程教育基层点、文化信息共享工程基层点、农村综合信息服务站、农家书屋、乡镇综合文化站中除演出之外的其他设施，都取得了很好的成绩。政府资金的大量投入和各级部门的大力推进，为农村信息服务设施的覆盖创造了条件，也客观上改变了农村信息服务设施的落后局面。覆盖过后，如何使得这些纷繁复杂的信息服务设施得以利用、如何真正发挥其价值等是比项目推行更加困难的问题。

面对农村信息服务设施建设的客观存在，农村居民能否有效地利用并有效获取信息，笔者曾对安徽、江苏、湖北等省进行调查，以农家书屋利用为例，了解农村居民的信息需求，获取信息服务设施建设、利用现状及其中存在的问题。研究人员在安徽合肥农村区域进行调研，并对调研的数据进行定量分析，以数字来说明目前农村居民科技信息建设及利用现状，展示客观现实。

农村信息服务扩散研究。本研究利用 BASS 模型进行农村信息服务生命周期的研究，认为农村信息服务项目的推行及其服务在农村的扩散是有一定生命周期的，即有从出生、成长、成熟到衰退的生命轨迹。构建农村信息服务扩散模型，以农家书屋为个案进行了实证分析，实证结果表明，农家书屋服务扩散过程中口碑传播的功效大于大众传播；通过构建的农家书屋扩散模型对其在一村庄的扩散进行了预测，在外部环境的支持下，农村居民的农家书屋服务接受，或者说是农家书屋服务在农村居民间的扩散是符合 BASS 模型的，而且也可以利用 BASS 模型预测其走向，农家书屋建设及服务在农村扩散呈现"S"曲线；实际情况中，历次农村信息服务项目的推行，农村图书馆的实施，其扩散过程没有呈现"S"型路线，而是直接走向衰退，这是因为农村信息服务项目的推行没有有效实现可持续发展。

第六章 农村科技信息投入产出及干预研究

目前，针对我国农村信息服务项目的研究，已从不同方面显示项目推行过程中存在着信息供需不一致问题，即信息供给的内容与受众的需求存在偏差。为了促进农村信息服务项目成效的真正发挥，有大量研究成果提出了建设性意见。通过对相关研究成果的分析，发现针对解决农村信息服务"最后一公里"问题，建议集中在"供"的方面居多，如政府发挥主导作用、拓宽传播渠道及提供多样化服务等，尽可能多方面满足农村居民的"需"，大多忽视了农村居民阅读及利用意识淡薄的问题。信息服务供需不能实现很好的对接，不仅"供"可能存在问题，农村居民"需"的方面也有要改进的地方。农村居民因其生活环境的特殊性，没有养成利用意识和习惯，这无疑会影响他们对信息服务设施的利用。农村居民信息设施利用意识的淡薄对我国农村信息服务事业发展的阻碍作用不容忽视。本研究利用数理经济学中有名的C-D生产函数对农村信息服务投入产出进行定量分析，通过数字来客观显示其投入及产出；然后针对农村信息投入产出非显著性相关、农村信息供需不对称等问题，以农村居民阅读意识为突破口，借助干预研究（intervention study），探讨农村居民阅读意识及习惯的干预问题，并在农村进行实证。

6.1 农村信息服务投入产出研究

借助C-D函数对农村信息服务项目投入产出进行研究，构建农村图书馆投入产出函数模型，并以农家书屋为个案进行实证。在农村信息供需对接的研究中，农村居民阅读及利用意识淡薄的问题没有引起足够的重视。本研究以农村居民阅读意识为突破口，借助干预研究，采用准实验设计，探讨农村居民阅读意识及习惯的干预问题，实践通过对农村居民的阅读行为进行干预，影响阅读习惯，促使农村居民拥有阅读的意识，产生阅读的需求，从而实现主动利用各种农村信息服务设施的最终

194

目标。

6.1.1　农村信息服务投入产出函数模型

在农村信息服务工作的开展中，农村图书馆扮演着重要角色，是构建新农村的重要组成部分，也是新农村信息服务的资源中心。农村信息服务各项目利用数据的收集，存在较大困难，其利用的时间序列数据难获取。因农家书屋建设 2012 年刚实现行政村的全覆盖，其在实施的过程中也担负着为农村读者提供文献信息服务的重任，所以本研究以农村图书馆投入产出为视角，并选取农家书屋作为个案进行实证研究，利用 C－D 生产函数来客观显示其投入及产出。

1. C－D 生产函数及其在图书馆的应用

C－D 生产函数（Cobb－Douglas Production Function）是美国数学家查理·柯布（C. W. Cobb）和经济学家保罗·道格拉斯（Paul H. Douglas）研究 20 世纪初美国资本探讨投入和产出的关系时创造的生产函数，可用于分析要素投入对产量（产出）的贡献率、规模收益和其他系列问题，是生产函数中应用广泛的一种[①]。资本 K 和劳动 L 与产出被确切地表达为

$$Y = AK^{\alpha}L^{\beta}$$

其中，A 是常数项，代表一定的技术水平，α、β 分别为 K 和 L 对产出 Y 的弹性。C－D 生产函数可以线性化，而且在进行参数估计时，可以不考虑投入要素的单位，因此计算起来更加方便。

关于 C－D 函数在图书馆的应用比较典型的是学者 Robert M. Hayes 的相关研究。1983 年 Robert M. Hayes 在 An Application of the Cobb－Douglas Model to the Association of Research Libraries 一文中，尝试把应用于工业领域的 C－D 函数应用于研究型图书馆[②]，方程如下：

$$\log (x_0/x_1) = \log (a) + (1-b) \log (x_2/x_1)$$

式中的 x_0 是指产出，x_1 是劳动力的投入，x_2 是资本的投入。通过

---

① 林玉蕊. 农业投入产出生产函数及其应用研究 ［J］. 数字的实践与认识，2007 （7）：102－108.

② Robert M Hayes. An Application of the Cobb－Douglas Model to the Association of Research Libraries ［EB/OL］. ［2015－08－16］. http：//www. eric. ed. gov.

两组数据，分别对图书馆产出及机构产出进行了计算。第一组数据在图书馆产出的计算中，图书馆劳动力投入是图书馆读者服务工作人员，资本投入用馆藏投入来表示，学术图书馆的产出用三个变量表示：博士研究生的培养常量、教师人数及馆际互借量。第二组数据仍然利用上述公式，只是 x_1 用机构的教师表示，资本投入 x_2 用馆藏量来表示，涉及的是整个机构的资源，而不仅仅是馆藏的投入。产出 x_0 用两个变量表示：博士生培养（Ph. D. s）及论文的产量（publications）。研究结果证明，在提供确切数据的前提下，C-D 生产函数适合于大学及研究型图书馆的分析。2005 年 Robert M. Hayes 在 Application of the Cobb-Douglas Production Model to Libraries[①] 一文中利用 log（$Circ/Srvst$）＝a＋（$1-b$）log（$Coll/Srvst$）生产函数对公共图书馆进行研究，$Circ$ 指流通量，$Srvst$ 指服务人员数量，$Coll$ 指投入量。并利用此公式，对加利福尼亚图书馆的投入产出进行实证研究。研究结果也同样证明了 C-D 函数的适用性，并且显示出流通人员工作量投入及产出有显著性相关。

2. 农村图书馆投入产出函数模型

基于 C-D 生产函数的基本思想，根据上述 C-D 生产函数的分析及其在图书馆领域的应用，本研究构建如下农村图书馆投入产出函数：

$$Y=AK^{\alpha}L^{\beta}e^{\mu}$$

其中，Y 代表产出量，也就是农村图书馆效益；A 是常数项，代表技术水平；K 代表资本投入量；L 代表劳动力投入量；α 表示资本产出弹性系数；β 代表劳动力产出弹性系数；μ 代表影响农村图书馆产出的随机性因素。根据农村图书馆的特点，农村图书馆投入产出模型中，Y 用"借阅量"表示，K 文献资金投入量，L 用"工作人员开放时间"来表示，μ 代表影响农村图书馆产出的随机性因素。因为农村图书馆不能像学术图书馆一样用人员培养及论文数量作为产出，而要像公共图书馆一样选择流通量这一指标。同样因为农村图书馆工作人员一般是有 1 人担任，在逐年上变化几乎为 0，所以不易用人员数量表示，而在我国农村，图书馆普遍存在开放时间的问题，所以 L 用开放时间，而不是工作人员数来表示。

---

① Robert M Hayes. Application of the Cobb-Douglas Production Model to Libraries [EB/OL]. [2015-08-16]. http：//www. slidefinder. net.

为了计算的方便，把农村图书馆投入产出函数转化为线性函数：

$$LnY = LnA + \alpha LnK + \beta LnL + \mu$$

6.1.2 农村信息服务投入产出的实证

本节在经济欠发达的中部及经济相对发展较好的东部，分别选取安徽及江苏两省各两个农家书屋进行分析。第一组数据来自安徽省会合肥的一个农家书屋，因所在地区的特殊性，下面所选取的农家书屋在 2009 年建成之后，资金上有地方企业提供后续资助，因此在合肥市农家书屋全覆盖之前，每年也可以得到 2000 元的文献增补费用。农家书屋投入产出模型为：$LnY = -42.734 - 0.291LnK + 7.169LnL$，而显著性概率 $Sig = 0.074$，$P > 0.05$（表 6-1），表明回归不显著，农家书屋投入与产出关系不显著，无线性相关关系。

表 6-1　合肥农家书屋投入产出回归分析

Anova[a]

	模型	平方和	df	均方	F	Sig
	回归	4.566	2	2.283	91.533	0.074[b]
1	残差	0.025	1	0.028		
	总计	4.591	3			

a. 因变量：Y

b. 预测变量：（常量），X_2，X_1

系数[a]

模型		非标准化系数		标准系数	t	Sig
		B	标准误差	试用版		
	（常量）	-42.734	4.381		-9.754	065
1	$X1$	-0.291	0.116	-0.271	-2.512	0.241
	$X2$	7.169	0.657	1.178	10.921	0.058

a. 因变量：Y

第二组数据来自安徽皖北的一个农家书屋，其从 2009 年建成后，一直没有后续资金的投入，文献没有得到更新，在开放时间上，基本没有办法得到合理的计算，只是在门上挂着其开放时间周二、四、六上

197

午：9：00－12：00，下午：14：00－18：00，这是县新闻出版局统一规定的开放时间，一般情况下，其处于关门状态，虽然农家书屋的门口公布了管理员的电话号码，但使用者寥寥无几。本次计算在开放时间上，沿用理想化的时间，与合肥的农家书屋开放时间一致，用最大化进行统计。根据数据建立回归方程：$y = b_0 + b_1 X_1 + b_2 X_2$，变量显著性水平大于 0.05，说明投入与产出非显著性相关。

在经济发展相对不发达的安徽地区，无论是合肥还是皖北的农家书屋，投入与产出都是非显著性相关，投入没有达到预想水平，调研数据与模型预期不吻合。

江苏的苏北地区与安徽的农家书屋在建设及资助上基本是一致的，所以计算中没有选自苏北地区的农家书屋。江苏农家书屋的第一组数据选取苏中地区。自 2009 年建成后，每年拥有 3000 元的后续资金，开放时间是每周开放 5 天，每天 8 小时。同样，建立回归方程：$y = b_0 + b_1 X_1 + b_2 X_2$，把数据输入 SPSS20.0 进行回归分析，得出如下分析结果（表6-2）：

表6-2　苏中农家书屋投入产出回归分析

Anova[a]

模型		平方和	df	均方	F	Sig
1	回归	0.021	1	0.021	1.512	0.344[b]
	残差	0.028	2	0.014		
	总计	0.050	3			

a. 因变量：Y

b. 预测变量：（常量），X_1

系数[a]

模型		非标准化系数		标准系数	t	Sig
		B	标准误差	试用版		
1	（常量）	6.829	0.080		85.775	0.000
	X_1	0.089	0.072	0.656	1.230	0.344

a. 因变量：Y

变量 X_2 是常数，所以在计算的时候把其剔除，从整个分析结果来看，变量显著性水平大于 0.05，说明投入与产出也是呈非显著性相关。

江苏农家书屋第二组数据来自苏州市，苏州市地处苏南区域，农家书屋发展及投入相对比较稳定。所选取的农家书屋开放时间为一年工作日 251 天，大约 36 周，每周开放 5 天，每天 8 小时。所处区域有企业资助，所以后续资金的投入逐渐增加。同样，建立回归方程：$y = b_0 + b_1 X_1 + b_2 X_2$，把数据输入 SPSS20.0 进行回归分析，得出如下分析结果：回归分析中 R 是相关系数，R_2 是判定系数，分析中 R_2 为 0.997，所以本次线性回归拟合效果显著。根据计算结果，变量显著性水平不大于 0.05，说明投入与产出显著性相关。根据回归结果得出，此农家书屋的投入产出函数为 $y = -7.373 + 0.356 X_1 + 0.977 X_2$，即 $\alpha = 0.356$，$\beta = 0.977$，$\alpha + \beta > 1$，此时可以看出投入与产出具有递增的比例报酬。而这个分析的农家书屋来自江苏苏南地区，农家书屋具有投入的持续性及开放的稳定性特点。虽然我们通过此样本的计算得出农家书屋投入与产出具有递增的比例报酬，但在我国目前农家书屋整体的形态下，其只是个个例，不能代表整体趋势，大部分农家书屋还是处于前三种情况。

从以上数据分析，可以看出所引用数据的 4 个农家书屋中，有 3 个投入与产出非显著性相关，仅有一个苏州地区的农家书屋，在其资金持续投入及有固定人员开放的基础上，投入与产出呈递增的比例报酬。从全国范围来看，农村书屋发展比较好的区域大部分地处我国东部地区，不仅拥有较强的经济实力，而且还在政府的支持与指导下，进行基层资源的整合。但如苏南农家书屋一样在资金及人员上具有优势的并不多，大部分农家书屋在人员及后续资金上均无法得到保证，利用率很低，因此也就处于投入与产出非显著性相关的状态。

6.2　农村信息设施利用及阅读存在的问题

在我国"自上而下"的信息服务推行中，存在着信息供需不一致问题，由于没有过多地关注农村居民的信息需求，因此服务成效欠佳，投入产出没有达到预期成效，明显存在着农村信息服务项目不停"送"资源，而农村居民却感到资源"匮乏"的矛盾现状。

上述以农家书屋进行投入产出的实证，显示其投入产出非显著性相关，这不仅与农家书屋人员管理及后续资金相关，各区域居民利用意识的差异也影响了其最终的结果。农村居民信息需求及利用存在着区域差异性，经济欠发达地区居民更关心的是政策方面的信息，对于经济发达地区来说，农村居民对于文献信息的感知更多的是来自于自愿，阅读意识强，获取信息的渠道也比较多，农闲时的娱乐活动相对比较丰富，不局限于打牌或聊天。对于欠发达地区，整体上来看，农村居民在信息需求上的差异性不大。农村信息需求的差异来自于经济条件的不同，经济条件越好的区域，阅读意识越强，而相应的信息服务设施利用率也高些，而欠发达地区，阅读及利用意识普遍较弱，获取信息渠道较窄[①]。

6.2.1 农村阅读现状

农村居民信息获取的渠道，侧重于人际传播网络，而非有组织的实体信息服务。当前整个国内阅读一直停留在精英层面，没有形成全民阅读的局面，另外功利阅读观，使得很多人不是对读书本身感兴趣，而是把读书作为达到某种目的的手段。如果认为阅读与自己的生存状况关系不大，他就没有阅读的需求和积极性。在广大农村，农村居民忙于生计，无暇阅读，加之文化水平偏低，阅读的意识就更加薄弱。农村留守儿童由于阅读环境及文献来源的欠缺，从小就没有养成良好的阅读习惯及意识，加上父母长期在外打工，疏于管教，又没有良好读物的引导，所以他们在世界观的塑造上容易出现偏差。

2010年至2011年一项对北京、山东、河南等三地的城市（分别是大城市、地级市、县镇）、城乡接合部、农村的10所典型学校的2657名学生及其父母的调查结果显示，小学生的阅读状况存在着比较明显的城乡差别，城市学生比农村学生更喜欢阅读，总体来说，城市学生阅读水平要好于农村学生[②]。央视发表了一份对农村孩子实际阅读情况和对待阅读态度的调查，一个农村班级56名孩子，完全没有读过课外书的有13人，32名孩子没有属于自己的课外书，但是100％的孩子都十分想读课外书或者想拥有一本属于自己的课外书。调查结果显示，农村孩子对课外书的认知十分局限，很多孩子在看过的课外书一栏里，填写的

---

① 刘丽．农村居民信息需求与信息服务现状研究——以安徽亳州Y村田野调查为基础 [J]．图书馆论坛，2015（4）：62－68．

② 朱寅年．农村家庭阅读环境需改善 ［EB/OL］．［2015－08－19］．http：// www.jyb.cn/basc/sd/201301/t20130121_525569.html.

是作文书，甚至是语文新课标①。农村的阅读现状令人担忧，这与农村阅读渠道不畅不无关系。第二次全国农业普查数据显示，在农村社会服务设施当中，全国 63.7 万个村庄中，87.6% 的村子在 3 千米范围内有小学，69.4% 的村子在 5 千米范围内有中学。74.3% 的村子有卫生室，仅有 13.4% 的村子有图书室、文化站②。阅读资源及渠道的匮乏，给农村孩子的阅读带来了障碍，这也是不争的事实。本研究希望从另一个角度来探讨一下这个问题，即在现有农村信息服务存在的情况下，如何充分感知并合理利用。

6.2.2　农村阅读意识

心理学研究表明，童年时期对情绪、情感的认知以及对自我情绪的协调和管理能力，将影响其一生。儿童时期是人格塑造、情商培养的最佳时机。如果能够在儿童时期通过有引导的阅读，培养他们正确管理情绪的能力，提高情商，形成健全的心理和人格，可以大大降低日后发生心理疾病的概率。

在儿童阅读的培养中，家长起到很重要的作用，有些孩子的家长对阅读、特别是课外阅读认识不清，在现代应试教育的压力下，他们会出现认为阅读课外书会影响学习的误解，从而阻挠孩子阅读课外书。家长阅读意识的淡薄及对阅读的误解，对于农村信息服务设施利用率的提高、全民阅读的推广会产生不好的影响。这种误解的解除、正确的阅读认知的树立及阅读意识的觉醒，仅靠其自身文化素质的提高是不太现实的。在我国为了圆农村孩子阅读的梦，不仅需要国家的主导、全社会的参与，而且目前也需要农村家长阅读意识的觉醒及阅读习惯的培养。农村家长阅读意识的提高，一方面有利于自身素质的提高，增强其对相关信息服务设施有用性的感知，另一方面对农村孩子也会产生良好的熏陶作用，这无疑有助于农村孩子良好阅读习惯的形成，如此形成良性循环。因此本研究的阅读认知干预是以农村成人为主进行的。

---

① 看焦点：农村孩子的阅读梦怎样才能圆？［EB/OL］．［2015 - 08 - 19］．http：//country. cnr. cn/focus/20150428/t20150428_518412242. shtml.

② 第二次全国农业普查主要数据公报（第一号）［EB/OL］．［2015 - 08 - 19］．http：//www. stats. gov. cn/tjsj/tjgb/nypcgb/.

6.3　农村信息服务干预研究

农村信息服务项目的推动是为农村居民服务的，而只有当他们有了利用的习惯时，农村信息服务工作的开展才会成效明显。如果没有受众利用意识的提高和习惯的培养，农村信息服务项目再怎样供给各种资源，实现投入与产出的高效率、供需的合理对接则会一直是个难题。本研究以农村居民阅读意识为突破口，借助干预研究（intervention study），探讨农村居民阅读意识及习惯的干预问题，并在农村进行实证，通过对研究对象进行阅读干预行为，影响他们的阅读习惯，让他们体会到阅读的"好处"，感受到信息服务的"实惠"，培养他们的阅读意识。

6.3.1　干预研究及阅读干预

1. 干预研究理论

干预研究（intervention study）是一种流行病学调查研究方法，它通过改变人群中某个假设的病因因素来检验假定的因果联系。为观察某项预防措施的效果，或观察改变环境条件、消除某种可疑致病因子对疾病发生的影响，在现场人群中进行的具有前瞻性的实验研究。用于评价预防措施的效果，证实这些因素的致病作用[①]。

干预研究的阶段变化模型（Transtheoretical Model，Stages of Change）认为需要通过变化的阶段分析，从干预理论中整合出行为改变的过程和其中的一些主要规则[②]。该模型的理论依据：行为变化是一个过程而不是一个事件，而且每个做出行为改变的个人都有不同的需求和动机。1983 年，Prochaska 和 DiClemente 提出的阶段变化模型有变化阶段（stages of change）、对其产生影响的均衡决策（decisional balance）、变化过程（processes of change）和自我效能（self－efficacy）等四个因素组成。变化阶段作为该理论最主要的核心组成部分，打破了传统上从做（do）/不做（do not）完全二分化结果的层面上看待问题的局限，而

---

① 武广华，等 . 中国卫生管理辞典 [M] . 北京：中国科学技术出版社，2001.
② 段艳平，刘立凡，韦晓娜 . 一项促进大学生体育锻炼意向的干预研究 [J] . 武汉体育学院学报，2010 (12)：43－46，52.

是用动态的眼光，通过不同速率、螺旋形升降的变化阶段及影响阶段变化的心理因素，对整个行为改变的动态过程进行解释和说明。锻炼行为的变化经历 6 个阶段：即前预期阶段（precontemplation）、预期阶段（contemplation）、准备阶段（preparation）、行动阶段（action）、维持阶段（maintenance）和终极阶段（termination）。图 6-1 是变化阶段的螺旋发展图[①]。

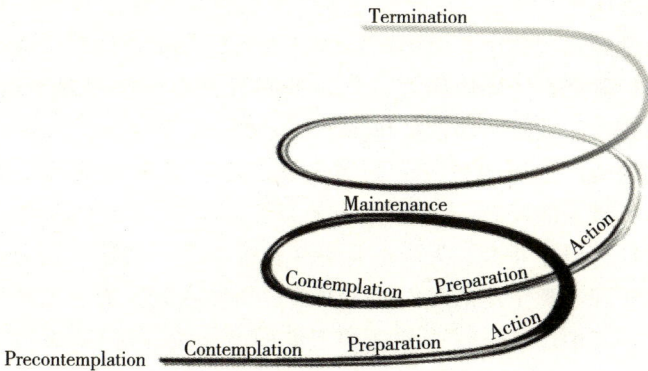

图 6-1 干预阶段变化的螺旋发展图

　　虽然国内外干预研究的结果不尽相同，对基于阶段变化模型制订的干预措施的有效性也存在不同看法，但研究结果证明：采用准实验不等同比较组前后测设计，使用散页印刷品进行多次、较短时间的针对理论概念和锻炼行为本身进行干预，可能是目前最佳的干预研究设计[②]。

　　2. 阅读干预与认知干预

　　阅读干预，是一种以文献为媒介，促使阅读者个性成长、心理发展、人格完善以及心理障碍消除，在认知、情感及行为方面发生变化，从而使个体达到心身健康的心理干预方法。从内容分，包括预防阅读、

---

　　① Catherine Segan. An overview of Prochaska and Diclemente's Stages of Change Model [EB/OL]．［2015-08-19］. http://www.hawaii.edu.

　　② 司琦，陈红玉，刘海群，Cardinal B. 促进弱势群体参与体育锻炼的干预研究——以听力残疾学生为例［J］. 体育科学，2010（7）：32-41，61.

保健阅读、治疗阅读、康复阅读四类；从方法分，包括自助阅读和他助阅读[①]。国外阅读疗法的起源可以追溯到中世纪。当时，主要是医生通过给病人读《圣经》或《古兰经》，来舒缓其心理压力。1961 年第三版《韦氏新国际英语词典》收入"阅读疗法"（Bibliotherapy）一词。随后的研究提出阅读可以拓展人的知识，增加信息资源，从而改变人的看法[②]。在阅读过程中个体会通过自我调控来改变行为方式与技巧，进而影响他如何实施目标行为[③]。1984 年 IFLA 发表了《图书馆为医院病人和残疾人服务纲要》，强调了阅读疗法的重要作用。目前国外阅读疗法的研究已经比较系统，对不同群体（老人、儿童、妇女、青少年）阅读干预进行研究，从纸质阅读干预延伸到目前的网络阅读干预[④]，发挥阅读对认知及心理障碍的积极作用[⑤]。

国内阅读干预的研究受到了医学、心理学和图书馆学的重视和关注，而所研究的阅读干预对象一般是心理有障碍或生理存在疾病的读者，如针对留守儿童、大学生及灾区青少年心理健康，通过阅读疗法的介入，实现心理重建的目的。图书馆学领域在此方面也取得了丰富的研究成果，其中比较有代表性的如王波的《阅读疗法》，该书不仅对国外研究进行系统分析，而且对阅读疗法进行本土化再造[⑥]。本研究所讲的阅读认知干预与阅读干预不同，其所研究的对象不是心理障碍者，而是没有阅读意识及习惯的潜在读者。干预手段的介入，使潜在读者了解什么是阅读，为什么要阅读，阅读文献的来源、渠道和利用的设施，培养潜在读者的阅读意识及最终养成良好的阅读习惯。

---

① 卢胜利，眭密太. 我国 15 年来心理障碍阅读干预研究述评 [J]. 大学图书馆学报，2007（2）：51 – 55.

② M Rosenbaum. A schedule for assessing self – control behaviors：Preliminary findings [J]. Behavior Therapy，1980（11）：109 – 121.

③ M Rosenbaum. Jaffe，Y. Learned helplessness：The role of individual differences in learned resourcefulness [J]. British Journal of Social Psychology，1983（22）：215 – 225.

④ Hogdahl L，Birgegard A，Bjorek C. How effective in bibliotherapy based self – help cognitive behavioral therapy with support in clinical settings：Results from a pilot study [J]. Eat Weight Disord，2013（1）：37 – 44.

⑤ Handi Project Team，Usher T. Bibliotherapy for depression [J]. AustFam Physician，2013（4）：199 – 200.

⑥ 王波. 阅读疗法 [M]. 北京：海洋出版社，2007.

6.3.2 农村居民阅读认知干预的实践

1. 干预设计

本研究采用准实验（quasi－experiment）设计，在 Y 村进行田野调查时，先通过访谈挑选出目前还没有阅读习惯的居民作为被试，并将被试随机分为干预组和对照组。对干预组通过为期一周的干预，对对照组不采取任何干预措施。当干预活动结束后，被试者接受问卷测量。调查对象全部来源于 Y 村，预测验 50 人，正式被试 10 人，其中干预组被试 5 人（平均年龄 28 岁，女性比例 40%），对照组被试 5 人（平均年龄 31，女性比例 40%）。本次选择的 10 位被试人员，均具有初中以上文化水平，因为文化水平低于初中的阅读起来有一定的难度，而且培养他们的阅读意识也不太现实。所以本次选取干预对象时，去除了小学及文盲文化程度的人员。

2. 干预过程

根据农村居民的习惯，本次干预采取编制阅读干预手册的方式，干预行为分为三部分，一是手册发放（表 6-3），并对手册内容进行讲解，过程大约持续 15 分钟。手册介绍阅读的好处、阅读资源的来源、阅读文献渠道、农家书屋利用等方面知识，介绍全民阅读的相关背景，国家推行的农村信息服务政策及项目、图书馆的重要性、所在村信息利用设施，在给他们讲解内容时，特别强调了农村信息服务项目的"惠民"性，让他们知道利用信息服务设施是免费的，而且是他们的权利。因农家书屋刚刚建成不久，其有关设施还存在，所以对所在村农家书屋的情况进行介绍，告之他们农家书屋所在地、联系人及借阅方法。二是通过发短信的形式提醒被试者在业余时间阅读所发的材料。因农村居民长期的生活习惯是忙完地里以及家务活后，喜欢选择看电视、聊天以及打牌的休闲方式，所以在第一次分发干预手册后的一周内，通过短信的形式提醒干预者利用业余时间阅读所分发的材料。三是通过访谈的形式，了解他们对阅读的认知、意愿以及利用渠道。因为他们前期没有阅读意识及习惯，所以通过再次访谈了解他们对相关问题的认知。

表 6-3　农村居民阅读认知干预材料目录

1. 为什么要阅读？ 　介绍阅读对于致富信息的获取、农村精神文化生活的作用，重点介绍阅读对于价值观的塑造，特别是农村儿童的重要作用。

（续表）

2. 什么是全民阅读？
对全民阅读的推广及开展的工作进行介绍。
3. 阅读资源的来源及渠道有哪些？
介绍除了他们习惯的人际关系渠道之外，还有哪些获取方式。
4. 什么是农家书屋？
对农家书屋实施的情况、作用及开展的服务进行介绍。
5. 政府实施农村信息服务项目有哪些？
对政府"十一五"期间已经实施及"十二五"期间正在实施的项目进行介绍。
6. 什么是农村图书馆？
对农村图书馆的概念及作用进行介绍，分析其与"新华书店"的不同之处。
7. 所在村信息利用设施有哪些？
对所在村的信息服务利用设施、是否收费及所在地点进行介绍。

3. 干预结果

　　干预实施前后，干预组和对照组在阅读次数、阅读时间上出现了细微的差异，接受干预后，干预组在阅读次数、阅读时间相对于对照组有了较小幅度的增长，当然这可能也是因为他们阅读所分发的干预材料，在接受干预前后，在阅读次数、阅读时间呈现了变化，所以这并不具有统计学意义，仅能说明其相对于对照组而言出现了变化。但从再次访谈中，可以感知他们对于阅读的认知有所提高，意愿也有所改变，对本村信息服务的利用渠道也比较清楚，这说明从阅读的认知及利用来说，干预在对于他们阅读渠道的获取，还是起到一定作用的。例如关于农家书屋的使用，因为知道农家书屋所在地、资源的配置及借阅管理的情况，对于"如果您有时间，您愿意去利用一下农家书屋吗？"一题，在原先的调查中显示结果为选择"愿意"的 26.08%，"可以尝试一下"的54.35%，"没兴趣"的 19.57%。而在本次干预以后，选择"愿意"的80%，"可以尝试一下"的 20%，而选择"没兴趣"的为 0。也就是说本次阅读干预，虽然在阅读习惯、时间上没有太多的效果，但最起码在阅读意识上起到一定的促进作用，这个结果也达到了实验的初衷。农村居民阅读意识的提高不是一朝一夕就能完成的，需要一个潜移默化的过程，而在这个过程中，对农村居民进行阅读认知干预是有积极推动作用的。

4. 实践结果再分析

农村居民对于资源及其设施，并不是不想利用，而是不知道其存在或不知如何利用，对于农村信息服务，他们不了解，不知道其功能是什么，所以在利用上也就没有什么意识。其实从调研中，我们可以深切感受到他们对信息及阅读的需求，但因对诸如农家书屋之类的设施不了解，加上宣传力度不够，所以农村居民一方面有需求，另一方面却不知从何获取。所以本研究认为宣传阅读，特别是获取的渠道及免费服务的信息，要让农村居民知道，这样在利用率上才会有所提高。另外阅读资源配置考虑各个读者层面，有选择有针对性地实现多样化的资源配置。要让阅读在农村慢慢"热"起来，离不开政府对于读书活动的支持，以及各级信息服务机构，特别是农家书屋的推动。要让他们感受到"阅读"带来的"好处"，通过"阅读"或接受农家书屋的服务，满足他们的信息需求，通过"阅读"找到自己问题的答案，这样有助于阅读意识的培养。阅读意识及习惯的培养，是我们要达到的更高目标，目前需要满足他们的信息需求，让他们了解阅读的益处，从而逐渐习惯性地阅读。

6.3.3　投入产出及干预的思考

长期以来，过多关注投入，关注覆盖率，使得我们的农家书屋建设成效不明显。投入固然重要，但产出也是我们需要考虑的问题，本研究利用 C－D 函数计算农家书屋的投入产出，4 个农家书屋中有 3 个投入与产出非显著性相关。当然，本研究在计算的过程中，农家书屋产出仅仅用借阅量进行量化分析，存在一定的局限性，但这也是目前农家书屋产出的一个可获取性的指标。关于量化指标的严谨性及多维度，均需要在以后的研究中进一步完善。

本研究以干预研究为理论基础，结合农村特点引入阅读意识培养领域，研究表明阅读认知干预存在积极性；农村信息服务项目实施过程中，需重视用户对其的感知，向农村居民加大宣传力度，介绍阅读的相关知识。本研究样本调查对象及范围，因为研究中没有考虑到年龄、性别等变量的影响，以及严格使用干预研究的相关量表进行观察，可能有一定的局限性并缺乏一定的严谨性，本研究仅是对农村居民阅读认知干预进行初步探索，通过实证证明在我国广大农村区域开展阅读认知干预是可行的，在后续的研究中需要通过干预方法的改进和样本数据的完善，对研究结果进一步拓展。希望本研究能引起学界对农村居民阅读意识培养的关注，以期通过各方努力使农村居民能够增强阅读的意识、产生阅读的需求，从而逐渐达到主动利用各种农村信息服务设施的最终目标。

6.4 本章小结

农村信息服务投入产出研究。本研究借助 C－D 函数构建农村信息服务投入产出模型，并以农家书屋为例进行实证，选取经济发展稍落后的安徽及经济较发达的江苏各两个农家书屋进行实证，所选取的四个农家书屋中，安徽合肥、皖北及江苏苏中的三个农家书屋投入产出非显著性相关，仅苏州的一个农家书屋呈现投入与产出具有递增的比例报酬。而这个分析农家书屋具有在投入持续性及开放的稳定性的优势，虽然我们通过此样本的计算得出农家书屋投入与产出具有递增的比例报酬，但在我国目前农家书屋整体的形态下，其只是个个例，不能代表整体趋势，大部分农家书屋还是处于前三种情况。研究以数据表明在农村信息服务建设的过程中，不能仅仅考虑投入，还需要综合考虑多方因素。

农村居民阅读认知干预研究。鉴于目前农村居民整体阅读及利用意识的淡薄，本研究以干预研究为理论基础，结合农村特点引入阅读领域，提出农村居民阅读认知干预。本研究所讲的阅读认知干预，其所研究的对象不是心理障碍者，而是没有阅读意识及习惯的潜在读者，干预手段的介入，使读者了解什么是阅读、阅读文献的来源及渠道、利用的设施，培养读者的阅读意识及最终形成良好的阅读习惯。对农村居民阅读认知干预进行实证研究，干预采取编制阅读干预手册的方式，通过手册发放、短信提醒及后续访谈三部分的干预行为。实证结果表明了干预的有效性，阅读项目实施过程中，须重视用户对其的感知，向农村居民加大宣传力度，介绍阅读的相关知识。农村居民其实也有阅读的渴望，只是存在不知阅读文献的来源、不知服务是否收费等问题。

第七章 农村科技信息社交
网络扩散模型研究

"科技是第一生产力",农村的发展离不开科技,科技资源的合理配置及有效服务是促进农村发展的动力源泉与根本出路。在面向农村的科技信息服务设计中,往往着重强调有组织的实体信息服务,如政府主导下的农业信息数据的建设、农村信息服务站的建设等,忽视了农村居民间虚拟的人际网络知识信息传递。农村居民对经人际网络的科技信息具有高度的信任,特别是在我国这样一个人际关系浓郁的社会。费孝通先生在研究中国社会结构特征时,提出了"差序格局"[①],在差序格局中,社会关系是逐渐从一个一个人推出去的,是私人联系的增加,社会范围是一根根私人联系所构成的网络。

7.1 农村居民的社会网络资本

不研究中国农村的社会网,就不能完整地理解和认识中国人的微观社会结构[②]。本研究在分析农村居民社会网络时,借鉴社会学概念"社会网络资本",在概念外延上,社会网络资本比社会资本小,其是指嵌入社会网络中的资源。

1973 年马克·格拉诺维特(Mark Granovetter)在《弱纽带的强度》(*The Strength of Weak Ties*)一文中指出跟一个人的工作和事业关系最密切的社会关系不是"强纽带",而是"弱纽带"。认为弱关系可以创造更多、更短路径的局部桥梁,是有效的信息传递路径[③]。国内学者

---

① 费孝通. 乡土中国 [M]. 北京:北京大学出版社,2012:37.
② 张文宏,阮丹青. 城乡居民的社会支持网 [J]. 社会学研究,1999(3):12 – 24.
③ M. Granovetter. The Strength of Weak Ties [J]. American Journal of Sociology, 1973, 78(6):1377 – 1378.

对西方社会网络的观点和方法进行反思，开展本土化研究，意识到中国人非常重视关系的传统，观察到与马克·格拉诺维特（Mark Granovetter）的弱网相反的现象。张其仔通过对一个村庄的研究，提出不同的文化背景，其社会秩序的构成基础不同，中国社会秩序的构成基础不同于美国社会，它的基础在于强网而不在于弱网①。1999 年，边燕杰通过研究提出了"强关系假设"，并通过调查研究，印证了其强关系假设。在伦理本位的中国社会条件下，信息的传递往往是人情关系的结果，而不是原因②。

7.1.1　社会网络资本的定义及测量

社会网络资本，从个体层次上说，指的是嵌入在个体的社会网络中的资源，从社会网络分析的角度来说，指的是个体网（ego－centric network）；从群体层次上说，则是将群体作为一个行动单位来考虑，在总体上可以动员的资源，从社会网络分析的角度而言，指的是整体网（socio－centric network）。相对而言，从个体层次上讨论社会资本更易操作③。

关于社会网络的测量，国外有"朋友网"和"讨论网"等，而中国人的关系网络区别于西方人网络，边燕杰等人提出用"春节拜年网"来测量。作为中国最重要的传统节日，春节是社会交往的热点时期。家庭作为消费和生活单位，其成员共享家庭的经济和社会资源，是社会网络资本有效的分析单位④。中国综合社会调查（Chinese General Social Survey，CGSS）关于社会网络的模块涉及两种社会网络，一是基于定名法（name generator）的重要事情的核心讨论网（discussion network）；另一个是基于定位法（position generator）的中国人农历新年的拜年网（Chinese new year greeting network）。"春节拜年网"是专门针对中国社会情况提出的一种社会网络。

---

①　张其仔．社会网与基层经济生活——晋江市西滨镇跃进村案例研究［J］．社会学研究，1999（3）：25－34．

②　边燕杰．社会网络与求职过程［J］．国外社会学，1999（4）：1－13．

③　王卫东．中国社会文化背景下社会网络资本的测量［J］．社会，2009，29（3）：146－158，227．

④　边燕杰，李煜．中国城市家庭的社会网络资本［J］．清华社会学评论，2001（2）：1－18．

7.1.2　农村居民社会网络资本的实证设计

农村居民拜年网具体的调查内容为：拜年者中亲属的人数、亲密朋友的人数、其他人的人数，以及由之推出拜年网的规模及各类关系所占比例；在社会等级结构中从高到低列出一些职业，询问被调查者的拜年者中是否有从事这些职业的[①]。在结构地位标识的测量中，边燕杰、李煜按照国家统计局颁布的职业类别，以入户调查的方式，让被调查者对职业类别进行打分，按照百分比作为地位得分，对 20 种职业进行排列，见表 7 - 1：

表 7 - 1　社会网络的地位构成及分析[②]

职业类型	职业地位平均分	调查户在此项有拜年者的百分比	职业类型	职业地位平均分	调查户在此项有拜年者的百分比
科学研究人员	95	19.4	经济业务人员	64	34.5
大学教师	91	18.4	会计	58	33.4
工程师	86	32.9	行政办事人员	53	43.8
法律工作人员	86	13.5	民警	52	16.1
医生	86	30.1	护士	48	13.0
中学教师	81	28.8	司机	25	38.9
政府机关负责人	80	26.2	厨师、炊事员	24	12.7
小学教师	73	15.8	产业工人	20	51.0
党群组织负责人	73	15.5	饭店餐馆服务员	11	8.3
企事业单位负责人	71	46.1	——	——	——

[①]　王卫东. 中国社会文化背景下社会网络资本的测量 [J]. 社会，2009，29（3）：146 - 158，227.

[②]　边燕杰，李煜. 中国城市家庭的社会网络资本 [J]. 清华社会学评论，2001（2）：1 - 18.

中国综合社会调查（Chinese General Social Survey，CGSS）2003 年列出的职业有 18 种，包括：产业工人、大学老师、中学老师、医生、护士、厨师、饭店服务员、商业销售人员、无业人员、科学家和研究人员、法律工作者、商业人员、行政办事人员、工程技术人员、政府官员、党群组织负责人、企事业单位负责人和保姆。2006 年的调查问卷中，职业调整为 20 种，分别为：产业工人、大学老师、中学老师、医生、护士、商业销售人员、科学家和研究人员、法律工作者、商业人员、行政办事人员、工程技术人员、政府官员、党群组织负责人、企事业单位负责人、保姆、私营企业主、农民、农业工人、商业服务人员和个体户。

目前对社会网络资本的测量，以对城市家庭为研究对象的较多。本研究对象为农村居民，侧重于农村家庭的社会网络测量，所以对其拜年网的职业类别与以往的研究有所不同，根据农村居民的社交网络，进行了调整，形成如表 7-2 的职业类别：

表 7-2　农村居民社交网络职业类别

职　业　类　别		
A 科学家	I 政府机关办事人员	Q 营销人员
B 县委书记	J 私营企业老板	R 个体运输专业户
C 大学教师	K 医生	S 个体户
D 中学教师	L 建筑队包工头	T 农机站技术员
E 律师	M 小学教师	U 厨师
F 银行出纳人员	N 护士	V 兽医
G 乡镇长	O 村委会主任	W 农民工
H 警察	P 养殖专业户	X 种田农民

本调查通过对农村居民春节拜年和信息获取情况的了解，进一步研究农村居民的社交网络及信息获取行为，从而为基于社交网络的农村科技创新的有效扩散提供参考。所以在问卷的设计上除了农村家庭的基本信息、拜年情况等内容，还增加了信息获取情况内容，以期从中找出信息获取与社交网络的相关性。

7.2 农村居民社会网络资本的实证分析

7.2.1 农村居民春节拜年对象

在对合肥农村阅读及信息服务进行问卷调查的同时，对 65 户农村居民的拜年网络进行调查，被调查者性别：19.05％为男，80.95％为女；年龄：61.90％在 21～30 岁，33.34％在 31～40 岁，4.76％在 41～50 岁；文化程度：14.29％为初中，66.67％为高中或中专，4.76％大专，14.28％为本科及以上；家庭平均月收入：14.29％为 2001～3000 元，57.14％为 3001～4000 元，9.52％为 4001～5000 元，5000 元以上占 19.05％。本次拜年网调研在安徽省会周边农村，对象以 21～50 年龄段为主，文化程度以高中及以上为主，仅有 14.29％是初中文化，在合肥周边城镇化的过程，农村居民的收入也有所提高。

本次农村居民拜年网络设置 24 种职业类型，职业声望测量采用李春玲对声望的计算结果，其在计算中社会声望分层的指标和测量方法，采用基于职业声望测量，推出社会经济地位指数的计算公式。研究根据职业声望调查，获得了职业声望得分[①]（表 7-3）。

表 7-3 农村居民拜年网职业声望得分表

职业类型	声望得分	职业类型	声望得分	职业类型	声望得分
A 科学家	82.8	I 政府机关办事人员	66.58	Q 营销人员	47.33
B 县委书记	82.62	J 私营企业老板	65.66	R 个体运输专业户	46.47
C 大学教师	78.68	K 医生	61.58	S 个体户	42.74
D 中学教师	74.65	L 建筑队包工头	60.13	T 农机站技术员	42.7
E 律师	71.69	M 小学教师	58.4	U 厨师	41.17

---

① 李春玲. 当代中国社会的声望分层——职业声望与社会经济地位指数测量 [J]. 社会学研究，2005（2）：74-102，244.

（续表）

职业类型	声望得分	职业类型	声望得分	职业类型	声望得分
F 银行出纳人员	69.18	N 护士	52.02	V 兽医	41.12
G 乡镇长	67.83	O 村委会主任	51.13	W 农民工	28.51
H 警察	66.94	P 养殖专业户	48.81	X 种田农民	25.8

对 65 户农村居民的拜年网络进行调查，被调查者的拜年对象中，出现在所提供的 24 种职业的百分比见表 7-4：

表 7-4　农村居民拜年对象百分比

职业类型	调查对象在此项有拜年者的百分比	职业类型	调查对象在此项有拜年者的百分比	职业类型	调查对象在此项有拜年者的百分比
A 科学家	9.52%	I 政府机关办事人员	23.81%	Q 营销人员	85.71%
B 县委书记	28.57%	J 私营企业老板	4.76%	R 个体运输专业户	9.52%
C 大学教师	23.81%	K 医生	33.33%	S 个体户	100.00%
D 中学教师	28.57%	L 建筑队包工头	4.76%	T 农机站技术员	9.52%
E 律师	9.52%	M 小学教师	38.10%	U 厨师	28.57%
F 银行出纳人员	19.05%	N 护士	23.81%	V 兽医	9.52%
G 乡镇长	14.29%	O 村委会主任	28.57%	W 农民工	28.57%
H 警察	23.81%	P 养殖专业户	28.57%	X 种田农民	28.57%

7.2.2　农村居民春节拜年网络结构

网络规模。本研究中拜年网络规模采用拜年交往者人数，图 7-1 是拜年人数分布图，调查对象 65 户平均网络规模 66.49 人，标准差为 56.531，众数为 35，最大值为 200，最小值为 10，网络规模差异比较大。

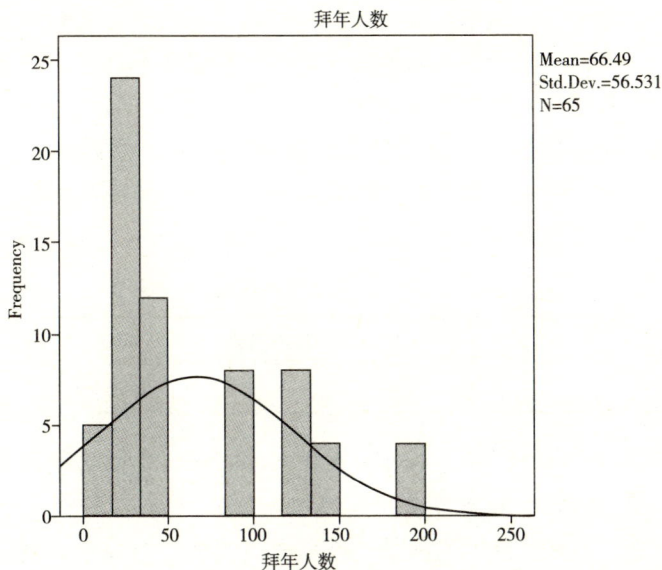

图 7 - 1 拜年网络规模

网络密度。在 65 户被调查对象中，拜年网中亲戚的平均值为 39.06，标准差为 33.022，中位数为 20，最大值为 100，最小值为 3（图 7 - 2）。

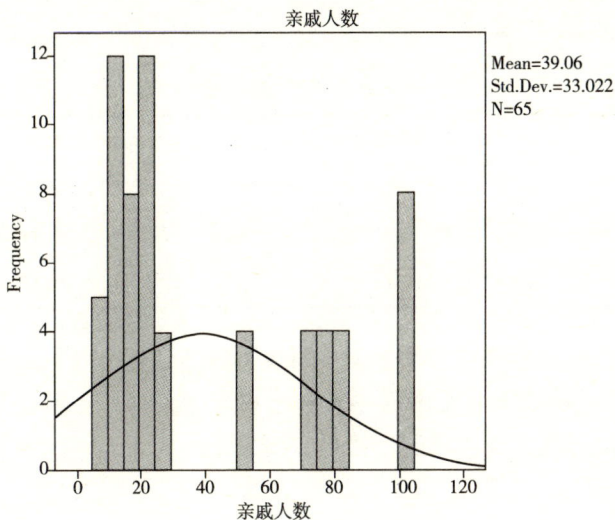

图 7 - 2 拜年网中亲戚人数

网络密度的指标采取亲属关系的频率占所有关系频率的比例。计算步骤：首先累计拜年者为亲属的出现频率，然后再累计所有关系出现的总频率，两者相除，即为网络密度①。

本次调研，拜年网络密度最大值为0.83，最小值为0.33，平均值为0.6093，可见农村居民拜年网络中，亲戚所占的比重比较大。社会网络密度与社会资本总量呈反相关。

表 7 - 5　拜年网络密度

	N	Minimum	Maximum	Mean	Std. Deviation
网络密度	65	0.33	0.83	0.6093	0.14747

网络顶端和位差。在春节拜年交往的问题中，询问被调查者拜年交往的职业，了解每个被调查者职业声望评价最高的拜年交往者的职业，就是该家庭春节拜年网中的网顶，用职业声望的得分表示。同样职业声望评价最低的拜年交往者的职业，就是该家庭春节拜年网中的网底。网顶与网底的差就是该被调查者春节拜年网的职业网差。

通过对被调查对象进行分析，得出拜年网整体调研对象，网顶平均值为68.12，网底平均值为33.87，网差为34.25；家庭月收入5000元以上被调查对象，网顶平均值为77.49，网底平均值为27.11，网差为50.38，见表7 - 6：

表 7 - 6　网络顶端和位差对比表

	拜年网整体调研对象	月收入5000元以上调研对象
网顶平均值	68.12	77.49
网底平均值	33.87	27.11
网差	34.25	50.38

家庭月收入5000元以上被调查对象，网差比较大（图7 - 3），而且一般情况下，网差比较大的网络有利于积累和发展社会网络资本问题，可以克服信息的重复性，提高网络的异质性，获取来自不同阶层的信

---

① 边燕杰，李煜. 中国城市家庭的社会网络资本 [J]. 清华社会学评论，2001 (2)：1-18.

息，从而进一步提高发展和流动的机会。

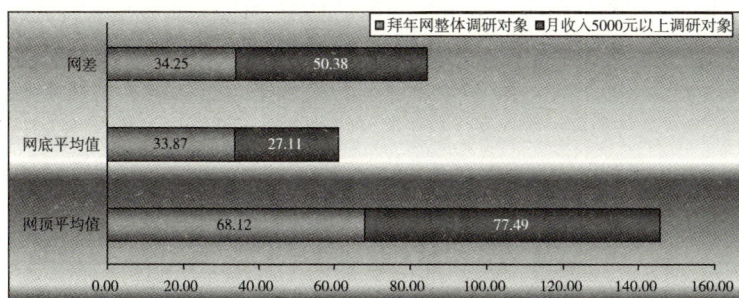

图 7 - 3　网络顶端和位差对比图

7.3　农村居民社会网络对科技信息利用的影响

在问卷调查中，调查对象平均月收入分布在 2000 以上，在下面的分析中，将对平均科技信息利用及平均月收入 5000 元以上人群进行对比分析。

7.3.1　农村居民科技信息利用的意向与行为

您家中有以下哪些基础信息设施？全部被调查者百分比：固定电话占 14.29％，手机占 95.24％，电视占 85.71％，电脑占 52.38％，其他占 9.52％。月平均家庭收入 5000 元以上被调查者：固定电话占 28.57％，手机占 100.00％，电视占 100.00％，电脑占 85.71％，其他占 28.57％。月平均家庭收入 5000 元以上被调查者家中的信息基础设施拥有率比较高（图 7 - 4）。

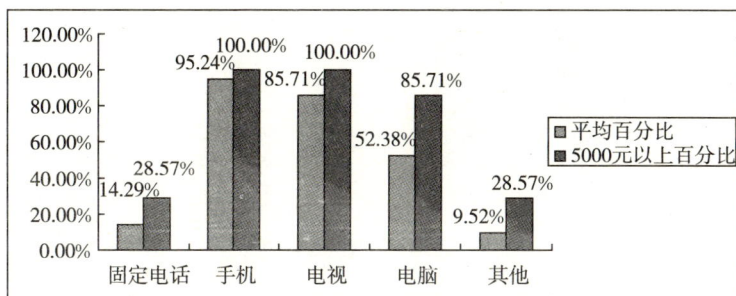

图 7 - 4　家中基础信息设施拥有对比

217

家中是否有人上网？全部被调查者百分比：有（包括您）占42.85%，有（不包括您）占42.86%，没有占14.29%。月平均家庭收入5000元以上被调查者：有（包括您）占100%，有（不包括您）占0%，没有占0%。月平均家庭收入5000元以上被调查者家中的成员（包括自己）上网比例比较高（图7-5）。

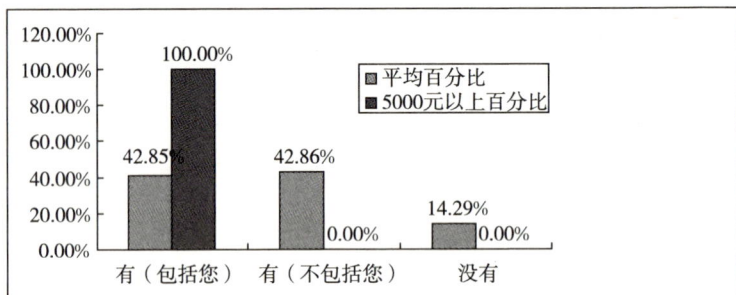

图7-5　家中成员上网对比

一般通过什么途径上网？全部被调查者百分比：家里电脑占38.10%，手机占95.24%，网吧占9.52%，电子阅览室占4.76%，亲戚朋友家占4.76%。月平均家庭收入5000元以上被调查者：家里电脑占71.43%，手机占100.00%，网吧占14.29%，电子阅览室占14.29%，亲戚朋友家占14.29%。月平均家庭收入5000元以上被调查者上网途径比较多，利用率也高，而不论平均百分比还是月平均家庭收入5000元以上百分比，在上网的途径中"手机"成为首选（图7-6）。

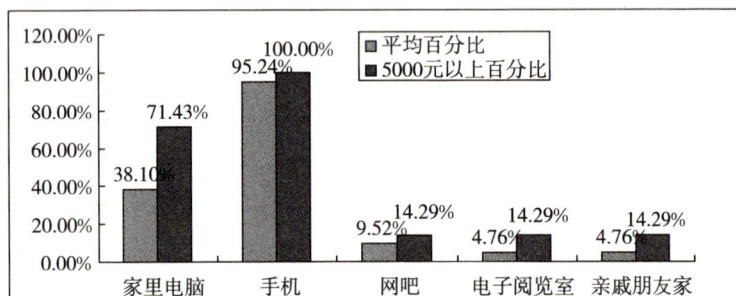

图7-6　上网途径对比

平均每天使用电脑的时间是多少？全部被调查者百分比：1小时以下占57.14%，1~3小时占28.57%，3小时以上占14.29%。月平均家庭收入 5000 元以上被调查者：1 小时以下占 57.14%，1~3 小时占 14.29%，3 小时以上占 28.57%。月平均家庭收入 5000 元以上被调查者平均每天使用电脑时间在"1 小时以下"选项中与平均百分比持平，"1~3 小时"选项中少于平均百分比，而在"3 小时以上"选项中高于平均百分比（图 7-7）。

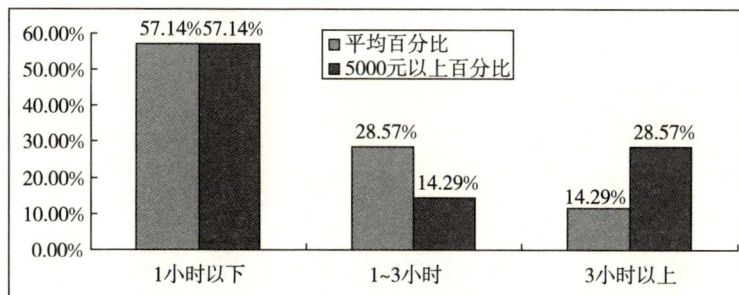

图 7-7　平均每天使用电脑时间的对比

　　利用基础信息设施的主要用途是什么？全部被调查者百分比：了解新闻占 66.67%，休闲娱乐占 85.71%，工作需要占 61.90%，教育需要占 28.57%，聊天交际占 76.19%。月平均家庭收入 5000 元以上被调查者：了解新闻占 57.14%，休闲娱乐占 100%，工作需要占 71.43%，教育需要占 42.86%，聊天交际占 100%。月平均家庭收入 5000 元以上被调查者利用基础信息设计的主要用途除了"了解新闻"选项外，在其他选项上的百分比均高于平均百分比（图 7-8）。

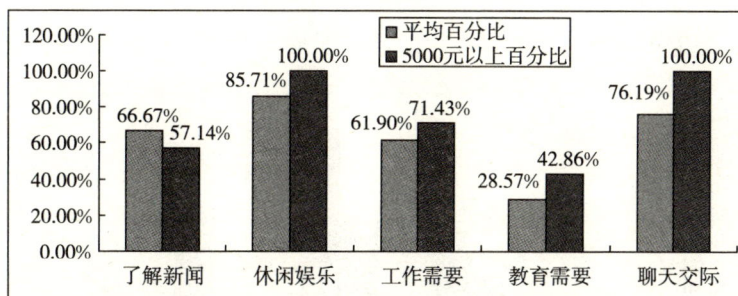

图 7-8　利用信息基础设施的用途对比

　　平时比较关心哪方面的信息？全部被调查者百分比：医药健康信息占 42.86%，致富信息占 47.62%，打工信息占 52.38%，子女上学信息占 38.10%，娱乐活动信息占 76.19%，与自己相关的政策信息占 71.43%，其他信息占 19.05%。月平均家庭收入 5000 元以上被调查者：医药健康信息占 42.86%，致富信息占 57.14%，打工信息占 57.14%，子女上学信息占 100%，娱乐活动信息占 100%，与自己相关的政策信息占 85.71%，其他信息占 14.29%。月平均家庭收入 5000 元以上被调查者在致富信息、打工信息、子女上学信息、娱乐活动信息、与自己相关的政策信息方面百分比高于平均百分比，特别关注的是子女上学信息和娱乐活动信息，选择率为 100%（图 7-9）。

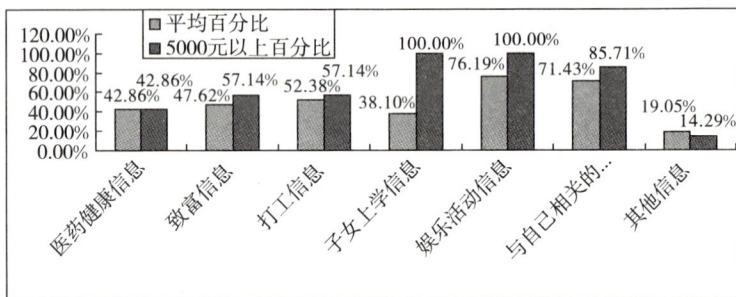

图 7-9　平时比较关注信息的对比

最希望掌握哪方面的信息化技术？全部被调查者百分比：种养技术占 4.76%，生产经营占 23.81%，文化知识占 47.62%，信息技术占 23.81%，其他占 28.57%。月平均家庭收入 5000 元以上被调查者：种养技术占 0%，生产经营占 42.86%，文化知识占 85.71%，信息技术占 42.86%，其他占 0%。月平均家庭收入 5000 元以上被调查者在对生产经营、文化知识及信息技术知识的需求上高于平均百分比（图 7-10）。

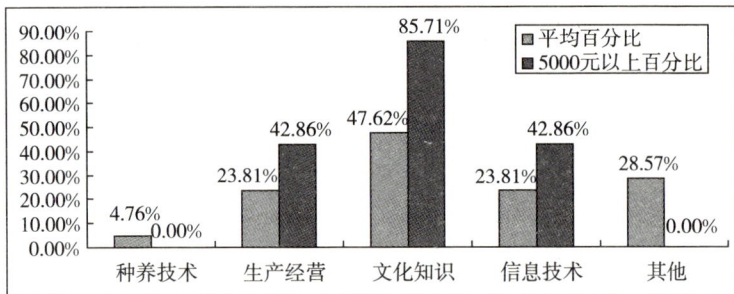

图 7-10　最希望掌握的信息化技术对比

　　能够获得所需的农业生产相关信息吗？全部被调查者百分比：完全能够占 4.76％，基本能够占 14.29％，获取部分占 33.33％，不能够占 47.62％。月平均家庭收入 5000 元以上被调查者：完全能够占 14.29％，基本能够占 0％，获取部分占 28.57％，不能够占 57.14％。月平均家庭收入 5000 元以上被调查者在此项选择上，"完全能够"与"不能够"均高于平均百分比，而其他两项低于平均百分比（图 7-11）。

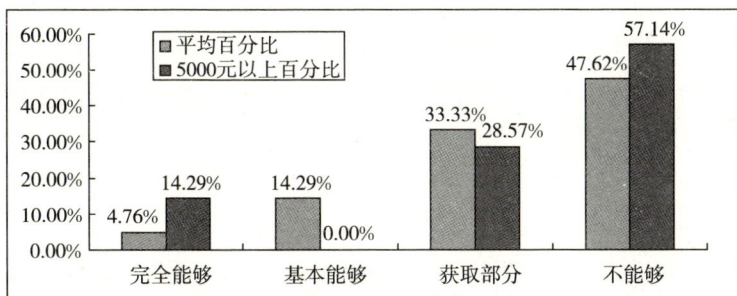

图 7-11　农业生产信息的获取度对比

　　能够获得所需的农村生活相关信息吗？全部被调查者百分比：完全能够占 4.76％，基本能够占 28.57％，获取部分占 33.34％，不能够占 33.33％。月平均家庭收入 5000 元以上被调查者：完全能够占 0％，基本能够占 28.57％，获取部分占 14.29％，不能够占 57.14％。月平均家庭收入 5000 元以上被调查者在此项选择上，"不能够"高于平均百分比（图 7-12）。

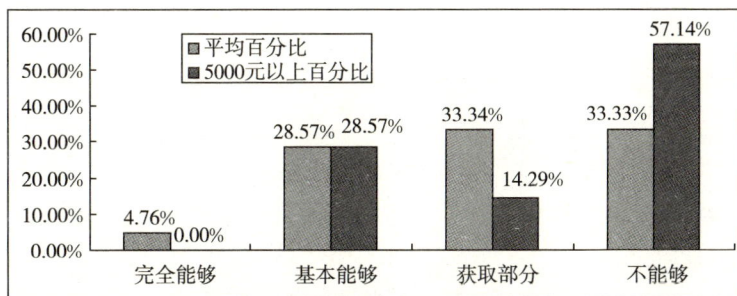

图 7-12　农村生活信息的获取度对比

　　获得信息的渠道有哪些？全部被调查者百分比：学校占 23.81％，政府部门占 28.57％，广播电视占 57.14％，报刊图书占 28.57％，乡镇干部占 23.81%，乡镇技术人员占 14.29%，亲朋好友占 57.14%，参加培训占 23.81%，网络占 47.62%，其他占 9.52%。月平均家庭收入 5000 元以上被调查者：学校占 42.86%，政府部门占 42.86%，广播电视占 100.00%，报刊图书占 57.14%，乡镇干部占 28.57%，乡镇技术人员占 28.57%，亲朋好友占 71.43%，参加培训占 57.14%，网络占 42.86%，其他占 14.29%。月平均家庭收入 5000 元以上被调查者在此项选择上，获取信息的渠道更广，各个渠道利用，除了"网络"低于平均百分比，其余选项均高于平均百分比（图 7-13）。

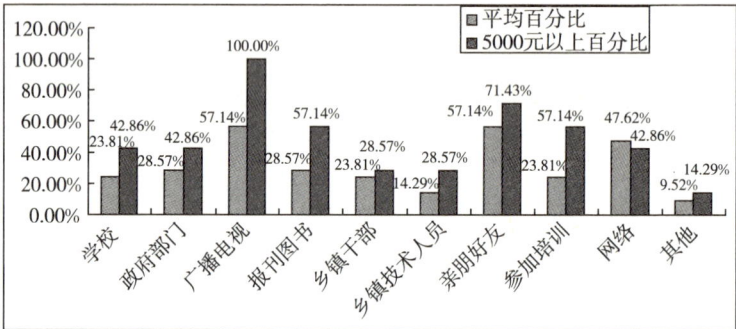

图 7-13　获取信息的渠道对比

认为获得的信息是否有利用价值？全部被调查者百分比：完全有价值占 9.52%，基本有价值占 19.05%，部分有价值占 71.43%，没有价值占 0.00%。月平均家庭收入 5000 元以上被调查者：完全有价值占 28.57%，基本有价值占 14.29%，部分有价值占 57.14%，没有价值占 0.00%。月平均家庭收入 5000 元以上被调查者在"完全有价值"选项的选择上，高于平均百分比（图 7-14）。

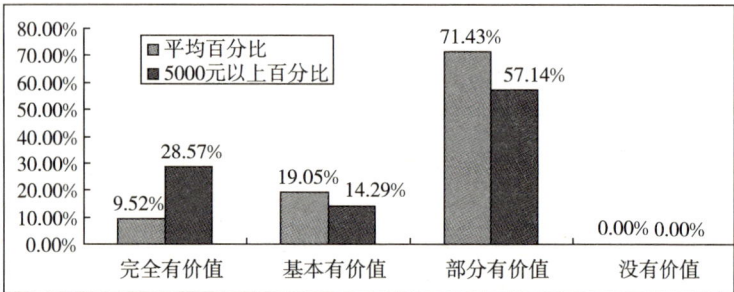

图 7-14　获取信息的价值认知对比

所获取的信息对于提高您的劳动收入和生活水平有帮助吗？全部被调查者百分比：有较大帮助占 19.05％，有较小帮助占 47.62％，没有帮助占 19.04％，不太清楚占 14.29％。月平均家庭收入 5000 元以上被调查者：有较大帮助占 42.85％，有较小帮助占 42.86％，没有帮助占 0.00％，不太清楚占 14.29％。月平均家庭收入 5000 元以上被调查者，对信息的重要性平均认可度较高（图 7 – 15）。

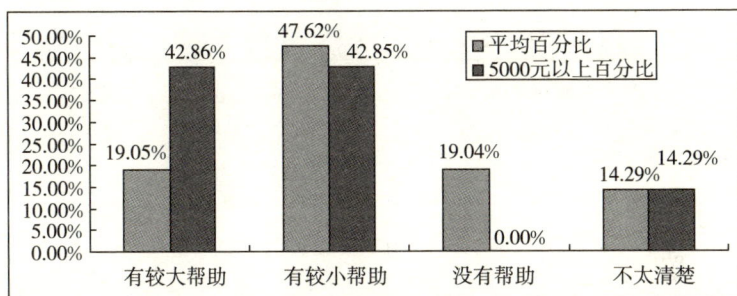

图 7 – 15　获取信息的帮助性认知对比

7.3.2　农村居民社会网络与科技信息利用的相关性

调研中，拜年网络密度最大值为 0.83，最小值为 0.33，平均值为 0.6093。月平均家庭收入 5000 元以上被调查者，拜年网络密度最大值为 0.70，最小值为 0.40，平均值为 0.55。根据拜年网络密度与社会网络资本总量成反比，可见在调查对象中，收入较高的网络密度相对较小，相应的社会网络资本总量偏大。本次调查中，月平均家庭收入 5000元以上被调查者，相对于本次调查的平均数，在信息获取渠道及信息利用意识方面，也有明显的差异。如下是调查对象在农村信息服务设施利用方面的调查结果。

利用过以下由政府支持的农村信息服务设施的全部被调查者百分比为：中国农业信息网占 33.33％，农村供求信息全国联播占 28.57％，县农业信息网占 19.05％，县信息中心占 19.05％，乡镇信息服务站占 28.57％，乡镇技术推广服务站占 28.57％，乡镇畜牧水产站占 19.05％，县图书馆或乡镇图书馆占 14.29％，科技下乡服务活动占 42.86％。月平均家庭收入 5000 元以上被调查者：中国农业信息网占 71.43％，农村供求信息全国联播占 57.14％，县农业信息网占 14.29％，县信息中心占 28.57％，乡镇信息服务站占 57.14％，乡镇技术推广服务站占 71.43％，乡镇畜牧水产站占 14.29％，县图书馆或乡镇图书馆占 28.57％，科技下乡服务活动占 14.29％。平均家庭收入5000 元以上被调查者，在网络的利用上，高于平均百分比，而在科技下乡服务活动上低于平均百分比（图 7－16）。

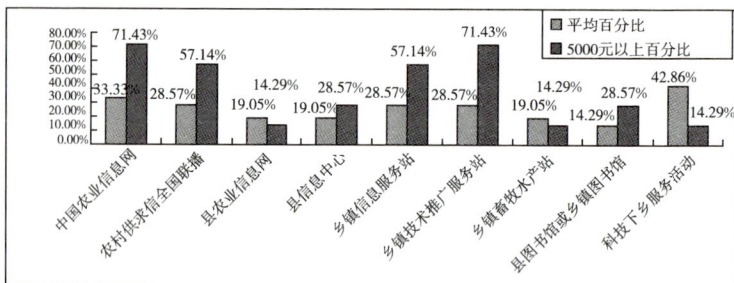

图 7－16　农村信息服务设施利用的对比

影响利用农村信息服务设施的原因。全部被调查者百分比：开放时间占 19.05％，信息陈旧占 33.33％，距离太远占 42.86％，没有时间占38.10％，服务态度占 14.29％，缺乏感兴趣的信息占 52.38％，不好意思占 9.52％，手续烦琐占 4.76％，其他占 14.29％。月平均家庭收入5000 元以上被调查者：开放时间占 14.29％，信息陈旧占 28.57％，距离太远占 57.14％，没有时间占 28.57％，服务态度占 14.29％，缺乏感兴趣的信息占 71.43％，不好意思占 14.29％，手续烦琐占 0.00％，其他占 0.00％。月平均家庭收入 5000 元以上被调查者，在距离太远、缺乏感兴趣的信息及不好意思选项上，高于平均百分比，而在其他选项上低于平均百分比（图 7－17）。

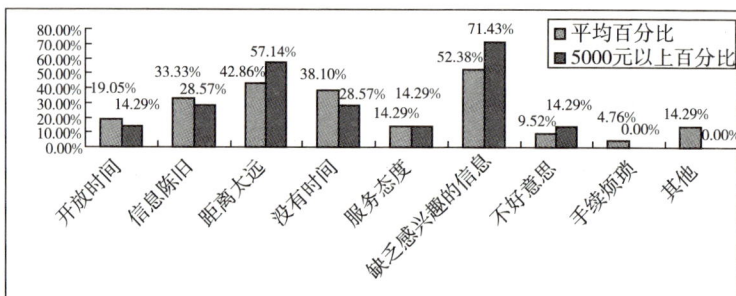

图 7－17　农村信息服务设施利用的影响因素对比

在获取信息过程中有哪些困难？全部被调查者百分比：没有基础设施占 23.81%，有设施不会使用占 28.57%，不知道获取哪些信息占 47.62%。月平均家庭收入 5000 元以上被调查者：没有基础设施占 42.86%，有设施不会使用占 14.29%，不知道获取哪些信息占 42.85%（图 7－18）。

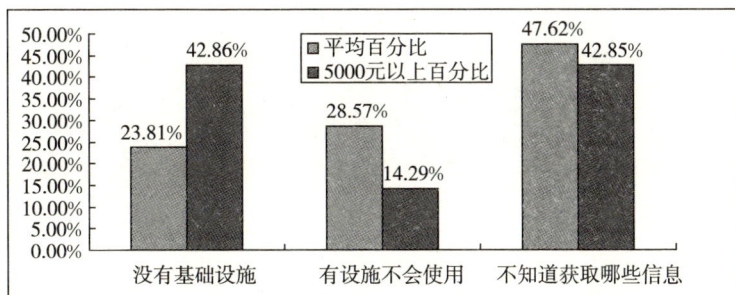

图 7－18　获取信息的困难对比

如果农村信息服务设施利用非常方便，愿意经常去吗？全部被调查者百分比：愿意占 19.05%，可以尝试一下占 71.43%，没兴趣占 9.52%。月平均家庭收入 5000 元以上被调查者：愿意占 14.29%，可以尝试一下占 85.71%，没兴趣占 0%（图 7－19）。

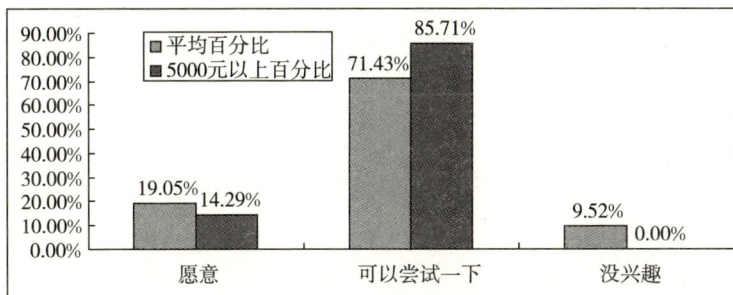

图 7－19　农村信息服务设施利用的意愿对比

希望农村信息服务设施开展的服务。全部被调查者百分比：农业知识培训占 28.57%，文化娱乐活动占 71.43%，电脑培训占 19.05%，图书推荐和读书交流占 23.81%，医疗保健讲座占 47.62%，提供市场信息占 42.86%，政务公开信息占 47.62%，其他占 4.76%。月平均家庭收入 5000 元以上被调查者：农业知识培训占 42.86%，文化娱乐活动占 71.43%，电脑培训占 28.57%，图书推荐和读书交流占 42.86%，医疗保健讲座占 57.14%，提供市场信息占 71.43%，政务公开信息占 57.14%，其他占 14.29%。月平均家庭收入 5000 元以上被调查者，在对农村信息服务设施开展的工作中，需求更多样，选择百分比高于平均百分比（图 7 - 20）。

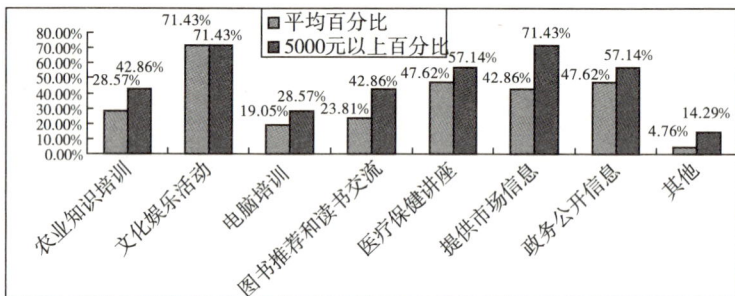

图 7 - 20　希望农村信息服务设施开展的服务对比

月平均家庭收入 5000 元以上被调查者，在网络的利用上高于平均百分比，在对农村信息服务设施开展的工作中，需求更多样，选择百分比高于平均百分比。

7.4　农村居民社会网络与科技信息创新扩散研究

农村科技信息创新扩散受到人际关系的影响，其采纳速率的衡量标准是在特定的时期内，如一年里，多少用户采纳了某个创新方案。创新的相对优势、相容性、复杂程度、可试验性及可观察性等五个属性影响着用户创新采纳率。

7.4.1　农村科技信息扩散影响模型的理论构建

创新的相对优势、相容性、复杂程度、可试验性及可观察性等五个属性，影响着用户采纳某项创新的快慢。相对优势是指某项创新相对于它所替代的原有方法（方案）而具有的优点；相容性是指创新与现有的各种价值观、以往的各种实践经验以及潜在采纳者的需求相一致的程度；复杂性是指理解和使用某项创新的相对难度；可试验性是指创新在有限的基础上可能进行试验的程度；可观察性是指创新成果能被其他人看到的程度。本研究维度包括相对优势、复杂性、相容性、可试验性、可观察性、社会网络、采用态度及采用意向，研究理论模型如图 7-21 所示：

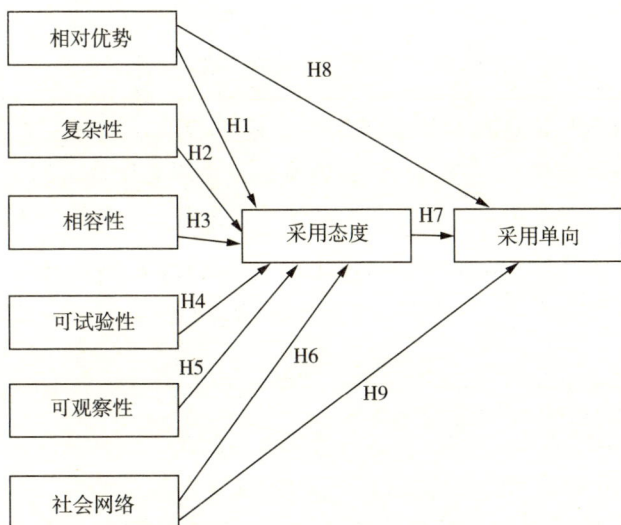

图 7-21 农村科技信息扩散影响因素的理论模型

针对农村科技信息扩散，本研究提出如下假说：

假说 1（H1）：农村科技创新的相对优势对农村居民采纳态度有直接正向作用；

假说 2（H2）：农村科技创新的复杂程度对农村居民采纳态度有直接反向作用；

假说 3（H3）：农村科技创新的相容程度对农村居民采纳态度有直接正向作用；

假说 4（H4）：农村科技创新的可试验性对农村居民采纳态度有直接正向作用；

假说 5（H5）：农村科技创新的可观察性对农村居民采纳态度有直接正向作用；

假说 6（H6）：农村居民的社会网络对农村居民采纳态度有直接正向作用；

假说 7（H7）：农村居民采纳态度对农村居民的采纳行为有直接正向作用；

假说 8（H8）：农村科技创新的相对优势对农村居民采纳意向有直接正向作用；

假说 9（H9）：农村居民的社会网络对农村居民采纳意向有直接正向作用。

7.4.2 农村科技信息扩散影响模型的实证设计

在农村科技信息扩散影响因素的理论模型中，相对优势、复杂性、相容性、可试验性、可观察性、社会网络、采用态度及采用意向是潜在变量，无法直接观测，因此设置了观察变量对潜在变量进行测度。

表 7 - 7 农村科技信息创新扩散影响因素分析指标体系

潜在变量	编号	观察变量
相对优势 （Relative Advantage）	RA1	使用农业科技新技术后，收入有提高
	RA2	农业科技新技术比传统技术成本更低
	RA3	农业科技新技术比传统技术更安全
复杂性 （Complexity）	CP1	我很容易就能清楚理解农业科技新技术
	CP2	农业科技新技术对我来说比较容易
	CP3	农业科技新技术容易操作
相容性 （Consistency）	CS1	我已有经验能够支持农业科技新技术的使用
	CS2	农业科技新技术能够满足我某方面的需要
可试验性 （Triability）	TB1	农业科技新技术利用前可小范围试用
	TB2	身边有人试用过农业科技新技术
可观察性 （Observability）	OB1	我很容易就能对农业科技新技术做出正确评价
	OB2	我能向他人说明农业科技新技术的特点
社会网络 （Social Network）	SN1	我的亲戚、朋友或邻居推荐我使用农业科技新技术
	SN2	几乎我所有的亲戚、朋友或邻居都使用农业科技新技术
	SN3	几乎我所有的亲戚、朋友或邻居都认为使用农业科技新技术是个好主意
	SN4	我的亲戚、朋友或邻居认为我应该使用农业科技新技术

（续表）

潜在变量	编号	观察变量
采用态度	AT1	使用农业科技新技术是个好主意
（Adoptive	AT2	我喜欢使用农业科技新技术
Attitude）	AT3	使用农业科技新技术是有价值的
采用意向	AI1	我打算使用农业科技新技术
（Adoptive	AI2	我会推荐他人使用农业科技新技术
Intention）	AI3	我会继续使用农业科技新技术

相对优势设置三个观察变量，分别是农业新技术使用后，对收入的影响，农业科技新技术与传统技术相比，在成本及安全性上的优势。复杂性设置三个观察变量，分别是对农业科技新技术的理解、操作方面。相容性设置两个观察变量，分别是用户有使用农业科技新技术的经验及满足用户某方面的需要。可试验性设置两个观察变量，分别是农业科技新技术本身可以小范围试用及身边有人试用过农业科技新技术。可观察性设置两个观察变量，分别是用户对农业科技新技术做出评价及向他人说明农业新技术的特点。社会网络设置四个观察变量，分别是用户社会网络中有人推荐其使用农业科技新技术，用户社会网络中都使用农业科技新技术，用户社会网络中认为使用农业科技新技术是个好主意，用户社会网络认为用户应该使用农业科技新技术。采用态度设置三个观察变量，从用户角度出发，认为使用农业科技新技术是个好主意，用户喜欢使用农业科技新技术，用户认为使用农业科技新技术是有价值的。采用意向设置三个观察变量，也是从用户角度出发，分别是用户打算使用农业科技新技术，会推荐他人使用农业科技新技术，用户会继续使用农业科技新技术。

调查表分为两部分：基本信息及农村科技信息创新扩散影响因素指标体系。其中基本信息涉及性别、年龄、职业及文化程度等选项；农村科技信息创新扩散影响因素指标体系采取 Likert7 级量表，对概念模型潜在变量进行测度，被调查者针对每个测量变量按照是否同意该说法的程度在 1 至 7 中选择一个进行回答，"1"表示"完全反对"，"2"表示"非常反对"，"7"表示"完全同意"。

7.4.3 农村科技信息扩散影响模型的数据分析

对安徽合肥农村区域进行随机抽样，调查问卷共发放 200 份，回收 181 份，回收率为 90.5%。被调查者基本信息见表 7-8：

表 7 - 8　调查样本基本信息

调查信息	项目	频数	频率
性别	男	135	74.59%
	女	46	25.41%
年龄	14 岁以下	5	2.76%
	15～20 岁	24	13.26%
	21～60 岁	115	63.54%
	60 岁以上	37	20.44%
职业	学生	12	6.63%
	农民	138	76.24%
	依靠财政收入人群	9	4.97%
	个体小商贩	12	6.63%
	其他	10	5.52%
文化程度	文盲	28	15.47%
	小学	34	18.78%
	初中	80	44.20%
	高中或中专	23	12.71%
	大专以上	16	8.84%

量表信度分析。信度主要考察量表内部一致性，一般用 Cronbach's α 系数表示。总量表的信度系数最好在 0.80 以上，如果在 0.70～0.80 之间，也算是可以接受的范围；如果是分量表，其信度系数最好在 0.70 以上，如果是在 0.60～0.70 之间，也可以接受使用；如果分量表（层面）的内部一致性 α 系数在 0.60 以下或总量表的信度系数在 0.80 以下，应考虑重新修订量表或增删题项[①]。本研究潜在变量相对优势、复杂性、相容性、可试验性、可观察性、社会网络、采用态度及采用意向的 Cronbach's α 值分别为 0.910、0.879、0.925、0.706、0.826、0.925、0.872、0.803，均大于 0.70，总量表的 α 系数为 0.906，大于 0.80（表

---

① 吴明隆. 问卷统计分析实务——SPSS 操作与应用［M］. 重庆：重庆大学出版社，2012：244.

7-9)，因此具有良好的信度。

表 7-9　量表变量及 Cronbach's α 值

潜在变量	Cronbach's α
相对优势	0.910
复杂性	0.879
相容性	0.925
可试验性	0.706
可观察性	0.826
社会网络	0.925
采用态度	0.872
采用意向	0.803
问卷整体	0.906

　　量表效度分析。效度（validity）是指能够测到该测验所欲测（使用者所设计的）心理或行为到何种程度。为检验数据的效度需要对数据进行探索性因子分析（Exploratory Factor Analysis，简称 CFA），而进行探索性因子分析需要先进行巴特立特球体检验（Bartlett's Test of Sphericity），并观察取样适性量数（Kaiser-Meyer-Olkin Measure of Sampling Adequacy，简称 KMO）值的大小。KMO 指标值在 0～1 之间，当 KMO 值小于 0.50 时，表示题项变量间不适合进行因子分析；若是所有题项变量所呈现的 KMO 指标值大于 0.80，表示题项变量间的关系是良好的（meritorious），题项变量间适合进行因子分析[1]。本研究 KMO 值为 0.839，大于 0.80，呈现的性质是"良好"，显著性概率值 P 为 0.000，小于 0.05，拒绝虚无假设。因此，本研究数据适合进行因子分析。

　　根据农村科技信息扩散影响因素的理论模型和研究假设，通过 AMOS20.0 软件设定结构方程模型，其路径图及参数如图 7-22 所示。模型中相对优势、复杂性、相容性、可试验性、可观察性、社会网络、

---

[1]　J Spicer. Making sense of multivariate data analysis [M]. London: Sage Publications, 2005.

采用态度及采用意向是潜在变量，RA1，RA2，RA3 等是控制变量，e1
至 e23 是误差变量。

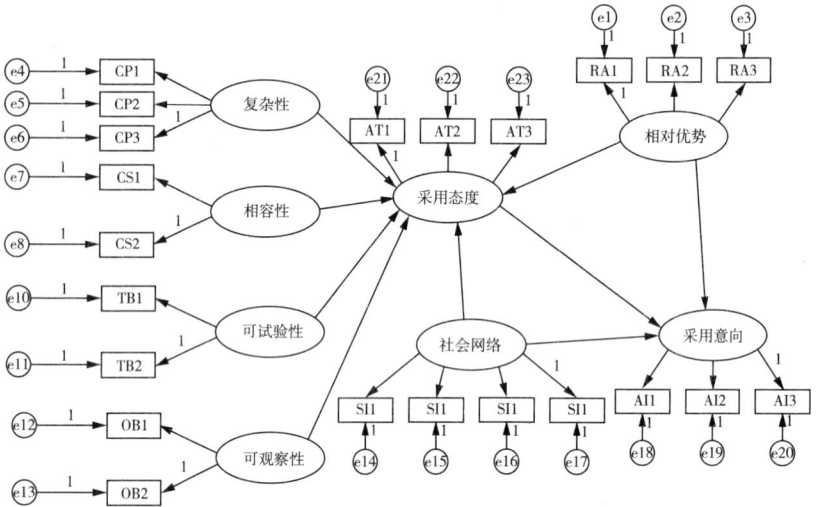

图 7-22　农村科技信息扩散影响因素的结构方程模型

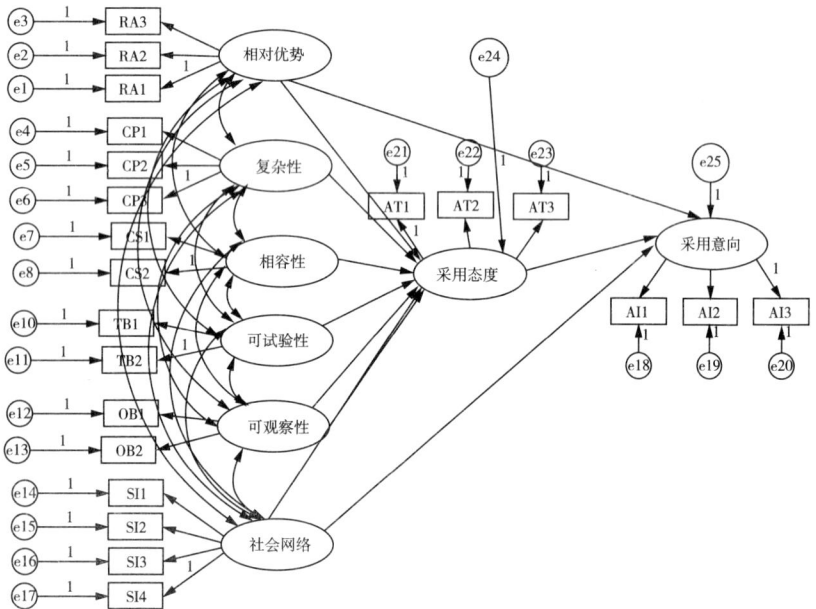

图 7-23　农村科技信息扩散影响因素的结构方程模型（增加共变关系）

本研究整体模型适配度的卡方值为 18.162，自由度为 14，显著性概率值 p 为 0.185，大于 0.05，接受虚无假设，表示假设模型与观察数据可以契合。RMSEA 值为 0.031，小于 0.05；AGFI 值为 0.946，大于 0.900，均达到可以适配的标准。

根据非标准化的回归系数及其显著性检验摘要表（表 7-10），第二列 Estimate 估计值为非标准化的回归系数，第三列为估计参数的标准误（standard error），第四列 C. R. 为检验统计量（critical ratio），临界比值为 t 检验的 t 值，此值如果大于 1.96 表示达到 0.05 显著水平，第五栏 p 值为显著性，如果 p 小于 0.001，会以符号"＊＊＊"表示，若是 p 值大于 0.001，会直接呈现 p 值的大小。

表 7-10 非标准化的回归系数及其显著性检验摘要表 (Regression Weights)

路径说明	Estimate	S. E	C. R.	P	假设是否通过验证
采纳态度←相对优势	0.962	0.704	11.210	＊＊＊	是
采纳态度←复杂程度	0.201	0.201	3.564	＊＊＊	是
采纳态度←相容程度	0.613	0.192	3.943	＊＊＊	是
采纳态度←可试验性	0.408	0.096	3.259	＊＊＊	是
采纳态度←可观察性	0.512	0.065	7.658	＊＊＊	是
采纳态度←社会网络	0.247	0.064	4.871	＊＊＊	是
采纳行为←采纳态度	0.212	0.093	2.223	＊＊＊	是
采纳意向←相对优势	0.517	0.061	7.246	＊＊＊	是
采纳意向←社会网络	0.208	0.094	2.521	＊＊＊	是

表 7-10 显示的 9 条直接效果的回归系数均达显著水平，假设均通过验证。模型分析结果显示：农村科技创新的相对优势对农村居民采纳态度和采纳意向有直接正向作用，农村科技创新的复杂程度对农村居民采纳态度有直接反向作用，农村科技创新的相容程度、可试验性、可观察性对农村居民采纳态度有直接正向作用，农村居民的社会网络对农村居民采纳态度和采纳意向有直接正向作用，农村居民采纳态度对农村居民的采纳行为有直接正向作用。

7.5 农村科技信息服务优化策略

多部门共同推进农村信息化建设过程中，因部门分工等问题，资源无法形成合力，也就发挥不了其应有的作用。针对目前信息供求在手段、渠道、时间等方面存在的差距，如何通过传统信息技术和现代信息技术相结合，按照各地不同需求情况，因地制宜地提供具有多样化和差异化的信息，则是我们信息需求服务工作的当务之急。

7.5.1 公共政策执行的过程

史密斯模型把政策执行的分析带到了一个更为广阔的天地。史密斯模型是美国学者托马斯·B. 史密斯在 1973 年发表的《政策执行过程》(The policy implementation process) 一文中提出的描述政策过程及影响政策执行因素的过程模型 (图 7 - 24)。

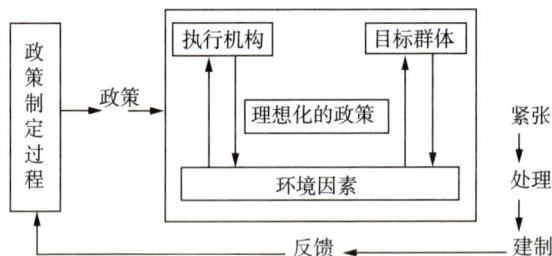

图 7 - 24 史密斯政策执行过程模型[①]

史密斯认为，在政策执行过程中，有四个因素至关重要：理想化的政策 (ideal policy)、执行机构 (implementation agency)、目标群体 (target group) 及政策环境 (environmental factors)。影响公共政策有效执行的因素是多方面的，既有公共政策问题的因素，也有公共政策制定的因素，还有公共政策环境方面的因素，这些因素从不同的方面影响和制约着公共政策的执行。所以，研究公共政策的有效执行问题，必须

① 高晓霞. 日本大学生就业促进政策执行过程研究——基于史密斯模型的分析 [J]. 南京师大学报：社会科学版，2009 (11)：29 - 35.

综合分析多种因素对公共政策执行过程的共同作用。

7.5.2 农村信息服务政策的执行

农村信息服务政策的执行过程中，执行机构的多元化、目标群体的需求、政策环境的优化等因素，影响着农村信息服务政策执行过程。人们在政策研究中往往把大部分精力集中在制订理想化的政策上，而很少注意目标群体、执行机构和环境因素的影响。农村居民信息需求程度在提高，需求面覆盖了生产全过程和生活全过程，在我国"自上而下"的农村信息服务决策机制下，中央或上级政府感知到农村居民信息需求，会以工作任务的形式，把农村信息服务实施的建设分配给地方政府，关于成效方面单纯只是"验收"，而没有考虑农村居民"满意度"，所以在农村信息服务项目中，偏向于数字的增加，而对于服务工作的开展及成效的发挥则没有给予过多的关注。农村信息化最重要的就是"接入"和"应用"问题，"应用"就是提供什么样的信息服务。目前需要对农村信息服务的目标群体进行研究，改变信息服务"自上而下"的传播方式，实现基于农村居民需求的信息传播方式。

7.5.3 农村信息服务体系的"集市化"

目前农村信息服务应该以用户信息需求为导向，构建"自下而上"的信息服务体系，以农村居民信息需求为出发点，进行信息服务设施的建设及服务工作的开展。但面对名称各异、功能相差不大的各类设施，如果相同的服务分开进行，则不利于农村居民的感知及利用习惯，因此需要对此类设施进行整合。

1. 农村信息服务"集市化"模式

在农村，大部分农村居民都有"赶集"的习惯，当他们需要菜或各种生活用品时，他们会定期去选购。之所以选择集市，是因为农村集市把卖各种菜及生活用品的商贩集中在一起，便于他们的选择。如果卖各种东西的店铺散落在各个村庄，则不利于农村居民的选择。在农村信息服务领域，农村居民有信息需求的时候，他们更多的是借助个人人际获取渠道，而不是信息服务设施，这不是因为信息服务设施没有用，而是他们很大程度上对于类似设施不理解。另外，散落在不同村庄、功能各异的信息服务，也不利于他们利用意识的形成及利用习惯的培养，所以农村集市的这种集中满足农村居民需求的销售方式，正是目前农村信息服务所亟须实现的一种模式。我们可以把各类信息服务集中起来，建立一种拥有类似"集市"功能且便于管理的社区化形式。根据上述设想，构建的农村信息服务"集市化"模式，如图 7-25 所示：

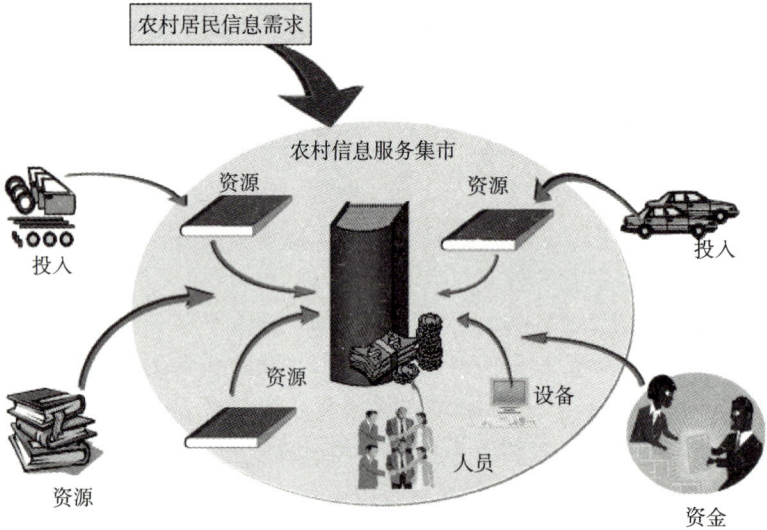

图 7-25　农村信息服务"集市化"模式

　　在农村的诸多信息服务设施中，以文献信息服务为基本功能的农村图书馆在信息供给及文化教育方面作用凸显，因此信息"集市化"服务中心，应是以农村图书馆为基础的综合性农村信息服务中心，实现农村图书馆社区化。根据研究设想，在上面的农村信息服务"集市化"模式中，农村信息服务设施以农村图书馆为核心进行建设，此后的相关设施、资金及人员的投入，则是投在这个"集市"，而不再是分散处理。以"集市"为核心进行投入，当然在"集市"里可以有不同的部门进行不同的信息服务，但整体上不是分散的，这样有利于方便农村居民的利用，让农村居民从一个地方，可以得到多方面服务。这不仅方便于他们的使用，而且也避免资源的浪费，易于形成合力。把各种信息服务设施集中在一起，并告之农村居民这个地方有信息获取的功能，也能通过农村人际交际的"口碑"传播，最终实现农村居民在有信息需求的时候，会来这里"赶集"而获取自己所需的内容。当然，为了使更多的人来农村信息服务"集市""赶集"，则需要以农村居民信息需求为导向建设农村信息服务"集市"，像农村集市的商贩或店铺一样，了解消费者的需求，才会吸引他们前来"消费"。

2. 农村信息服务"集市化"中心的选择

建设范围，仍然可以以行政村为核心。行政村，是指政府为了便于管理，在乡镇政府以下建立的中国最基层的农村行政单元。它由若干个自然村组成。两者的关系是，自然村隶属于行政村，也就是说，几个相邻的小村可以构成一个大的行政村。这个行政村由一套领导班子（党支部、村委会）管理，其下属的不同自然村则设置平行的不同行政小组（村民小组），每组一个组长。自然村受行政村村委会和村党支部的管理和领导。这种划分方式在原来行政规划的基础上实施，便于操作。另外，行政村的设置区域及所覆盖的范围，与国外公共图书馆的服务半径范围有异曲同工之处。现在有很多农村信息服务项目的实施，也是以行政村为核心进行的，因此我们在原建立的农家书屋或农村图书馆的基础上形成"集市"，以后的相关投资均是在农家书屋或农村图书馆基础上进行接收，而不需要另辟蹊径。

3. 农村信息服务"集市化"的管理

农村信息服务"集市"的建立，不仅整合农村资源，而且管理上更具有灵活性，在后续基金及人员管理上也有保障。苏州四位一体"农村综合信息服务中心"，仅是资源整合，在管理及后续资金投入上还是存在不足之处，诸城是社区信息中心，而本研究提出的以农村图书馆为基础的社区中心是对两者的融合。这样政府每次的投入由社区中心接收，不仅人员可以固定化，而且其报酬及培训费用均可以得到保证。管理上加入县图书馆分馆体系，进行专业化设置及操作。下属不同部门，对外的部门，分别负责不同的业务，这样可以避免不同人员进行着相同的服务工作。其上级直属部门属于基层政府，这样也避免了各部门重复建设，因为上级行政部门，到了农村，其基本上有基层政府参与进行设施的接收、建立及管理。所以这样也不会出现"扯皮"及成效归属不明显的问题。

因为是在原有基础上建立的，所以在人员投入上不需要重复进行，这样后续的经费可以保证人员的报酬，也可以提高他们服务的积极性。工作人员报酬的固定性，为对他们工作进行考核提供了充分的理由，考核的内容也不仅仅是开展的工作项目，也是农村居民的满意度及其对农村居民生活产生的影响，对于考核优秀的，可以予以奖励，这无疑又会激励他们更加主动地开展服务工作。

4. 农村信息服务"集市化"的服务

"集市"之所以能吸收农村居民前去，不仅在于农村居民的生活习惯，而且在于农村居民在"集市"上能满足自己的购买需要，因为能达到其满意度，所以才愿意重复前去。同样农村信息服务"集市化"模式，所提供的综合性农村信息服务也要呈现多样化，不仅开展农村居民所需信息服务，还可以开设邮局、电话费收取、包裹的寄收等业务。目前，农村居民有不少在外打工，有时会给家里人寄一些东西，只是苦于邮政收发的困难，而不太愿意利用。所以本研究的农村信息服务"集市化"模式所形成的综合性农村信息服务中心，要以满足农村居民需求为主，让农村居民有信息需求的时候，来这个地方，可以得到满意的结果，这样经过一定时间，农村信息服务"集市"的良好口碑就可以树立起来。而且根据农村居民的利用习惯，这些信息服务中心选择的地点，还可以靠近行政村卫生所，避免设立在村委会，通过开展多样化的服务，提供邮政及相关服务，来吸引人气。这样既保证了读者流动，又有助于营造良好的读书氛围。

农村信息服务"集市"包括物理上的集中及最后资源多方整合的不同发展阶段。首先实现物理上的集中，农家书屋、农村图书馆及其他基层信息服务设施等均属于"集市"中的一员；通过集中服务部门的协调及地方政府的支持，最后实现农村信息服务资源的整合，开展一站式服务。信息服务要以农村居民需求为导向，侧重于满足农村居民的信息需求及信息利用习惯，重视他们信息需求的内容。当然因为其本身文化素质的局限，要引导他们去获取正确的信息，去辨别正确的信息，提高信息获取的能力，扩展信息获取的渠道，所以在农村信息服务的过程中，不能极端地一边倒，完全以农村居民为主，要客观对待，加入引导机制。

7.6　本章小结

农村居民社会网络资本研究。本研究在分析农村居民社会网络时，借鉴社会学概念"社会网络资本"。在概念外延上，社会网络资本比社会资本小，其是指嵌入社会网络中的资源。关于社会网络的测量，国外有"朋友网"和"讨论网"等，本研究借鉴边燕杰等人提出的"春节拜年网"来测量，通过对农村居民春节拜年和信息获取情况的了解，进一步研究农村居民的社交网络及信息获取行为。在问卷的设计上除了农村家庭的基本信息、拜年情况等内容，还增加了信息获取情况内容。通过对调查数据的分析，可以看出，在调查对象中，收入较高的网络密度相对较小，相应的社会网络资本总量偏大；月平均家庭收入 5000 元以上的被调查者，在网络的利用上，高于平均百分比，在对农村信息服务设施开展的工作中，需求更多样，选择百分比高于平均百分比。

农村信息服务"集市化"模式研究。本研究提出农村信息服务"集市"化模式，建立以农村图书馆为基础的农村社区中心，让农村居民有信息需求的时候，会来这里"赶集"，实现农村图书馆社区化，不仅整合农村资源，而且管理上更具有灵活性，在后续基金及人员管理上也有保障。"集市化"中心建设范围，仍然可以以行政村为核心，这种划分方式在原来行政规划的基础上实施，便于操作；"集市化"中心的管理，人员固定化，其报酬及培训费用需要得到保证。可以加入县图书馆分馆体系，进行专业化设置及操作。下属不同对外的部门，分别负责不同的业务，这样可以避免不同人员进行相同的服务工作。其上级直属部门属于基层政府，这样也避免了各部门重复建设；"集市化"中心的服务不仅开展农村居民所需信息服务，还可以开设邮局、电话费收取、包裹的寄收等业务，要以满足农村居民需求为主，让农村居民有信息需求的时候，来这个地方，可以得到满意的结果，这样有利于农村信息服务"集市"良好口碑的树立。根据农村居民的利用习惯，信息服务中心选择的地点，还可以靠近行政村卫生所，避免设立在村委会，通过开展多样化的服务来吸引人气。这样既保证了读者流动，又有助于营造成良好的读书氛围。

第八章　结束语

农村居民对经人际网络传播的科技信息具有高度的信任，特别是在我国这样一个人际关系浓郁的社会。尽管众多的调查研究都反映了人际渠道的重要性，但缺少以人际关系网络为基础进行农村知识信息传播的设计和优化。读书是民族精神发育的途径，也是文明传承的方式，而在正规教育之外的阅读，是提升技能与素质的有效途径。以满足农村居民文化信息需求为目标的农村信息服务建设在农村留下了各种各样的服务设施。本研究在农村信息服务建设的大背景下，以农村居民需求为视角，对经济发展的不同省份信息服务建设及信息服务现状进行研究，构建农村居民信息行为模型，借助创新扩散模型，以社会网络为视角，探讨农村科技信息在农村居民间扩散的过程。

8.1　研究的结论

本研究通过理论与实践相结合，从农村居民信息需求出发，研究他们的信息接收及抱怨行为，有助于了解农村居民的实际需求，避免信息服务的"自上而下"的模式。通过农村信息服务的实证研究，探讨农村信息服务的生命周期，量化农村信息服务的扩散过程。针对农村信息服务设施过于分散的现状，提出农村信息服务"集市化"模式，以符合农村居民的利用习惯。对农村居民阅读意识淡薄的问题，提出进行阅读干预的方案，培养他们的阅读意识及习惯。本研究主要结论具体如下：

（1）农村信息服务成效的田野调查。为了解农村居民信息获取及利用情况，本研究选用田野调查进行研究，选取 Y 村，用三周的时间参与当地人的生活，记录他们生活的方方面面，通过田野笔记记录农村居民目前关心的农作物销售渠道、政府补贴、农民培训、农村财政奖补、农村低保金、楼房供需及农村医疗保险等方面的问题，展示他们不同的信息需求以及获取情况。虽然笔记涉及农村基层的方方面面，但这种情况的形成，反映了农村信息供给与需求方面发生了分歧、农村文献及信息服务设施功能的缺失以及实体信息服务机构影响力没有达到。另外也发现农村居民目前最关注的信息不是"致富"信息，而是"政策信息"，而这也在本研究调研中得到证实。

（2）农村信息服务投入产出研究。本研究借助 C－D 函数构建农村信息服务投入产出模型，并以农家书屋为例进行实证，选取经济发展稍落后的安徽及经济较发达的江苏各两个农家书屋进行实证，所选取的四个农家书屋中，安徽合肥、皖北及江苏苏中的三个农家书屋投入产出非显著性相关，仅苏州的一个农家书屋呈现投入与产出具有递增的比例报酬。而这个分析农家书屋具有在投入持续性及开放的稳定性的优势，虽然我们通过此样本的计算得出农家书屋投入与产出具有递增的比例报酬，但在我国目前农家书屋整体的形态下，其只是个个例，不能代表整体趋势，大部分农家书屋还是处于前三种情况。研究以数据表明在农村信息服务建设的过程中，不能仅仅考虑投入，还需要综合考虑多方因素。

（3）农村信息服务扩散研究。本研究利用 Bass 模型进行农村信息服务生命周期的研究，认为农村信息服务项目的推行及其服务在农村的扩散是有一定生命周期的，既具有从出生、成长、成熟到衰退的生命轨迹。构建农村信息服务扩散模型，以农家书屋为个案进行了实证分析，实证结果表明，农家书屋服务扩散过程中口碑传播的功效大于大众传播；通过构建的农家书屋扩散模型对其在一村庄的扩散进行了预测，在外部环境的支持下，农村居民的农家书屋服务接受，或者说是农家书屋服务在农村居民间的扩散是符合 Bass 模型的，而且也可以利用 Bass 模型预测其走向，农家书屋建设及服务在农村扩散呈现"S"曲线；实际情况中，农村信息服务项目扩散过程并没有呈现"S"型路线，而是直接走向衰退，这是因为农村信息服务项目的推行没有有效实现可持续发展。

（4）农村居民信息需求的研究。为了更好地为农村居民提供信息服务，本研究对农村居民信息需求的种类及获取的渠道，不同区域农村居民信息需求的差异性及农村居民间信息需求的差异性进行研究，研究发现农村居民信息需求的种类与我们预设的致富信息之间出现偏差，而且不同居民间信息服务也有差异性。农民虽然对市场信息也比较渴望，但更多地表示了对于政府信息公开的期望，希望能够知道国家、政府的惠民及补贴政策。农村留守老人及妇女均希望了解医疗保健、医疗保险等相关信息，以及日常生活保健方面知识。农村留守儿童对于课外书的渴求非常明显。农村居民信息需求具有地域上的差异性，东部、中部与西部区域居民在信息需求上是有所差别的，这与经济发展水平有着很大的联系。从调研结果来看，欠发达地区居民更关心的是政策方面的信息，在生活中他们对于通过阅读来致富感知不强，农闲时的娱乐活动更加单调，致富方面他们更愿意选择外出打工挣钱；而对于发达地区来说，农村居民对于文献信息的感知更多的是来自于自愿，阅读意识也强，获取信息的渠道也比较多，更偏向于网络这种信息获取模式，致富的模式更加多元化。经济条件越好的区域，阅读意识越强，而相应的信息服务设施利用率也高些，而欠发达地区，阅读及利用意识普遍较弱，获取信息渠道较窄；农村居民获取信息的渠道偏向人际交流；农村居民信息受众也发生分层，虽然以农业生产为主的农民，仍然是农村信息服务的主角，但目前农村常住居民以妇女、儿童及老人为主，因此农村信息服务也不能忽视他们的信息需求。

（5）农村居民信息行为模型研究。本研究通过调查和实证研究，以UTAUT模型为理论参考依据，探讨当前农村居民利用农村信息服务设施的特点及其主要影响因素。研究表明农村信息服务项目实施过程中，须重视用户对服务的感知，离开了农村居民对信息服务的有用性及易用性感知，就不可能奢望农村居民使用态度及意向的明确。研究根据信息服务抱怨的类型及其影响因素，对农村居民信息服务的抱怨情况进行研究。通过实证得知，在农村信息服务中，农村居民对于信息服务的成效，并不是"沉默"。只是因为对于农村信息免费服务的感知，使得他们对于农村信息服务不尽如人意的地方会更多地选择离开或私下抱怨行为，而较少选择直接抱怨或向第三方抱怨。而且在调研中发现，农村居民对于信息服务的忠诚度普遍偏低，这一方面可能是信息服务设施在信息供给上与他们的利用出现不一致，另一方面信息服务的供给方式与他们常用的渠道也有所偏差。

（6）农村信息服务"集市化"模式研究。本研究提出农村信息服务"集市"化模式，建立以农村图书馆为基础的农村社区中心，让农村居民有信息需求的时候，来这里"赶集"，实现农村图书馆社区化，不仅整合农村资源，而且管理上更具有灵活性，后续基金及人员管理也有保障。"集市化"中心建设范围，仍然可以以行政村为核心，这种划分方式在原来行政规划的基础上实施，便于操作；"集市化"中心的管理，人员固定化，其报酬及培训费用需要得到保证。可以加入县图书馆分馆体系，进行专业化设置及操作。下属不同对外的部门，分别负责不同的业务，这样可以避免不同人员进行相同的服务工作。其上级直属部门属于基层政府，这样也避免了各部门重复建设；"集市化"中心的服务不仅开展农村居民所需信息服务，还可以开设邮局、电话费收取、包裹的寄收等业务，要以满足农村居民需求为主，让农村居民有信息需求的时候，来这个地方，可以得到满意的结果，这样有利于农村信息服务"集市"良好口碑的树立。根据农村居民的利用习惯，信息服务中心选择的地点，还可以靠近行政村卫生所，避免设立在村委会，通过开展多样化的服务来吸引人气。这样既保证了读者流动，又有助于营造成良好的读书氛围。

（7）农村居民阅读认知干预研究。鉴于目前农村居民整体阅读及利用意识的淡薄，本研究以干预研究为理论基础，结合农村特点引入阅读领域，提出农村居民阅读认知干预。本研究所讲的阅读认知干预，其所研究的对象不是心理障碍者，而是没有阅读意识及习惯的潜在读者。干预手段的介入，使潜在读者了解什么是阅读、阅读文献的来源及渠道、利用的设施，培养潜在读者的阅读意识及最终形成良好的阅读习惯。对农村居民阅读认知干预进行实证研究，干预采取编制阅读干预手册的方式，通过手册发放、短信提醒及后续访谈三部分的干预行为。实证结果表明了干预的有效性，阅读项目实施过程中，须重视用户对其的感知，向农村居民加大宣传力度，介绍阅读的相关知识。农村居民其实也有阅读的渴望，只是存在不知阅读文献的来源，服务是否收费等问题。

（8）农村居民社会网络资本研究。本研究在分析农村居民社会网络时，借鉴社会学概念"社会网络资本"，在概念外延上，社会网络资本比社会资本小，其是指嵌入社会网络中的资源。关于社会网络的测量，国外有"朋友网"和"讨论网"等。本研究借鉴边燕杰等人提出的"春节拜年网"来测量，通过对农村居民春节拜年和信息获取情况的了解，进一步研究农村居民的社交网络及信息获取行为。在问卷的设计上除了农村家庭的基本信息、拜年情况等内容，还增加了信息获取情况内容。通过对调查数据的分析，可以看出，在调查对象中，收入较高的网络密度相对较小，相应的社会网络资本总量偏大。月平均家庭收入 5000 元以上被调查者，在网络的利用上，高于平均百分比，在对农村信息服务设施开展的工作中，需求更多样，选择百分比高于平均百分比。

8.2 研究的不足

（1）模型结果的验证。本研究在农村信息服务模型的实证中，是以农家书屋为例进行的，以期折射出农村信息服务的现状。农家书屋从2005年最初试点到2012年实现行政村的全覆盖，虽然其沿袭传统农村信息服务机构建设及服务模式，但研究仅仅以其对农村信息服务模型进行验证，存在一定的局限性。

（2）调研样本选取。我国农村地域广泛，农村居民人数众多，而且大多分散居住，农村居民信息需求复杂，调研难度较大。由于时间及精力有限，本研究关于农村信息服务的调查主要是针对合肥市农村展开的，因此调研样本的选取有一定的局限性，而且样本量也偏小。因为我国农村居民的特点，在农村广大区域进行调研，有着意想不到的难度，所以在进行田野调查时，选取有熟人所在的村庄，这同样也存在局限性。

（3）可持续发展策略的可行性。虽然提出了建立农村信息服务体系的整合模式及可持续发展策略，但是有些在可操作性上还不是特别完善。目前农村工作，如果没有行政命令，则开展起来相当困难。另外，由于多方协同机制及整合服务模式，在我国现行体制下，操作起来有一定的难度。

8.3 未来的展望

（1）农村数字信息服务的深入研究。随着城镇化建设的推进，城乡区别明显缩小，村镇文化设施建设投入不断加大，农村居民文化生活条件日益改善，因此在农村居民对信息、现代科技需求的基础上，农村数字信息服务是未来的发展趋势和必然，因此需要对农村科技信息数字化建设及服务进行深入研究。

（2）农村居民阅读认知干预的深入研究。本研究进行的农村居民阅读认知干预研究，证明了在我国广大农村区域开展此项工作是可行的。

然而，本研究仍只是处于探索阶段，样本调查对象及范围有一定的局限性，而且研究中没有考虑年龄、性别等变量的影响，没有严格使用干预研究的相关量表进行观察，因此可能会缺乏一定的严谨性，这需要在以后的研究中进一步完善。

（3）农村居民阅读的跟踪研究。一方面对本研究中阅读干预人员进行跟踪，进一步分析其后续阅读行为及习惯的变化。根据目前农村居民阅读习惯来看，阅读意识的培养不是瞬间能完成的，需要一个长期的过程，而在此期间，其阅读习惯及行为的变化也值得深入探索。另一方面农村居民中有大部分会选择外出打工，因此对其利用科技信息及阅读行为的变化，也需要采用跟踪方式进行研究。

（4）农村科技信息服务的政策协作机制研究。国内在农村科技信息服务方面，部门分散的管制治理体制导致部门分割，缺乏统一协调，难以达到预期效果。由于政策监管框架的缺失，工作的开展主要依靠行政命令，这种行政命令主导的管制模式缺乏激励机制，在市场化过程中缺乏可持续性。因此，有必要对农村科技信息服务的政策协作机制及制度建设进行研究。

（5）农村科技信息服务的政策性因素影响研究。政府在农业与农村科技信息化方面的相关政策，主要通过行政法规和部门规章向外发布，在以后的研究中，须重视全局性、政策性因素影响的研究，分析国家城镇化战略、科教兴国战略、西部大开发战略等相关政策对农村科技信息服务的影响。

附录1 农村居民农家书屋
接受影响因素调查表

为了解您利用农家书屋的基本情况、影响您利用的影响因素以及您在利用农家书屋中对其服务不满时的抱怨行为，特设计如下问卷。非常感谢您能如实填写问卷的内容，并请您在认为情况符合的地方打"√"。谢谢！

一、农家书屋利用情况

针对以下题项，请在您认为合适的看法等级上打"√"。

题　项	1 强烈反对	2 非常反对	3 稍微反对	4 不确定	5 稍微同意	6 非常同意	7 强烈同意
1. 使用农家书屋可以使我获得更多的知识							
2. 农家书屋使我接触到了更多的信息							
3. 农家书屋服务能给我提供有用的信息							
4. 使用农家书屋可以使我获得愉悦感							
5. 使用农家书屋可以帮我打发空闲时间							
6. 我能熟练地利用农家书屋							
7. 我能很容易地在农家书屋找到自己感兴趣的学习内容							
8. 农家书屋借阅方便，容易操作							
9. 利用农家书屋提供的信息使我想做的事非常容易							
10. 我的亲戚、朋友或邻居推荐我使用农家书屋							

（续表）

题　项	1 强烈反对	2 非常反对	3 稍微反对	4 不确定	5 稍微同意	6 非常同意	7 强烈同意
11. 几乎我所有的亲戚、朋友或邻居都使用农家书屋							
12. 几乎我所有的亲戚、朋友或邻居都认为使用农家书屋是个好主意							
13. 我的亲戚、朋友或邻居认为我应该使用农家书屋							
14. 我有使用农家书屋的时间条件和精力							
15. 我有使用农家书屋所需要的知识储备							
16. 我使用农家书屋遇到困难时有专门的人提供帮助							
17. 农家书屋的地理位置为我利用提供了条件							
18. 我可以使用农家书屋中查询资料的软硬件							
19. 农家书屋管理人员能及时回复读者提出的问题和意见							
20. 我认为使用农家书屋学习是个好主意							
21. 我认为使用农家书屋学习是有价值的							
22. 我打算使用农家书屋							
23. 我会继续使用农家书屋							
24. 我会推荐他人使用农家书屋							
25. 我对当前农家书屋服务的人员很满意							
26. 我对农家书屋服务的质量很满意							
27. 我对当前农家书屋服务的方式很满意							
28. 我对当前农家书屋的管理制度很满意							
29. 我对当前农家书屋的文献资源很满意							
30. 我的大部分信息都是依靠农家书屋来获取的							

（续表）

题　项	1 强烈反对	2 非常反对	3 稍微反对	4 不确定	5 稍微同意	6 非常同意	7 强烈同意
31. 我将会主动地使用农家书屋来协助我获取信息							
32. 我现在每天都频繁地利用农家书屋来学习							

二、阅读情况

1. 您农闲时喜欢的娱乐方式（可多选）：

    A. 阅读书籍报刊　B. 看电视、听广播　C. 上网　D. 运动

    E. 打牌　F. 其他

2. 您阅读的习惯：

    A. 不看书报　B. 偶尔看书报　C. 经常看书报

3. 影响您阅读的原因：

    A. 没文化　B. 没兴趣　C. 没书看　D. 没时间

4. 您平常喜欢阅读的文献类型：

    A. 图书　B. 报纸　C. 期刊　D. 电子读物

5. 您阅读文献的来源（可多选）：

    A. 自己购买　B. 向亲戚朋友借阅　C. 政府相关部门发放

    D. 图书馆借书　E. 租书　F. 阅读电子读物　G. 其他

6. 您阅读文献的目的（可多选）：

    A. 帮助脱贫致富　B. 增长知识、开阔眼界　C. 消遣娱乐

    D. 了解时事　E. 维护合法权益　F. 保健　G. 其他

7. 您喜欢阅读哪方面的文献（可多选）：

    A. 致富农业知识类　B. 经商投资类　C. 医疗卫生类

    D. 政策法律类　E. 小说等文学作品　F. 时事新闻类

    G. 少儿读物　H. 娱乐休闲类　I. 其他

8. 您平时比较关心的信息（可多选）：

    A. 医药健康信息　B. 致富信息　C. 打工信息

    D. 子女上学信息　E. 娱乐活动信息

    F. 与自己相关的政策信息　G. 其他信息

9. 您获得信息的渠道（可多选）：

　　A. 学校　B. 政府部门　C. 广播电视　D. 报刊图书

　　E. 乡镇干部　F. 乡镇技术人员　G. 亲朋好友

　　H. 参加培训　I. 上网　J. 其他

10. 以下由政府支持的农村信息服务设施，您利用过的有（可多选）：

　　A. 中国农业信息网　B. 农村供求信息全国联播

　　C. 县农业信息网　D. 县信息中心

　　E. 乡镇信息服务站　F. 乡镇技术推广服务站

　　G. 乡镇畜牧水产站　H. 县图书馆或乡镇图书馆

　　I. 科技下乡服务活动

11. 您认为读书对自己是否有用？

　　A. 有　B. 没有　C. 一般　D. 不清楚

12. 您认为读书对小孩是否有帮助？

　　A. 有　B. 没有　C. 一般　D. 不清楚

13. 您相信知识可以改变命运吗？

　　A. 相信　B. 不相信　C. 不清楚

14. 您认为知识增加后，收入会增加吗？

　　A. 会　B. 不会　C. 不清楚

15. 您周围的小孩子是否有地方借书看？

　　A. 有　B. 没有　C. 不清楚

16. 您赞成小孩看课外书吗？

　　A. 赞成　B. 反对　C. 随便

三、基本信息

1. 您的性别：

　　A. 男　B. 女

2. 您的年龄：

　　A. 14 岁以下　B. 15～20 岁　C. 21～60 岁　D. 60 岁以上

3. 您的职业：

　　A. 学生　B. 农民　C. 依靠财政收入人群

　　D. 个体小商贩　E. 其他

4. 您的文化程度：

　　A. 文盲　B. 小学　C. 初中　D. 高中或中专　E. 大专以上

附录2 农村居民农家书屋 抱怨行为研究调查表

如果您在利用农家书屋的过程中，曾经有不满意的经历，请您填写下表。非常感谢您能如实填写问卷的内容，并请您在认为情况符合的地方打"√"。谢谢！

一、农家书屋抱怨行为研究

您在利用农家书屋的过程中，遇到不满意的服务，您会如何处理？针对以下题项，请您在合适的看法等级上打"√"。

变量名称	测量指标	1 强烈反对	2 非常反对	3 稍微反对	4 不确定	5 稍微同意	6 非常同意	7 强烈同意
离开	决定不再利用农家书屋的类似服务							
	决定不再利用农家书屋的任何服务							
私下抱怨	向我的朋友或亲戚抱怨我不愉快的经历							
	说服我的朋友或亲戚不要去利用农家书屋							
直接抱怨	直接向服务人员抱怨							
	向农家书屋主管部门或领导抱怨							
间接抱怨	通过在农家书屋设置的意见簿或意见箱表达自己的不满							
	通过电子邮件或信件向农家书屋表达不满							
第三方抱怨	向农家书屋上级主管部门投诉							
	写信给媒体告知你的不愉快的经历							

您如何看待对农家书屋不满意服务进行抱怨这一行为？影响您对农家书屋服务进行抱怨的因素是什么？针对以下题项，请您在合适的看法

等级上打"√"。

变量名称	测量指标	1 强烈反对	2 非常反对	3 稍微反对	4 不确定	5 稍微同意	6 非常同意	7 强烈同意
个人标准	向任何人抱怨任何事，对我而言都是令人不快的							
	抱怨是那些没有事情做的人去做的							
	无论服务多么糟糕，我还是羞于抱怨							
	抱怨会带来更多挫折感							
	通过抱怨让我心中的不快及挫折感得以舒缓，这让我感觉很舒服							
	我认识的曾经有对农家书屋抱怨行为的人，被认为是神经质							
利于他人	通过抱怨糟糕的服务，我可以防止别人遇到类似的问题							
	抱怨是用户的权利，而不是义务							
免费使用的感知	免费服务是有点难以指望与同级别的有偿服务达到相同的水平							
	使用免费服务不可避免地会遇到一定程度的不满或不便							
	使用农家书屋免费服务让人很难去指出问题或对服务不满提出抗议							
	如果在有偿服务中遇到相同的不满意服务，我会向他们抱怨							
抱怨的困难	将需要大量的时间							
	将需要付出很多努力							
	将会扰乱日程							
	很难找到抱怨的程序和方法							
	将会给我带来不必要的麻烦							

（续表）

变量名称	测量指标	1 强烈反对	2 非常反对	3 稍微反对	4 不确定	5 稍微同意	6 非常同意	7 强烈同意
成功的可能性	将有机会纠正错误、提高服务或得到道歉							
	将有机会获得需要时间和精力的一些结果							
	我的抱怨会改善农家书屋服务							
	让他们知道我的感受							
责任归属	服务失败归咎于农家书屋或其工作人员							
	服务失败归咎于我自己的错							
服务的重要性	农家书屋服务对我的生活和生活方式都很重要							
	比起其他服务，农家书屋这个服务是最重要的							
	使用该服务，需要大量的时间和精力							
忠诚度	我是农家书屋的忠诚用户							

二、基本信息

1. 您的性别：

   A. 男　B. 女

2. 您的年龄：

   A. 14 岁以下　B. 15～20 岁　C. 21～60 岁　D. 60 岁以上

3. 您的职业：

   A. 学生　B. 农民　C. 依靠财政收入人群　D. 个体小商贩　E. 其他

4. 您的文化程度：

   A. 文盲　B. 小学　C. 初中　D. 高中或中专　E. 大专以上

附录3　农村居民信息需求及农家书屋利用情况调查表

为了解您的信息获取及农家书屋利用现状，从而为农村信息服务工作的开展及农家书屋可持续发展策略的提出打下基础，特设计如下问卷。非常感谢您能如实填写问卷的内容，并请您在认为情况符合的地方打"√"。谢谢！

一、阅读情况

1. 您农闲时喜欢的娱乐方式（可多选）：
   A. 阅读书籍报刊　B. 看电视、听广播　C. 上网　D. 运动
   E. 打牌　F. 其他

2. 您阅读的习惯：
   A. 不看书报　B. 偶尔看书报　C. 经常看书报

3. 影响您阅读的原因：
   A. 没文化　B. 没兴趣　C. 没书看　D. 没时间

4. 您平常喜欢阅读的文献类型：
   A. 图书　B. 报纸　C. 期刊　D. 电子读物

5. 您阅读文献的来源（可多选）：
   A. 自己购买　B. 向亲戚朋友借阅　C. 政府相关部门发放
   D. 图书馆借书　E. 租书　F. 阅读电子读物　G. 其他

6. 您阅读文献的目的（可多选）：
   A. 帮助脱贫致富　B. 增长知识、开阔眼界　C. 消遣娱乐
   D. 了解时事　E. 维护合法权益　F. 保健　G. 其他

7. 您喜欢阅读哪方面的文献（可多选）：
   A. 致富农业知识类　B. 经商投资类　C. 医疗卫生类
   D. 政策法律类　E. 小说等文学作品　F. 时事新闻类
   G. 少儿读物　H. 娱乐休闲类　I. 其他

8. 您平时比较关心的信息（可多选）：

A. 医药健康信息　B. 致富信息　C. 打工信息

D. 子女上学信息　E. 娱乐活动信息

F. 与自己相关的政策信息　G. 其他信息

9. 您获得信息的渠道（可多选）：

A. 学校　B. 政府部门　C. 广播电视　D. 报刊图书

E. 乡镇干部　F. 乡镇技术人员　G. 亲朋好友

H. 参加培训　I. 上网　J. 其他

10. 以下由政府支持的农村信息服务设施，您利用过的有（可多选）：

A. 中国农业信息网　B. 农村供求信息全国联播

C. 县农业信息网　D. 县信息中心　E. 乡镇信息服务站

F. 乡镇技术推广服务站　G. 乡镇畜牧水产站

H. 县图书馆或乡镇图书馆　I. 科技下乡服务活动

11. 您认为读书对自己是否有用？

A. 有　B. 没有　C. 一般　D. 不清楚

12. 您认为读书对小孩是否有帮助？

A. 有　B. 没有　C. 一般　D. 不清楚

13. 您相信知识可以改变命运吗？

A. 相信　B. 不相信　C. 不清楚

14. 您认为知识增加后，收入会增加吗？

A. 会　B. 不会　C. 不清楚

15. 您周围的小孩子是否有地方借书看？

A. 有　B. 没有　C. 不清楚

16. 您赞成小孩看课外书吗？

A. 赞成　B. 反对　C. 随便

二、农家书屋利用情况

17. 您知道农家书屋吗？

A. 知道并去过　B. 知道但没有去过　C. 不知道

18. 您知道农家书屋的作用吗？

A. 知道　B. 不知道

19. 您每月去农家书屋的频率：

A. 每天去　B. 8次以上　C. 5~8次　D. 1~4次

E. 偶尔去　F. 没有去过

20. 影响您上农家书屋的原因（可多选）：
    A. 开放时间　B. 书刊陈旧　C. 距离太远　D. 没有时间
    E. 服务态度　F. 缺乏感兴趣的书刊　G. 不好意思
    H. 手续繁　I. 其他

21. 如果农家书屋利用非常方便，您愿意经常去吗？
    A. 愿意　B. 可以尝试一下　C. 没兴趣

22. 农家书屋对您的影响：
    A. 很大影响　B. 有影响但作用不大　C. 没有什么影响

23. 农家书屋对您身边孩子的影响：
    A. 很大影响　B. 有影响但作用不大　C. 没有什么影响

24. 您对农家书屋现有读物的满足度：
    A. 完全满足　B. 基本满足　C. 不能满足

25. 您认为农家书屋需要改进的地方（可多选）：
    A. 增加图书　B. 增加报刊　C. 增加电脑　D. 增加音像制品
    E. 开放时间　F. 服务态度　G. 规章制度　H. 扩大面积
    I. 配置空调　J. 其他

26. 您希望农家书屋开展的服务（可多选）：
    A. 农业知识培训　B. 文化娱乐活动　C. 电脑培训
    D. 图书推荐和读书交流　E. 医疗保健讲座　F. 提供市场信息
    G. 政务公开信息　H. 其他

27. 您对农家书屋未来建设及服务的建议是什么？

三、基本信息

28. 您的性别：
    A. 男　B. 女

29. 您的年龄：
    A. 14 岁以下　B. 15～20 岁　C. 21～60 岁　D. 60 岁以上

30. 您的职业：
    A. 学生　B. 农民　C. 依靠财政收入人群
    D. 个体小商贩　E. 其他

31. 您的文化程度：
    A. 文盲　B. 小学　C. 初中
    D. 高中或中专　E. 大专以上

附录 4　合肥农村阅读及信息服务调查问卷 1

为了解合肥市农村信息服务效果及您信息获取现状，从而为农村信息服务工作的开展提供参考，特设计如下问卷。非常感谢您能如实填写问卷的内容，并请您在认为情况符合的地方打"√"。谢谢！如果您是学生，请您填如下问卷。

一、基本信息

1. 您的性别：
   A. 男　B. 女
2. 您的年龄：
   A. 14 岁以下　B. 15～20 岁　C. 21 岁以上
3. 您的文化程度
   A. 小学　B. 初中　C. 高中或中专　D. 大专以上

二、阅读的情况

4. 您课外喜欢的娱乐方式（可多选）：
   A. 阅读书籍报刊　B. 看电视、听广播　C. 上网
   D. 参加体育活动　E. 其他
5. 您平均每天花多少时间用于阅读课外书：
   A. 基本无　B. 少于 1 小时　C. 1～2 小时　D. 2 小时以上
6. 影响您阅读的原因：
   A. 没兴趣　B. 没书看　C. 没时间　D. 不善于阅读
7. 您课外喜欢阅读的文献类型：
   A. 图书　B. 报纸　C. 期刊　D. 电子读物
8. 您阅读课外书的来源（可多选）：
   A. 自己购买　B. 向亲戚朋友借阅　C. 在书店看
   D. 图书馆借书　E. 网上浏览　F. 网上下载电子书　G. 其他

9. 您阅读课外书的目的（可多选）：
　　A. 老师要求，课程所需　　B. 增长知识、开阔眼界
　　C. 消遣娱乐　　D. 提高修养　　E. 出于兴趣　　F. 其他

10. 您喜欢阅读哪方面的课外书（可多选）：
　　A. 小说文艺类　　B. 时事新闻类　　C. 生活励志类
　　D. 流行畅销类　　E. 科普读物　　F. 其他

三、阅读的态度

11. 您认为阅读课外书重要吗？
　　A. 非常重要　　B. 比较重要　　C. 不重要　　D. 无所谓

12. 您喜欢阅读课外书吗？
　　A. 非常喜欢　　B. 比较喜欢　　C. 一般　　D. 不喜欢
　　E. 非常不喜欢

13. 你对目前自己的阅读情况满意吗？
　　A. 非常满意　　B. 比较满意　　C. 基本满意　　D. 不太满意
　　E. 很不满意

14. 您在阅读课外书过程中的困惑？
　　A. 不知道读什么书　　B. 不知道为什么要读书
　　C. 不知道怎么读书　　D. 读完后没什么收获　　E. 没有困惑

15. 在课外你认为自己的生活是什么样子？
　　A. 忙碌有计划的　　B. 充实有意义的　　C. 轻松随意的
　　D. 没想过　　E. 说不清　　F. 空虚无聊

16. 你对阅读课外书的态度是：
　　A. 应该多读书　　B. 读不读都一样
　　C. 读那么多没用，关键还是看考试成绩好不好

17. 你认为阅读课外书与学习二者之间的关系：
　　A. 有矛盾冲突　　B. 读课外书促进学习　　C. 二者没有关系

四、信息获取情况

18. 请问您家中有以下哪些基础信息设施？（可多选）
　　A. 固定电话　　B. 手机　　C. 电视　　D. 电脑　　E. 其他

19. 请问您家中是否有人上网？
　　A. 有（包括您）　　B. 有（不包括您）　　C. 没有

20. 请问您一般通过什么途径上网？

A. 家里电脑　B. 手机　C. 网吧　D. 电子阅览室

E. 亲戚朋友家

21. 您平均每天使用电脑的时间是多少？

A. 一小时以下　B. 一至三小时　C. 三小时以上

22. 请问您利用基础信息设施的主要用途是什么？（可多选）

A. 了解新闻　B. 休闲娱乐　C. 学习需要　D. 聊天交际

E. 其他

23. 您认为信息对您的生活及学习重要吗？

A. 非常重要　B. 比较重要　C. 不重要　D. 无所谓

24. 您能够通过网络获得所需的相关信息吗？

A. 完全能够　B. 基本能够　C. 获取部分　D. 不能够

25. 您认为获得的信息是否有利用价值？

A. 完全有价值　B. 基本有价值　C. 部分有价值

D. 没有价值

26. 您所获取的信息对于提高您的学习有帮助吗？

A. 有较大帮助　B. 有较小帮助　C. 没有帮助　D. 不太清楚

27. 就您个人而言，在获取信息过程中有哪些困难？

A. 没有基础设施　B. 有设施不会使用

C. 不知道获取哪些信息

28. 您通过什么途径了解信息化设施利用的重要性？

A. 学校老师的讲解　B. 乡镇信息站的宣传

C. 政府政策的宣传　D. 同学及家人的影响　E. 其他

附录 5　合肥农村阅读及
信息服务调查问卷 2

为了解合肥市农村信息服务效果及您信息获取现状，从而为农村信息服务工作的开展提供参考，特设计如下问卷。非常感谢您能如实填写问卷的内容，并请您在认为情况符合的地方打"√"。谢谢！如果您目前不是学生，请您填如下问卷。

一、基本信息

1. 您的性别：
   A. 男　B. 女
2. 您的年龄：
   A. 14 岁以下　B. 15～20 岁　C. 21～60 岁　D. 60 岁以上
3. 您的职业：
   A. 农民　B. 依靠财政收入人群　C. 个体小商贩　D. 其他
4. 您的文化程度：
   A. 文盲　B. 小学　C. 初中　D. 高中或中专　E. 大专以上

二、阅读情况

5. 您农闲时喜欢的娱乐方式（可多选）：
   A. 阅读书籍报刊　B. 看电视、听广播　C. 上网　D. 运动
   E. 打牌　F. 其他
6. 您阅读的习惯：
   A. 不看书报　B. 偶尔看书报　C. 经常看书报
7. 影响您阅读的原因：
   A. 没文化　B. 没兴趣　C. 没书看　D. 没时间
8. 您平常喜欢阅读的文献类型：
   A. 图书　B. 报纸　C. 期刊　D. 电子读物

9. 您阅读文献的来源（可多选）：

    A. 自己购买   B. 向亲戚朋友借阅   C. 政府相关部门发放

    D. 图书馆借书

    E. 阅读电子读物   F. 其他

10. 您阅读文献的目的（可多选）：

    A. 帮助脱贫致富   B. 增长知识、开阔眼界   C. 消遣娱乐

    D. 了解时事   E. 维护合法权益   F. 保健   G. 其他

11. 您喜欢阅读哪方面的文献（可多选）

    A. 致富农业知识类   B. 经商投资类   C. 医疗卫生类

    D. 政策法律类   E. 小说等文学作品   F. 时事新闻类

    G. 科普读物   H. 娱乐休闲类   I. 其他

三、阅读的态度

12. 您认为阅读重要吗？

    A. 非常重要   B. 比较重要   C. 不重要   D. 无所谓

13. 您喜欢阅读吗？

    A. 非常喜欢   B. 比较喜欢   C. 一般   D. 不喜欢

    E. 非常不喜欢

14. 你对目前自己的阅读情况满意吗？

    A. 非常满意   B. 比较满意   C. 基本满意   D. 不太满意

    E. 很不满意

15. 您在阅读过程中的困惑？

    A. 不知道读什么书   B. 不知道为什么要读书

    C. 不知道怎么读书   D. 读完后没什么收获   E. 没有困惑

16. 农忙或工作之余，你认为自己的生活是什么样子？

    A. 忙碌有计划的   B. 充实有意义的   C. 轻松随意的

    D. 没想过   E. 说不清   F. 空虚无聊

四、信息获取情况

17. 请问你家中有以下哪些基础信息设施？（可多选）

    A. 固定电话   B. 手机   C. 电视   D. 电脑   E. 其他

18. 请问您家中是否有人上网？

    A. 有（包括您）   B. 有（不包括您）   C. 没有

19. 请问您一般通过什么途径上网？
    A. 家里电脑　B. 手机　C. 网吧　D. 电子阅览室
    E. 亲戚朋友家

20. 您平均每天使用电脑的时间是多少？
    A. 1 小时以下　B. 1～3 小时　C. 3 小时以上

21. 请问您利用基础信息设施的主要用途是什么？（可多选）
    A. 了解新闻　B. 休闲娱乐　C. 工作需要　D. 教育需要
    E. 聊天交际

22. 您平时比较关心哪方面的信息？（可多选）
    A. 医药健康信息　B. 致富信息　C. 打工信息
    D. 子女上学信息　E. 娱乐活动信息
    F. 与自己相关的政策信息　G. 其他信息

23. 您最希望掌握哪方面的信息化技术？
    A. 种养技术　B. 生产经营　C. 文化知识　D. 信息技术
    E. 其他

24. 您能够获得所需的农业生产相关信息吗？
    A. 完全能够　B. 基本能够　C. 获取部分　D. 不能够

25. 您能够获得所需的农村生活相关信息吗？
    A. 完全能够　B. 基本能够　C. 获取部分　D. 不能够

26. 您获得信息的渠道有哪些？（可多选）
    A. 学校　B. 政府部门　C. 广播电视　D. 报刊图书
    E. 乡镇干部　F. 乡镇技术人员　G. 亲朋好友
    H. 参加培训　I. 网络　J. 其他

27. 您认为获得的信息是否有利用价值？
    A. 完全有价值　B. 基本有价值　C. 部分有价值
    D. 没有价值

28. 您所获取的信息对于提高您的劳动收入和生活水平有帮助吗？
    A. 有较大帮助　B. 有较小帮助　C. 没有帮助　D. 不太清楚

29. 以下由政府支持的农村信息服务设施，您利用过的有（可多选）：
    A. 中国农业信息网　B. 农村供求信息全国联播
    C. 县农业信息网　D. 县信息中心　E. 乡镇信息服务站
    F. 乡镇技术推广服务站　G. 乡镇畜牧水产站

H. 县图书馆或乡镇图书馆 I. 科技下乡服务活动

30. 影响您利用农村信息服务设施的原因（可多选）：

A. 开放时间 B. 信息陈旧 C. 距离太远 D. 没有时间

E. 服务态度 F. 缺乏感兴趣的信息 G. 不好意思

H. 手续繁 I. 其他

31. 就您个人而言，在获取信息过程中有哪些困难？

A. 没有基础设施 B. 有设施不会使用

C. 不知道获取哪些信息

32. 如果农村信息服务设施利用非常方便，您愿意经常去吗？

A. 愿意 B. 可以尝试一下 C. 没兴趣

33. 您希望农村信息服务设施开展的服务（可多选）：

A. 农业知识培训 B. 文化娱乐活动 C. 电脑培训

D. 图书推荐和读书交流 E. 医疗保健讲座

F. 提供市场信息 G. 政务公开信息 H. 其他

附录6　农村居民阅读认知干预材料目录

1. 为什么要阅读？

介绍阅读对于致富信息的获取、农村精神文化生活的作用，重点介绍阅读对于价值观的塑造，特别是对农村儿童的重要作用。

2. 什么是全民阅读？

对全民阅读的推广及开展的工作进行介绍。

3. 阅读资源的来源及渠道有哪些？

介绍除了他们习惯的人际关系渠道之外的信息获取方式。

4. 什么是农家书屋？

对农家书屋实施的情况、作用及开展的服务进行介绍。

5. 政府实施农村信息服务项目有哪些？

对政府"十一五"期间已经实施及"十二五"期间正在实施的项目进行介绍。

6. 什么是农村图书馆？

对农村图书馆的概念及作用进行介绍，分析其与"新华书店"的不同之处。

7. 所在村信息利用设施有哪些？

对所在村的信息服务利用设施、是否收费及所在地点进行介绍。

附录7　农村居民拜年及信息获取调查问卷

尊敬的先生/女士：

您好！我们是农村居民社交网络与科技创新扩散课题组的研究人员。本调查目的是通过对农村居民春节拜年和信息获取情况的了解，进一步研究农村居民的社交网络及信息获取行为，从而为基于社交网络的农村科技创新的有效扩散提供参考。这是一份学术性研究问卷，我们保证您的答案仅用于学术研究。希望得到您的支持，并请您在认为情况符合的地方打"√"或填写内容，再次表示感谢！

一、基本信息

1. 您的性别

   A. 男　B. 女

2. 您的年龄（周岁）

   A. 20 以下　B. 21～30　C. 31～40　D. 41～50　E. 51～60

   F. 60 以上

3. 您的文化程度

   A. 小学　B. 初中　C. 高中或中专　D. 大专　E. 本科及以上

4. 您的家庭月平均收入

   A. 500 元以下　B. 501～1000 元　C. 1001～1500 元

   D. 1501～2000 元　E. 2001～3000 元　F. 3001～4000 元

   G. 4001～5000 元　H. 5000 元以上

二、拜年情况

5. 请您回忆一下，2016 年春节期间，您大概给＿＿＿＿＿人拜年？（包括登门拜访、电话和短信拜年）

6. 春节拜年的对象，一般包括亲戚、朋友、邻居或其他。

请问 2016 年春节，您给拜年的人中，亲戚大约＿＿＿＿＿人。

2016 年春节，您给拜年的人中，朋友大约＿＿＿＿＿人。

7. 请问您给拜年的人中，有没有从事以下职业的？（如果有，则请在相应栏里划"√"）

职　业　类　别		
A 科学家	I 政府机关办事人员	Q 营销人员
B 县委书记	J 私营企业老板	R 个体运输专业户
C 大学教师	K 医生	S 个体户
D 中学教师	L 建筑队包工头	T 农机站技术员
E 律师	M 小学教师	U 厨师
F 银行出纳人员	N 护士	V 兽医
G 乡镇长	O 村委会主任	W 农民工
H 警察	P 养殖专业户	X 种田农民

8. 这些人给您的家庭收入或生活带来什么"好处"没有？如果有，请列举。

三、信息获取情况

9. 请问您家中有以下哪些基础信息设施？（可多选）

　　A. 固定电话　B. 手机　C. 电视　D. 电脑　E. 其他

10. 请问您家中是否有人上网？

　　A. 有（包括您）　　B. 有（不包括您）　　C. 没有

11. 请问您一般通过什么途径上网？

　　A. 家里电脑　B. 手机　C. 网吧　D. 电子阅览室

　　E. 亲戚朋友家

12. 您平均每天使用电脑的时间是多少？

　　A.1 小时以下　B.1～3 小时　C.3 小时以上

13. 请问您利用基础信息设施的主要用途是什么？（可多选）

　　A. 了解新闻　B. 休闲娱乐　C. 工作需要　D. 教育需要

　　E. 聊天交际

14. 您平时比较关心哪方面的信息？（可多选）

　　A. 医药健康信息　B. 致富信息　C. 打工信息

　　D. 子女上学信息　E. 娱乐活动信息

　　F. 与自己相关的政策信息　G. 其他信息

15. 您最希望掌握哪方面的信息化技术？

A. 种养技术　B. 生产经营　C. 文化知识　D. 信息技术

E. 其他

16. 您能够获得所需的农业生产相关信息吗？

A. 完全能够　B. 基本能够　C. 获取部分　D. 不能够

17. 您能够获得所需的农村生活相关信息吗？

A. 完全能够　B. 基本能够　C. 获取部分　D. 不能够

18. 您获得信息的渠道有哪些？（可多选）

A. 学校　B. 政府部门　C. 广播电视　D. 报刊图书

E. 乡镇干部　F. 乡镇技术人员　G. 亲朋好友

H. 参加培训　I. 网络　J. 其他

19. 您认为获得的信息是否有利用价值？

A. 完全有价值　B. 基本有价值　C. 部分有价值

D. 没有价值

20. 您所获取的信息对于提高您的劳动收入和生活水平有帮助吗？

A. 有较大帮助　B. 有较小帮助　C. 没有帮助　D. 不太清楚

21. 以下由政府支持的农村信息服务设施，您利用过的有（可多选）：

A. 中国农业信息网　B. 农村供求信息全国联播

C. 县农业信息网　D. 县信息中心　E. 乡镇信息服务站

F. 乡镇技术推广服务站　G. 乡镇畜牧水产站

H. 县图书馆或乡镇图书馆　I. 科技下乡服务活动

22. 影响您利用农村信息服务设施的原因（可多选）：

A. 开放时间　B. 信息陈旧　C. 距离太远　D. 没有时间

E. 服务态度　F. 缺乏感兴趣的信息　G. 不好意思

H. 手续繁　I. 其他

23. 就您个人而言，在获取信息过程中有哪些困难？

A. 没有基础设施　B. 有设施不会使用

C. 不知道获取哪些信息

24. 如果农村信息服务设施利用非常方便，您愿意经常去吗？

A. 愿意　B. 可以尝试一下　C. 没兴趣

25. 您希望农村信息服务设施开展的服务（可多选）：

A. 农业知识培训　B. 文化娱乐活动　C. 电脑培训

D. 图书推荐和读书交流　E. 医疗保健讲座

F. 提供市场信息　G. 政务公开信息　H. 其他

图书在版编目（CIP）数据

基于社会网络的农村科技信息创新扩散研究/刘丽著．—合肥：合肥工业大学出版社，2017.11

ISBN 978-7-5650-3626-2

Ⅰ.①基…　Ⅱ.①刘…　Ⅲ.①农业科技推广—研究—中国

Ⅳ.①F324.3

中国版本图书馆 CIP 数据核字（2017）第 280136 号

基于社会网络的农村科技信息创新扩散研究

刘　丽　著	责任编辑　疏利民

出　版	合肥工业大学出版社	版　次	2017 年 11 月第 1 版
地　址	合肥市屯溪路 193 号	印　次	2017 年 12 月第 1 次印刷
邮　编	230009	开　本	710 毫米×1010 毫米　1/16
电　话	总 编 室：0551-62903038	印　张	17.25
	市场营销部：0551-62903198	字　数	280 千字
网　址	www.hfutpress.com.cn	印　刷	合肥现代印务有限公司
E-mail	hfutpress@163.com	发　行	全国新华书店

ISBN 978-7-5650-3626-2　　　　　　定价：38.00 元

如果有影响阅读的印装质量问题，请与出版社市场营销部联系调换。